U0516046

BLUE BOOK

智 库 成 果 出 版 与 传 播 平 台

公共服务蓝皮书

BLUE BOOK OF PUBLIC SERVICE

中国城市基本公共服务研究报告
（2024）

RESEARCH REPORT OF CHINESE CITIES' BASIC

PUBLIC SERVICE (2024)

主　编／辛向阳　陈志刚　刘志昌

社会科学文献出版社
SOCIAL SCIENCES ACADEMIC PRESS（CHINA）

图书在版编目（CIP）数据

中国城市基本公共服务研究报告 . 2024 ／ 辛向阳，
陈志刚，刘志昌主编 . --北京：社会科学文献出版社，
2025.4. --（公共服务蓝皮书）. --ISBN 978-7-5228
-5281-2

Ⅰ . D625

中国国家版本馆 CIP 数据核字第 2025ZU3977 号

公共服务蓝皮书
中国城市基本公共服务研究报告（2024）

主　　编／辛向阳　陈志刚　刘志昌

出 版 人／冀祥德
组稿编辑／任文武
责任编辑／郭　峰
文稿编辑／张萌萌
责任印制／岳　阳

出　　版／社会科学文献出版社·生态文明分社（010）59367143
　　　　　地址：北京市北三环中路甲 29 号院华龙大厦　邮编：100029
　　　　　网址：www.ssap.com.cn
发　　行／社会科学文献出版社（010）59367028
印　　装／天津千鹤文化传播有限公司

规　　格／开　本：787mm×1092mm　1/16
　　　　　印　张：19　字　数：285 千字
版　　次／2025 年 4 月第 1 版　2025 年 4 月第 1 次印刷
书　　号／ISBN 978-7-5228-5281-2
定　　价／128.00 元

读者服务电话：4008918866

《中国城市基本公共服务研究报告（2024）》
课　题　组

组　　　长　　陈志刚　　刘志昌

成　　　员　　刘须宽　　范强威　　刘　燕　　汪海鹰　　连俊华

张　珍　　卞红卫　　范　浩　　代　鑫　　皮坤乾

杨秀琴　　王显晶　　刘志远　　汪浩莹　　沈冠祺

钟　君　　王永磊　　万相昱　　孙兆阳　　陈秋霖

罗紫罗兰　杨　斌　　栾文莲　　曾宪奎　　徐　滔

崔　斌　　钟杏梅　　潘宇峰　　陈　宁　　闫坤仑

王　鑫　　王彩云　　赵鸿雁　　张　婕　　何文婷

茅　俊　　刘玉红　　杜南骏　　余海萍　　张茜茜

尹　倩　　徐璟玉　　卜万红　　尹学朋

课题承担单位　　中国社会科学院马克思主义研究院

公共服务蓝皮书编委会

主要编撰者简介

辛向阳　男，中国社会科学院马克思主义研究院院长、党委副书记，第十四届全国人大代表，中国社会科学院大学马克思主义学院院长，中国特色社会主义理论体系研究中心副主任，习近平新时代中国特色社会主义思想研究中心执行主任，世界社会主义研究中心副主任，二级研究员、博士生导师，国家社会科学基金评委、国家出版基金评委。1991年毕业于中国人民大学，获法学博士学位。2012年获国务院政府特殊津贴。社会兼职有中国历史唯物主义学会会长、全国党的建设研究会特邀研究员等。出版个人专著20部，主编和参与编写著作30余部，在《人民日报》《光明日报》《马克思主义研究》《中国特色社会主义研究》等报刊发表文章400余篇，主持和参与国家级和省部级课题50余项，先后获得30余次国家级和省部级奖项。

陈志刚　男，北京大学哲学博士，中国社会科学院社会学研究所博士后。中国社会科学院马克思主义研究院纪委书记、副院长，二级研究员、博士生导师，习近平新时代中国特色社会主义思想研究部主任，中国人学学会常务理事。2023年获国务院政府特殊津贴。主要从事马克思主义理论、党建理论、习近平新时代中国特色社会主义思想等方面的研究。主要研究成果有专著《全球化与现代性的超越》《现代性批判及其对话》《新时代党的建设探微》等，译著《哈贝马斯》《全球化与反全球化》《反对资本主义》等。主编"中国共产党伟大精神丛书""党建蓝皮书"。在《哲学研究》

《马克思主义研究》《中国特色社会主义研究》《党的文献》《红旗文稿》《人民日报》《光明日报》《经济日报》等报刊发表文章近 200 篇。主持国家社会科学基金重大项目"中国共产党领导人民创造的人类文明新形态研究"（批准号 22ZDA020），主持完成中宣部、中纪委、全国政协委托课题，国家社会科学基金课题 10 多项，获省部级奖励 10 多项。

刘志昌 男，政治学博士，研究员，澳大利亚迪肯大学访问学者。中国社会科学院马克思主义研究院基本方略研究室主任，中国社会科学院大学马克思主义学院博士生导师、政府管理学院硕士生导师。主要从事马克思主义中国化、习近平新时代中国特色社会主义思想等领域的研究；长期关注公共服务与社会建设、社会分层和共同富裕、国家和地方治理等方向的研究。主持国家社会科学基金项目、联合国儿童基金会项目、国家发展改革委项目等 10 多项课题，参与中央马工程重大委托项目、国家社会科学基金重大项目及财政部、中宣部、中国社会科学院重大项目等 16 项课题。主要研究成果有《走向共同富裕》《中国基本公共服务均等化的变迁与逻辑》《国家治理与公共服务现代化》等专著 5 部，译著 1 部。主编《中国城市基本公共服务力评价》9 部。在《当代世界》《社会主义研究》《统计与决策》等期刊公开发表论文和向政府部门提交对策咨询报告等 70 余篇。

刘须宽 男，法学博士，博士生导师，研究员，中国社会科学院国家文化安全与意识形态建设研究中心副主任兼秘书长、中国历史唯物主义学会秘书长、中国社会科学院马克思主义研究院意识形态与社会思潮研究室主任。2020 年 4 月至 2021 年 5 月，借调中宣部理论局。主要从事中国特色社会主义理论、意识形态、公共服务与社会建设等方面的研究。主持或参与中央办公厅，国务院办公厅，中宣部，外交部，马克思主义理论研究和建设工程，国家社会科学基金重大委托课题、特别委托课题 20 余项。著有《柏拉图伦理思想研究》《治国理政原动力》《传统特性与现代治理规律的有机衔接——中国特色国家和社会治理模式》《不诚不正　无信不立》《国家治理体系和治理能力现代化》《马克思主义生态观研究》《中国式现代化的文明领航》等专著 7 本。获得中国社会科学院优秀对策信息奖特等奖 1 项，三等奖 3 项。合作主编《历史上最具影响力的伦理学名著 27 种》、"公共服务蓝皮书" 9 部。在《马克思主义研究》《北京师范大学学报》《哲学动态》《人民日报》《光明日报》《经济日报》《伦理学研究》《世界社会主义研究》等报刊发表论文 80 余篇，撰有内参、研究报告 50 多篇。

范强威　女，法学博士，中国社会科学院马克思主义研究院副研究员。主要从事习近平外交思想、科学社会主义等方面的研究。代表作有《论丝路精神的时代价值和世界意义》《中国独立自主的发展道路简析——从民族独立到和平崛起》《美国金融危机的实质、走向及其对中国的影响——范强威、余斌对话美国马克思主义经济学家瓦迪·哈拉比》《论"中国模式"的社会主义价值核心》等。

刘　燕　女，中国社会科学院马克思主义研究院副研究员、硕士生导师，主要从事马克思主义与生态文明等方面的研究。主持完成国家社会科学基金一般项目 1 项，参与国家级、省部级课题多项。已出版学术专著 2 部，在《马克思主义研究》《马克思主义与现实》《中共中央党校学报》等期刊上发表学术论文 30 多篇。

汪海鹰　男，中国社会科学院马克思主义研究院习近平新时代中国特色社会主义思想研究部助理研究员，毕业于中国社会科学院美国研究所。独立撰写《文化基因与精神血脉的现代作用——中国优秀传统文化与中国道路》等专著 2 部，另在报刊发表多篇论文。

连俊华　女，经济学博士，技术经济与管理学博士后，中国社会科学院马克思主义研究院助理研究员。主要从事国民经济学等方面的研究。出版专著 1 部。参编 2022 年主题出版重点出版物"新时代这十年"系列之《开创中国特色社会主义新时代》，丛书入选中国社会科学院创新工程 2022 年度重大科研成果。在《中国软科学》《宏观经济管理》《光明日报》《经济日报》等报刊发表文章 10 余篇。

摘　要

在发展中保障和改善民生是中国式现代化的重大任务。《中国城市基本公共服务研究报告（2024）》围绕基本公共服务与民生建设这一主题，选取东部地区的北京、上海，中部地区的武汉、郑州、长沙，西部地区的成都、西安、西宁等样本城市，从幼有所育、学有所教、劳有所得、病有所医、老有所养、住有所居、弱有所扶、优军服务保障、文体服务保障等九个方面，采用基本公共服务的投入、产出、效果等核心绩效评价指标，对党的十八大特别是 2018 年以来中国城市基本公共服务的现状进行了系统的梳理和分析，提出了进一步改善城市基本公共服务的相关政策建议。

全书包括总报告、分报告、专题报告三个部分。总报告聚焦幼有所育、学有所教、劳有所得、病有所医等基本公共服务领域，从总体上总结了城市基本公共服务取得的成绩，提出以实现基本公共服务均等化为目标，通过基本公共服务标准化推进均等化，推动基本公共服务提质增效；以满足人民美好生活需要为目标，构建基本公共服务、普惠性非基本公共服务、生活服务有序衔接、配套完善、体系完备的现代化公共服务体系；以推动公共服务高质量发展为目标，通过发展公共服务领域新质生产力，提升公共服务科学化、信息化、智能化水平，实现公共服务能力现代化；以建成教育强国、人才强国为目标，立足教育公平推进基本公共教育均等化，科学落实义务教育"双减"政策，统筹推进职普协调发展，夯实高质量基础教育根基；以建成健康中国为目标，推进基本医疗卫生服务均等化，促进多层次医疗保障有序衔接，实现从病有所医走向病有良医的目标。

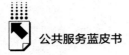

分报告总结了北京、上海、武汉、郑州、长沙、成都、西安、西宁等样本城市在基本公共服务领域取得的成绩，分析了幼有所育、学有所教、劳有所得、病有所医、老有所养、住有所居、弱有所扶、优军服务保障、文体服务保障等九个基本公共服务领域的现状、困难和问题，并提出了相关政策建议。

专题报告对公共服务助力美好生活的逻辑理路、实践经验及现实要求，基本公共服务均等化对城乡收入差距的影响与政策建议，铜仁市义务教育优质均衡发展的主要做法、成效及经验等热点问题进行了重点研究。

关键词： 基本公共服务　民生建设　中国式现代化

目 录 ⟪ゝ

Ⅰ 总报告

Ⅱ 分报告

Ⅲ 专题报告

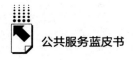

皮书数据库阅读**使用指南**

总 报 告

B.1

2024年城市基本公共服务发展报告

刘志昌*

摘　要： 本报告围绕幼有所育、学有所教、劳有所得、病有所医、老有所养、住有所居等基本公共服务领域，从东部、中部、西部地区选取有代表性的城市，采用基本公共服务的投入、产出、效果等绩效评价指标，对城市政府基本公共服务能力和水平展开总体评估。各级政府要推动构建基本公共服务、普惠性非基本公共服务、生活服务有序衔接、配套完善、体系完备的现代化公共服务体系；通过基本公共服务标准化推进均等化，推动基本公共服务提质增效；通过发展公共服务领域新质生产力，推动公共服务高质量发展；要科学落实义务教育"双减"政策，统筹推进职普协调发展，夯实高质量基础教育根基；促进多层次医疗保障有序衔接，从病有所医走向病有良医，更好满足人民日益增长的美好生活需要。

---

* 刘志昌，研究员，中国社会科学院马克思主义研究院基本方略研究室主任，博士生导师，主要研究方向为马克思主义中国化、习近平新时代中国特色社会主义思想等。

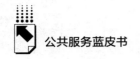

关键词： 基本公共服务　民生建设　中国式现代化

公共服务是政府的基本职能。党的十六大报告提出"完善政府的经济调节、市场监管、社会管理和公共服务的职能"，明确了政府的公共服务职能。2004年修订的《国务院工作规则》提出，"国务院及各部门要加快政府职能转变，全面履行经济调节、市场监管、社会管理和公共服务职能"，强调要"强化公共服务职能，完善公共政策，健全公共服务体系，努力提供公共产品和服务"。根据全面建设小康社会的总体要求，《中华人民共和国国民经济和社会发展第十一个五年规划纲要》将"基本公共服务明显加强"作为"十一五"时期经济社会发展的主要目标，明确提出"逐步推进基本公共服务均等化"的具体要求。

基本公共服务是指由政府提供、满足国民基本生存和发展需要、与经济社会发展水平相适应的公共服务，主要涵盖基本公共教育、基本劳动就业创业、基本社会保险、基本医疗卫生、基本社会服务、基本住房保障、基本公共文化体育、残疾人基本公共服务、基本公共交通等领域。享有基本公共服务是国民的基本权利，向国民提供均等可及的基本公共服务是政府的基本职责。

基本公共服务力是指政府提供基本公共服务、保障和改善民生问题的能力，包括基本公共服务的供给、生产、监管等能力，是衡量和考察政府履职能力的重要方面，是评价政府绩效的重要指标和依据。对公共服务的评估主要是从效率和效益、回应性和公平性等维度进行的。对政府基本公共服务力的评估，一般采用基本公共服务的投入、产出、效果、满意度等绩效指标，这些指标分别衡量政府提供基本公共服务的种类、数量、质量，以及政府基本公共服务的水平、满意度等。

保障和改善民生，提升公共服务能力和水平，是中国式现代化的重大任务，是新时代坚持以人民为中心的发展思想、满足人民美好生活需要的内在要求，是实现全体人民共同富裕的基本要求。2021年出台的《"十四五"公共服务规划》，明确了持续推进基本公共服务均等化、多元扩大普惠性非基本公共服务供给、丰富多层次多样化生活服务供给、不断满足人民群众美好生活需要的发展思路，围绕幼有所育、学有所教、劳有所得、病有所医、老有所养、住有所居、弱有所扶、文体服务保障等方面做出部署，提出了实现普惠性非基本公共服务提质扩容，逐步实现幼有善育、学有优教、劳有厚得、病有良医、老有颐养、住有宜居、弱有众扶的发展目标。党的二十大报告提出"增进民生福祉，提高人民生活品质"的发展目标，明确健全基本公共服务体系，提高公共服务水平，增强均衡性和可及性，扎实推进共同富裕的具体要求。党的二十届三中全会强调，在发展中保障和改善民生是中国式现代化的重大任务，为"十四五"时期及之后的公共服务确立了发展目标，指明了发展方向。

为推动保障和改善民生，提升公共服务能力和水平，中国社会科学院"中国城市基本公共服务力评价"课题组自 2011 年以来，持续对城市政府基本公共服务力进行调查、研究和评估，出版调查研究成果及《公共服务蓝皮书：中国城市基本公共服务力评价》，受到中央和地方政府及相关职能部门的高度关注，产生了积极社会影响。

开展政府基本公共服务力评估，有利于提高城市基本公共服务质量和水平，是贯彻党的二十大和历届全会精神，以中国式现代化全面推进强国建设、民族复兴伟业战略部署的必然要求。2023 年，课题组根据研究需要，调整了研究重点和方向，主要围绕幼有所育、学有所教、劳有所得、病有所医、老有所养、住有所居、弱有所扶、优军服务保障、文体服务保障等民生保障目标，同时兼顾普惠性非基本公共服务实现提质扩容的发展目标，从东部、中部、西部地区各选取有代表性的城市，开展城市基本公共服务发展状况的研究。选取的样本城市有：东部地区的北京、上海，中部地区的武汉、郑州、长沙，西部地区的成都、西安、西宁。

一　城市基本公共服务基本情况

近年来，国家持续健全基本公共服务制度体系。2021 年，国家发展改革委等部门印发《"十四五"公共服务规划》，推进基本公共服务均等化，扩大普惠性非基本公共服务供给，推动发展生活服务。同年，国家发展改革委、中央宣传部、教育部、民政部等多个部门联合印发《国家基本公共服务标准（2021年版）》，明确了基本公共服务的项目以及各服务项目的服务对象、服务内容、服务标准、支出责任、牵头负责单位。2023年，调整《国家基本公共服务标准（2021年版）》并发布《国家基本公共服务标准（2023年版）》，优化了国家基本公共服务清单，为各地政府持续提升基本公共服务能力提供了制度保障。从幼有所育、学有所教等领域公共服务情况看，中央与地方政府通过基本公共服务标准化推进基本公共服务均等化，城乡区域基本公共服务均等化水平不断提高。中西部地区基本公共服务设施条件明显改善，部分指标逐步追平东部地区。基本公共服务逐步覆盖全部城镇常住人口，基本公共服务供给保障能力全面提升。生活服务快速发展，人民生活得到显著改善。

（一）幼有所育基本情况

幼有所育是为6周岁以下非学龄儿童提供的从孕产期到学龄前各阶段健康、教育和基本生活需求等的综合性公共服务，主要包括政府和社会面向孕产妇和3周岁以下婴幼儿的孕育、哺育、培育及3~6周岁儿童的保育、教育服务。参照《国家基本公共服务标准（2023年版）》的清单项目，幼有所育主要包括优孕优生服务、儿童健康服务、儿童关爱服务、学前教育助学服务四类服务，具体包括农村免费孕前优生健康检查、孕产妇健康服务、增补叶酸预防神经管缺陷服务、基本避孕服务、生育保险，预防接种、儿童健康管理，特殊儿童群体基本生活保障、困境儿童保障、农村留守儿童关爱保护，学前教育助学等服务项目。[1]

---

[1] 需要说明的是，《国家基本公共服务标准（2023年版）》将学前教育助学划分在学有所教领域。本报告将学前教育助学纳入幼有所育的主要原因：一是根据年龄段的划分，学前教育仍是面向幼儿的基本公共服务项目；二是学界已有部分研究将学前教育纳入幼儿的保育、教育服务。

2021年以来，我国进一步调整优化幼有所育服务项目和内容，服务内容更加详细和全面。如，增加孕产妇健康服务检查次数；引入增补叶酸预防神经管缺陷服务；扩大生育保险服务对象范围，符合条件的参保缴费人员可按规定享受相应的生育津贴和生育医疗费用待遇；加强多部门协作，增加国家疾控局作为预防接种服务的牵头负责单位；特别关注农村和特殊人群，以进一步提升服务质量和可及性，确保更多的家庭和儿童享受到更好的健康保障。

近年来，各城市孕产全程服务、托育服务、学前教育等幼有所育制度体系不断完善，服务能力和服务水平持续提高。

1.北京市

在孕产服务方面，北京市全面推进生育全程服务促进人口长期均衡发展。在托育服务方面，北京市健全制度体系完善托育服务。截至2024年4月30日，北京市普惠托位达到15777个。① 在学前教育方面，北京市普及优化学前教育资源，北京市教育委员会2021年对学前教育发展状况的监测结果显示，2020年10月至2021年3月，北京市各区新建、改扩建幼儿园共158所，新增各类学位3.16万个；截至2021年3月31日，北京市共有公办幼儿园1276所，民办幼儿园1067所，社区办园点501个；北京市幼儿园入园率、普惠率、公办幼儿园占比已经达到教育部《县域学前教育普及普惠督导评估办法》的标准，适龄儿童毛入园率达90%，普惠性幼儿园覆盖率达86.65%，公办幼儿园占比达51.91%；幼儿园生均硬件设施资源配置基本达标；幼儿园师资规模继续扩大，园长和专任教师学历水平稳步提升。

2.上海市

在孕产服务方面，上海市优化孕产全程工作体系，为准备妊娠和产后42天的妇女及胎婴儿提供全程系列的医疗保健服务。在托育服务方面，上海市完善托育服务体系，综合提升婴幼儿托育与科学育儿服务能力，幼儿园

---

① 《普惠多元托育托举"小小孩"幸福童年》，《北京日报》2024年7月18日，第1版。

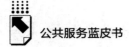

开设的托班、社区托育"宝宝屋"、社会托育机构、科学育儿指导站等托育服务形态日趋丰富，为有需求的家长提供多元普惠的全日托、临时托、计时托和科学育儿指导服务。截至2023年底，上海市各类托育服务机构近1800家，提供约8.8万个全日托和临时托托位。在学前教育方面，上海市全面优化学前教育体系，加强优质幼儿园建设，加大资金投入，在园幼儿人均实际支出从2018年的3.2万元增至2022年的4.3万元;① 截至2023年9月底，上海市学前三年毛入园率达到99%。②

3. 武汉市

在孕产服务方面，武汉市通过细化妊娠风险分级管理、推广无创产前基因检测、构建全面生育支持体系等措施优化优孕优生服务。在托育服务方面，武汉市确立了到2025年市级和14个区分别建立托育服务综合指导中心、街道（乡、镇）普惠性托育服务机构覆盖率达到100%、城镇社区托育服务设施覆盖率达到50%的发展目标，推动托育服务规范化与高质量发展。③ 在学前教育方面，武汉市推动规模扩大与质量提升并举，在园幼儿数从2018年的318026人增加到2022年的387932人，增长21.98%；幼儿园数量从2018年的1511所增加到2022年的2006所，增长32.76%；专任教师数量从2018年的2.20万人增加到2022年的3.00万人，平均每位专任教师负担幼儿数从2018年的14.44人减少到2022年的12.94人。④

4. 郑州市

在孕产服务方面，郑州市通过完善育儿假、育儿补贴、购房指标和购房补贴等生育相关政策促进人口均衡发展；在各区通过设立标准化妇幼健康服

---

① 参见本书《幼有所育研究报告》。

② 《上海普惠性幼儿园覆盖率达到93%，60%的幼儿园开设托班》，澎湃新闻，2023年11月2日，https：//www. thepaper. cn/newsDetail_forward_25156391。

③ 《市发展改革委 市民政局 市卫健委 关于印发武汉市促进养老托育服务高质量发展实施方案的通知》，武汉市民政局网站，2022年11月29日，https：//mzj. wuhan. gov. cn/zwgk_918/fdzdgk/gysyjs/shbz/ylfw/ylzc/202212/t20221213_2115043. shtml。

④ 参见本书《幼有所育研究报告》。

务机构、加强妇幼保健院建设等，提升妇幼健康服务水平，妇幼保健院（所）卫生技术人员从 2018 年的 5092 人增加到 2022 年的 5620 人。[①] 在托育服务方面，郑州市加强科学保育与托育服务体系建设，依托社区卫生服务中心（卫生院）设立科学育儿指导服务中心，组建专业团队提供婴幼儿保健、营养、生长发育等方面的指导。截至 2022 年 8 月末，郑州市已经建成 11 家托育指导中心、19 家街道普惠托育中心，已开工建设 74 家普惠托育中心。[②] 郑州市到 2025 年将实现社区普惠托育点全覆盖，"半径三百米托育服务圈"完成构建。在学前教育方面，郑州市扩容提质与创新并重，通过公办幼儿园建设和领航共建工程，提升学前教育均衡发展水平；通过特色活动助推幼儿园质量提升。

5. 长沙市

在孕产服务方面，长沙市深化优孕优生保障孕产妇及新生儿健康，具体做法有：健全政策，规范孕产妇妊娠风险评估与管理，提升危重孕产妇救治服务；提供免费婚前医学检查和孕前优生健康检查，进行遗传罕见病综合防控，预防出生缺陷；为失独家庭和不孕不育家庭提供爱心助孕等支持服务。在托育服务方面，长沙市采取公办民营、公建民营、政府配套资金和场地支持等多种形式推进公办托育服务机构建设。制定婴幼儿托育服务机构布局建设专项规划和财政补贴制度，对新建社会办普惠托育机构提供每个托位 1 万元的补助。通过水电气优惠等措施降低托育服务机构运营成本，支持托育服务机构发展。鼓励有条件的幼儿园招收 2~3 岁幼儿，推进社区托育服务设施建设，支持用人单位提供托育服务。推行职业资格准入制度，加强托育服务从业人员的培训和增加职业培训补贴，规范托育机构管理、加强托育机构指导、推进医育结合，促进托育服务行业高质量发展，扩大托育服务的覆盖面并提高其质量。在学前教育方面，长沙市推进深化改革，积极拓展学前教育资源，加快公办和农村幼儿园建设，鼓励

---

① 参见本书《幼有所育研究报告》。
② 《提升婴幼儿照护服务能力 郑州市已建成 11 家托育指导中心》，河南省人民政府网站，2022 年 8 月 29 日，https://www.henan.gov.cn/2022/08-29/2569626.html。

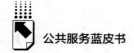

社会力量及企事业单位参与办园。加强师资队伍建设，保障民办园教师待遇，强化教师培训，提高幼儿园覆盖率，提升学前教育普惠水平，推动学前教育高质量发展。2018~2022 年，长沙市幼儿园数量从 1876 所增至 2461 所，在园幼儿数从 31.13 万人增加到 42.53 万人，专任教师数量从 1.85 万人增加到 2.69 万人。

6. 成都市

在孕产服务方面，成都市通过提升妇幼健康服务标准促进人口均衡增长。推动所有县级妇幼保健机构均达到二级甲等及以上标准，提供免费婚前医学检查、免费孕前优生健康检查。加强孕产妇住院分娩和管理，2019~2023 年成都住院分娩率保持 99.99% 的高水平，孕产妇系统管理率提升至 95.97%，3 岁以下儿童的系统管理率保持在 96% 以上。通过优化和调整生育医疗待遇标准，提升城乡居民及城镇职工的生育医疗服务水平。在托育服务方面，成都市通过构建家庭邻里式、社区嵌入式、托幼一体式、职工福利式、标准规范式等普惠优先、形式多样的托育服务供给体系，支持幼儿园开办托班、完善婴幼儿照护服务体系、支持社会力量参与普惠托育服务、规范托育服务标准、加大托育服务政策支持力度等多项举措优化托育服务。成都市建立托育机构健康管理员制度，构建基层医疗卫生机构、托育机构、家庭社会"三位一体"机制，形成"家庭照护+机构照护+基层医疗卫生机构健康服务"的医育结合新模式。在学前教育方面，成都市全面推进学前教育高质量发展。通过加大财政投入和制度创新，强化公办和普惠性幼儿园建设；通过建立都市圈学前教育联盟，推进学前教育高质量发展。普惠性幼儿园覆盖率从 2019 年的 75.38% 提高到 2023 年的 85.65%；在园幼儿数从 2018 年的 56.52 万人增加到 2022 年的 66.28 万人，① 幼儿园教职员工从 2018 年的 7.97 万人增加到 2022 年的 10.58 万人。

7. 西安市

在孕产服务方面，西安市优化优孕优生，全面提升妇幼健康服务水平。

---

① 参见本书《幼有所育研究报告》。

通过实施健康检查与管理、流动人口公共卫生服务、计划生育惠民政策，实现农村育龄妇女健康检查、免费孕前优生健康检查全市覆盖，产前检查率从2018年的97.75%提高至2022年的98.99%，产后访视率从2018年的94.34%提高至2022年的97.44%，3岁以下儿童系统管理率从2018年的93.82%提高至2022年的95.55%，孕产妇系统管理率从2018年的92.74%提高至2022年的96.98%。在托育服务方面，西安市实施电水气热等优惠政策，对达标的普惠托育机构给予财政补助，加强社区对婴幼儿托育服务的支持，规定新建住宅小区必须配套托幼设施，推动社区嵌入式服务综合体建设，支持社会力量参与托育服务，开展托育服务星级示范机构创建活动。通过政策支持和区域规划优化托育服务，截至2023年末，全市已有716所托育机构，其中430所嵌入社区，提升了托育机构覆盖率。[1] 在学前教育方面，西安市通过新建和改造公办幼儿园、认定和复验普惠性民办幼儿园，提升了学前教育资源的覆盖率，通过提高教师专业水平和教育质量，推动学前教育从幼有所育向幼有优育转变。2018~2022年，西安市幼儿园校舍建筑面积、幼儿园生均园舍建筑面积、幼儿园数量均逐年增加，幼儿园专任教师数从2.58万人增加到3.24万人，在园幼儿数从35.39万人增加到40.99万人。[2]

8. 西宁市

在孕产服务方面，西宁市通过实施妊娠风险筛查和出生缺陷防治、危急重症救治中心建设和高危专案管理等措施增强生殖健康服务，同时规范辅助生殖技术应用，加大生育保险财政投入，扩大生育保险的覆盖面，不断提升优孕优生服务水平。西宁市企业职工生育保险费用支出由2019年的0.88亿元增加到2023年的1.38亿元，企业职工生育保险参保人数从2019年的18.54万人逐年增加到2023年的27.01万人。[3] 在托育服务方面，西宁市提升家庭照护能力，发展多样化的照护服务模式，建设多元化婴幼儿照护服务体系。通过公

---

① 《西安市在2024年全国托育服务宣传月启动仪式上作交流发言》，西安市卫生健康委员会网站，2024年6月20日，http://xawjw.xa.gov.cn/gzdt/wjyw/1803782617543827458.html。

② 参见本书《幼有所育研究报告》。

③ 参见本书《幼有所育研究报告》。

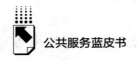

私合作和社区资源整合，推动托幼一体化和托育联合体建设，强化服务机构的标准建设和监管，规范照护服务机构。开展市级示范性托育机构建设和多子女婴幼儿家庭入托扶助，为符合条件的婴幼儿家庭，提供每个婴幼儿每学期不低于 300 元的托育扶助金。截至 2023 年 9 月，西宁市建成托育服务机构 83 家，提供托位 7931 个，每千人拥有 3 岁以下婴幼儿照护托位 3.0 个。①

（二）学有所教基本情况

学有所教，狭义上是指政府为学龄儿童和青少年等提供的义务教育的基础教育服务，广义上还包括政府为国民提供的高等教育、成人教育等教育公共服务。根据《国家基本公共服务标准（2023 年版）》的清单项目，学有所教主要包括义务教育服务、普通高中助学服务、中等职业教育助学服务，具体包括义务教育阶段免除学杂费、义务教育免费提供教科书、义务教育家庭经济困难学生生活补助、农村义务教育学生营养膳食补助，普通高中国家助学金、普通高中免学杂费，中等职业教育国家助学金、中等职业教育免除学费等服务项目。

党的十八大以来，我国义务教育取得历史性成就，建成世界最大规模的义务教育体系，义务教育普及程度达到世界高收入国家平均水平。截至 2022 年 9 月，全国 2895 个县级行政单位全部实现县域义务教育基本均衡。《"十四五"公共服务规划》指出，到"十三五"末，我国覆盖全学段的学生资助政策体系已经比较完善，普惠性幼儿园覆盖率达到 84.7%，九年义务教育巩固率达到 95.2%、大班额基本消除，高中阶段教育毛入学率达到 91.2%。

2023 年，全国小学净入学率保持在 99.9% 以上，义务教育巩固率达到 95.7%，高中阶段教育毛入学率达到 91.2%，② 进城务工人员随迁子女在公办学校就读和享受政府购买学位服务的比例超过 95.0%。我国学生资助制

---

① 《西宁市：聚焦"五个更加"助推儿童友好城市建设》，青海妇女网，2023 年 9 月 6 日，https://www.qhflh.org.cn/viewinfo/search-result/2b570f7ed7b84f4aac2f0a31eea435b1。
② 参见本书《学有所教研究报告》。

度体系日益完善，年资助 1.6 亿人，全面实现应助尽助。国家层面教育优先发展保障机制健全，国家财政性教育经费占国内生产总值的比重连续保持在 4% 以上。①

从各级学校数量、教职工数量看，全国普通小学数量从 2018 年的 161811 所减少到 2023 年的 143472 所，普通小学教职工数量从 2018 年的 573.25 万人增加到 2023 年的 626.01 万人；初中学校数量和教职工数量均有所增加，初中学校数量从 2018 年的 51982 所增加到 2023 年的 52348 所，初中学校教职工数量从 2018 年的 419.38 万人增加到 2023 年的 481.92 万人；普通高中学校数量从 2018 年的 13737 所增加到 2023 年的 15381 所，普通高中教职工数量从 2018 年的 274.25 万人增加到 2023 年的 331.96 万人。②

从各级学校生师比看，全国小学生师比总体呈下降趋势，从 2018 年的 16.97 下降到 2023 年的 16.28；初中生师比微幅波动，从 2018 年的 12.79 上升到 2023 年的 12.84；普通高中生师比总体呈下降趋势，从 2018 年的 13.10 下降到 2023 年的 12.66；中等职业教育生师比总体呈下降趋势，从 2018 年的 19.10 下降到 2023 年的 17.67（见表 1）。

表 1　2018~2023 年基础教育阶段生师比（老师人数=1）

年份	小学	初中	普通高中	中等职业教育
2018	16.97	12.79	13.10	19.10
2019	16.85	12.88	12.99	18.94
2020	16.67	12.73	12.90	19.54
2021	16.33	12.64	12.84	18.86
2022	16.19	12.72	12.72	18.65
2023	16.28	12.84	12.66	17.67

注：基础教育包括小学、初中和高中阶段的普通高中和中等职业教育。
资料来源：2019~2024 年《中国统计年鉴》。

---

① 习近平等编写《〈中共中央关于进一步全面深化改革、推进中国式现代化的决定〉辅导读本》，人民出版社，2024。
② 国家统计局：2019~2024 年《中国统计年鉴》。

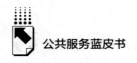
从教育经费看，全国公共预算教育经费支出持续增加，从 2018 年的 32169.47 亿元增加到 2023 年的 41248.29 亿元，教育经费支出占公共预算支出的比例从 2018 年的 14.56% 提高到 2023 年的 15.02%（见表 2）。

表 2　2018~2023 年全国及部分城市公共预算教育经费支出情况

单位：亿元，%

		2018 年	2019 年	2020 年	2021 年	2022 年	2023 年
全国	公共预算支出合计	220904.13	238858.37	245679.03	245673.00	260552.12	274622.94
	教育经费支出	32169.47	34796.94	36359.94	37468.85	39447.59	41248.29
	占比	14.56	14.57	14.80	15.25	15.14	15.02
北京	公共预算支出合计	7471.43	7408.19	7116.18	7205.12	7469.15	7971.25
	教育经费支出	1025.51	1137.18	1138.29	1147.83	1171.12	1227.90
	占比	13.73	15.35	16.00	15.93	15.68	15.40
上海	公共预算支出合计	8351.54	8179.28	8102.11	8430.86	9393.16	9638.51
	教育经费支出	917.99	995.70	1000.59	1039.46	1122.57	1206.14
	占比	10.99	12.17	12.35	12.33	11.95	12.51
武汉	公共预算支出合计	1929.31	2237.10	2407.81	2215.97	2223.15	—
	教育经费支出	259.97	291.19	292.91	308.06	321.84	—
	占比	13.48	13.02	12.17	13.90	14.48	—
郑州	公共预算支出合计	1763.34	1910.67	1720.18	1624.44	1456.41	—
	教育经费支出	212.92	247.06	240.68	246.28	231.39	—
	占比	12.07	12.93	13.99	15.16	15.89	—
西安	公共预算支出合计	1151.87	1247.02	1347.58	1474.62	1569.81	—
	教育经费支出	157.19	201.90	233.37	255.94	246.82	—
	占比	13.65	16.19	17.32	17.36	15.72	—
成都	公共预算支出合计	1837.42	2006.95	2159.48	2237.69	2435.01	—
	教育经费支出	265.82	288.39	327.73	357.48	400.31	—
	占比	14.47	14.37	15.18	15.98	16.44	—

注："—"表示数据未统计或未发布，本报告余同，此后不赘。

资料来源：根据 2019~2023 年《中国统计年鉴》及北京、上海、武汉、郑州、西安、成都统计年鉴整理。

从城市学有所教具体情况看，北京市各级学校生师比低于全国水平，总体呈上升趋势。北京市小学生师比从 2018 年的 13.65 上升到 2023 年的

14.73；初中生师比从 2018 年的 7.83 上升到 2023 年的 9.19；普通高中生师比从 2018 年的 7.44 上升到 2023 年的 9.12；中等职业教育生师比从 2018 年的 10.13 上升到 2023 年的 10.26。①

北京市教育经费支出逐年增加，教育经费支出占比略高于全国水平。北京市教育经费支出从 2018 年的 1025.51 亿元增至 2023 年的 1227.90 亿元，教育经费支出占公共预算支出的比重从 2018 年的 13.73% 提升到 2023 年的 15.40%（见表 2）。2023 年，北京市教育经费支出占公共预算支出的比重较全国平均水平高 0.38 个百分点。②

上海市生师比低于全国水平，除小学生师比略有下降外，初中、普通高中和中等职业教育生师比均呈上升趋势。上海市小学生师比从 2018 年的 14.09 下降到 2023 年的 13.99；初中生师比从 2018 年的 10.55 上升到 2023 年的 11.66；普通高中生师比从 2018 年的 8.62 上升到 2023 年的 9.79；中等职业教育生师比从 2018 年的 12.69 上升到 2023 年的 14.07。③

上海市教育经费支出逐年增加，教育经费支出占比略低于全国水平。上海市教育经费支出从 2018 年的 917.99 亿元增至 2023 年的 1206.14 亿元，教育经费支出占公共预算支出的比重从 2018 年的 10.99% 提升到 2023 年的 12.51%。2023 年，上海市教育经费支出占公共预算支出的比重较全国平均水平低 2.51 个百分点。④

武汉市除小学生师比略有下降外，初中、普通高中和中等职业教育生师比均呈上升趋势。武汉市小学生师比从 2018 年的 18.93 下降到 2022 年的 17.97，2022 年武汉市小学生师比较全国平均水平高 1.78；初中生师比从 2018 年的 10.94 上升至 2022 年的 11.84，2022 年初中生师比较全国平均水平低 0.88；普通高中生师比从 2018 年的 9.35 上升至 2022 年的 10.37，2022 年普通高中生师比较全国平均水平低 2.35；中等

---

① 国家统计局：2019~2024 年《中国统计年鉴》。
② 国家统计局：2019~2024 年《中国统计年鉴》。
③ 国家统计局：2019~2024 年《中国统计年鉴》。
④ 国家统计局：2019~2024 年《中国统计年鉴》。

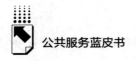
职业教育生师比略有上升，从 2018 年的 15.91 上升到 2022 年的 17.56
（见表 3）。

表 3 2018~2022 年部分城市基础教育阶段生师比（老师人数 = 1）

城市	基础教育阶段	2018 年	2019 年	2020 年	2021 年	2022 年
武汉	小学	18.93	18.68	18.64	18.04	17.97
	初中	10.94	11.16	11.44	11.68	11.84
	普通高中	9.35	9.71	9.99	10.12	10.37
	中等职业教育	15.91	15.35	15.49	17.90	17.56
郑州	小学	22.30	21.91	21.01	19.33	19.56
	初中	—	—	12.34	11.74	11.83
	普通高中	—	—	11.86	11.93	12.05
	中等职业教育	30.73	32.09	34.32	34.01	32.52
西安	小学	19.82	19.83	19.62	17.55	17.55
	初中	15.85	15.66	15.11	12.69	13.08
	普通高中	7.54	7.26	7.32	12.49	13.13
	中等职业教育	20.78	20.32	19.95	21.56	21.48
成都	小学	18.48	17.59	17.22	16.88	16.90
	初中	12.10	12.30	12.33	12.04	11.94
	普通高中	10.70	10.83	10.96	11.03	11.36
	中等职业教育	21.10	20.00	20.10	19.83	19.50

资料来源：根据武汉、郑州、西安、成都历年统计年鉴整理。

武汉市教育经费支出逐年增加，从 2018 年的 259.97 亿元增至 2022 年
的 321.84 亿元，教育经费支出占公共预算支出的比重从 2018 年的 13.48%
提升到 2022 年的 14.48%（见表 2）。2022 年，武汉市教育经费支出占公共
预算支出的比重较全国平均水平低 0.66 个百分点。

郑州市小学、初中生师比略有下降，普通高中和中等职业教育生师比均
呈上升趋势。郑州市小学生师比从 2018 年的 22.30 下降到 2022 年的 19.56，
2022 年小学生师比较全国平均水平高 3.37；初中生师比从 2020 年的 12.34
下降至 2022 年的 11.83，2022 年初中生师比较全国平均水平低 0.89；普通
高中生师比从 2020 年的 11.86 上升至 2022 年的 12.05，2022 年普通高中生

师比较全国平均水平低 0.67；中等职业教育生师比从 2018 年的 30.73 上升到 2022 年的 32.52，2022 年中等职业教育生师比在 6 座城市中最高，也高于全国平均水平 13.87。

郑州市教育经费支出逐年增加，从 2018 年的 212.92 亿元增至 2022 年的 231.39 亿元，教育经费支出占公共预算支出的比重从 2018 年的 12.07% 提升到 2022 年的 15.89%。2022 年，郑州市教育经费支出占公共预算支出的比重较全国平均水平高 0.75 个百分点。

西安市小学和初中生师比略有下降，普通高中生师比有较大上升，中等职业教育生师比略有上升。西安市小学生师比从 2018 年的 19.82 下降到 2022 年的 17.55，2022 年小学生师比较全国平均水平高 1.36；初中生师比从 2018 年的 15.85 下降至 2022 年的 13.08，2022 年初中生师比较全国平均水平高 0.36；普通高中生师比从 2018 年的 7.54 上升至 2022 年的 13.13，2022 年普通高中生师比较全国平均水平高 0.41；中等职业教育生师比从 2018 年的 20.78 上升到 2022 年的 21.48，2022 年中等职业教育生师比较全国平均水平高 2.83。

西安市教育经费支出总体呈增加趋势，从 2018 年的 157.19 亿元增至 2022 年的 246.82 亿元，教育经费支出占公共预算支出的比重从 2018 年的 13.65% 提升到 2022 年的 15.72%。2022 年，西安市教育经费支出占公共预算支出的比重较全国平均水平高 0.58 个百分点。

成都市小学、初中和中等职业教育生师比略有下降，普通高中生师比略有上升。成都市小学生师比从 2018 年的 18.48 下降到 2022 年的 16.90，2022 年小学生师比较全国平均水平高 0.71；初中生师比从 2018 年的 12.10 下降至 2022 年的 11.94，2022 年初中生师比较全国平均水平低 0.78；普通高中生师比从 2018 年的 10.70 上升至 2022 年的 11.36，2022 年普通高中生师比较全国平均水平低 1.36；中等职业教育生师比从 2018 年的 21.10 下降到 2022 年的 19.50，2022 年中等职业教育生师比较全国平均水平高 0.85（见表 3）。

成都市教育经费支出逐年增加，从 2018 年的 265.82 亿元增至 2022 年

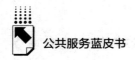

的 400. 31 亿元，教育经费支出占公共预算支出的比重从 2018 年的 14. 47%
提升到 2022 年的 16. 44%。2022 年，成都市教育经费支出占公共预算支出
的比重较全国平均水平高 1. 30 个百分点。

（三）劳有所得基本情况①

劳动是创造财富的源泉。劳有所得体现的是劳动者通过付出体力或脑力
劳动，创造价值和使用价值，并因此获得相应的回报。劳有所得主要体现在
就业机会增加、劳动收入提高、劳动权益保障等三个方面。根据《国家基
本公共服务标准（2023 年版）》，劳有所得主要提供就业创业服务和工伤失
业保险服务两大类服务，前者包括就业信息服务，职业介绍、职业指导和创
业开业指导，就业登记与失业登记，流动人员人事档案管理服务，就业见习
服务，就业援助，职业技能培训、鉴定和生活费补贴，"12333" 人力资源
和社会保障电话服务，劳动关系协调，劳动用工保障 10 项服务；后者包括
工伤保险、失业保险 2 项服务。

从就业人员数量和结构来看，党的十八大以来，我国就业人员总数维持
在 7 亿人以上，总体呈减少趋势，从 2012 年的 7. 63 亿人逐步减少到 2023
年的 7. 40 亿人，2022 年最低，为 7. 34 亿人。其中，城镇就业人员数从
2012 年的 3. 73 亿人逐步增至 2023 年的 4. 70 亿人，农村就业人员数从 2012
年的 3. 90 亿人逐步减少到 2023 年的 2. 70 亿人；第一产业就业人员数占比
从 2012 年的 33. 5%下降到 2023 年的 22. 8%，第二产业就业人员数占比从
2012 年的 30. 4%下降到 2023 年的 29. 1%，第三产业就业人员数占比从 2012
年的 36. 1%提升到 2023 年的 48. 1%。2012 年以来，我国城镇登记失业人员
数基本维持在 1000 万人左右的水平，城镇登记失业率处于 4. 30%以下，城
镇失业得到有效控制。

从居民人均可支配收入来看，全国居民人均可支配收入从 2012 年的
16509. 6 元增至 2023 年的 39218. 0 元，居民人均可支配收入年均增长

---

① 除另有说明外，相关资料均参见本书《劳有所得研究报告》。

8.18%，居民收入增长已基本实现与经济增长同步。其中，城镇居民人均可支配收入从 2012 年的 24126.7 元增至 2023 年的 51821.0 元，农村居民人均可支配收入从 2012 年的 8389.3 元增至 2023 年的 21691.0 元。

从失业保险、工伤保险覆盖面来看，2012 年以来，我国失业保险、工伤保险参保人数逐步增加。失业保险参保人数从 2012 年的 1.52 亿人增至 2023 年的 2.44 亿人，增长 60.5%；工伤保险参保人数从 2012 年的 1.90 亿人增至 2023 年的 3.02 亿人，增长 58.9%。

从城市劳有所得具体情况来看，北京市城镇新增就业人口数从 2019 年的 35.1 万人减少到 2020 年的 26.1 万人，2021 年开始回升，2023 年增至 28.1 万人。北京市城镇登记失业率从 2019 年的 1.30% 提升到 2022 年的 3.12%，维持在 4% 以内；城镇登记失业人员数从 2019 年的 7.37 万人增加到 2022 年的 36.39 万人，维持在 40 万人以内。北京市居民人均可支配收入从 2019 年的 67756 元增加到 2023 年的 81752.36 元，年均增长 4.81%。北京市失业保险参保人数从 2019 年的 1294.77 万人增加到 2023 年的 1418.40 万人，工伤保险参保人数从 2019 年的 1242.25 万人增加到 2023 年的 1366.88 万人。

上海市城镇新增就业人口数从 2019 年的 58.91 万人减少到 2022 年的 56.35 万人，2023 年增加到 60.56 万人。上海市城镇登记失业率从 2019 年的 3.6% 提升到 2023 年的 4.5%；城镇登记失业人员数从 2019 年的 19.34 万人增加到 2021 年的 66.88 万人，2022 年减少到 14.56 万人，2023 年又增加到 76.34 万人。上海市居民人均可支配收入从 2019 年的 69441.56 元增加到 2023 年的 84834 元，年均增长 5.13%。上海市失业保险参保人数从 2019 年的 984.86 万人增加到 2023 年的 1023.48 万人，工伤保险参保人数从 2019 年的 1084.13 万人增加到 2023 年的 1188.16 万人。

武汉市城镇新增就业人口数呈先减后增的趋势，从 2019 年的 24.25 万人减少到 2020 年的 22.81 万人，2023 年增至 29.26 万人。武汉市城镇登记失业率从 2019 年的 2.02% 提升到 2022 年的 2.61%，基本维持在 3% 以内。

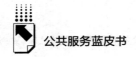

武汉市城镇居民人均可支配收入从 2019 年的 51706 元增至 2023 年的 61693 元，年均增长 4.51%；农村居民人均可支配收入从 2019 年的 24776 元增至 2023 年的 31560 元，年均增长 6.24%。武汉市失业保险参保人数从 2019 年的 258.56 万人增至 2023 年的 338.17 万人，工伤保险参保人数从 2019 年的 310.35 万人增至 2023 年的 450.14 万人。

郑州市城镇新增就业人口数保持稳步增加趋势，从 2019 年的 11.50 万人增至 2023 年的 14.39 万人。郑州市城镇登记失业率呈上升趋势，从 2019 年的 1.80%提升到 2022 年的 2.97%，维持在 3%以内。郑州市居民人均可支配收入从 2019 年的 35942 元增至 2023 年的 43785 元，年均增长 5.06%。郑州市失业保险参保人数从 2019 年的 212.00 万人增至 2023 年的 331.59 万人。

西安市城镇新增就业人口数从 2019 年的 16.12 万人减少到 2020 年的 15.31 万人，2023 年增至 17.72 万人。西安市城镇登记失业率从 2019 年的 3.27%提升到 2021 年的 3.60%，保持在 4%以下。西安市居民人均可支配收入从 2019 年的 34064 元增至 2023 年的 42818 元，年均增长 5.88%。西安市失业保险参保人数从 2019 年的 219.99 万人增至 2023 年的 307.81 万人，工伤保险参保人数从 2019 年的 266.89 万人增至 2023 年的 347.27 万人。

成都市城镇新增就业人口数从 2019 年的 26.4 万人减少到 2022 年的 25.3 万人，2023 年增至 26.4 万人。成都市城镇居民人均可支配收入从 2019 年的 45878 元增至 2023 年的 57477 元，年均增长 5.80%；农村居民人均可支配收入从 2019 年的 24357 元增至 2023 年的 33065 元，年均增长 7.94%。

（四）病有所医基本情况

病有所医是保障民众身心健康的重要途径和重要目标，旨在保障国民的健康权益，确保民众能够得到及时、有效且可负担的基本医疗和公共卫生等服务。根据《国家基本公共服务标准（2023 年版）》，病有所医主要提供公共卫生服务、医疗保险服务、计划生育扶助服务三大类服务。公共卫生服务包括建立居民健康档案、健康教育与健康素养促进、传染病及突发公共卫生事件报告和处理、卫生监督协管服务、慢性病患者健康管理、地方病患者健康管理、严重精神障碍患者健康管理、结核病患者健康管理、艾滋病病毒感染者和病人随访管理、社区易感染艾滋病高危行为人群干预、基本药物供应保障服务、食品药品安全保障12项服务。医疗保险服务包括职工基本医疗保险、城乡居民基本医疗保险2项服务。计划生育扶助服务包括农村符合条件的计划生育家庭奖励扶助、计划生育家庭特别扶助2项服务。

2016年10月中共中央、国务院印发《"健康中国2030"规划纲要》，启动实施健康中国行动。医药卫生体制改革深入推进，公立医院综合改革全面推开；职工基本医疗保险、城乡居民基本医疗保险政策范围内住院费用支付比例分别稳定在80%和70%左右；医疗卫生服务体系不断完善，人民健康水平不断提高。2015~2020年，人均预期寿命从76.34岁提高到77.93岁，婴儿死亡率从8.1‰降至5.4‰，5岁以下儿童死亡率从10.7‰降至7.5‰，孕产妇死亡率从20.1/10万降至16.9/10万，主要健康指标居于中高收入国家前列，个人卫生支出占卫生总费用的比重下降到27.7%。[①]

从城市病有所医具体情况来看，2018~2022年北京、上海、武汉、郑州、西安、成都6座城市卫生健康经费支出总体呈增加趋势，卫生健康经费支出占财政支出的比重总体提高。北京市卫生健康经费支出从2018年的490.09亿元增至2022年的775.82亿元，2022年卫生健康经费支出占财政支出的10.39%；上海市卫生健康经费支出从2018年的470.10亿元增至2022年的655.60亿元，2022年卫生健康经费支出占财政支出的13.93%；武汉市卫生健康经费支出从2018年的131.35亿元增至2020年的381.05亿元，2022年降至245.04亿元，2022年卫生健康经费支出占财政支出的

---

① 《国务院办公厅关于印发"十四五"国民健康规划的通知》，中国政府网，2022年4月27日，https://www.gov.cn/gongbao/content/2022/content_5695039.htm。

11.02%;郑州市卫生健康经费支出从 2018 年的 97.90 亿元增至 2022 年的 135.24 亿元,2022 年卫生健康经费支出占财政支出的 9.29%;西安市卫生健康经费支出从 2018 年的 92.96 亿元增至 2022 年的 169.69 亿元,2022 年卫生健康经费支出占财政支出的 10.81%;成都市卫生健康经费支出从 2018 年的 140.38 亿元增至 2022 年的 271.87 亿元,2022 年卫生健康经费支出占财政支出的 11.17%(见表 4、表 5)。

表 4 2018~2022 年部分城市卫生健康经费支出情况

单位:亿元

年份	北京	上海	武汉	郑州	西安	成都
2018	490.09	470.10	131.35	97.90	92.96	140.38
2019	534.41	493.40	134.72	115.19	91.99	143.05
2020	605.64	545.00	381.05	125.68	116.81	170.82
2021	623.67	564.30	197.93	117.46	149.88	187.64
2022	775.82	655.60	245.04	135.24	169.69	271.87

资料来源:2019~2023 年《中国统计年鉴》及武汉、郑州、西安、成都统计年鉴。

表 5 2018~2022 年全国及部分城市卫生健康经费支出占财政支出的比重

单位:%

年份	全国	北京	上海	武汉	郑州	西安	成都
2018	7.07	6.56	5.63	6.81	5.55	8.07	7.64
2019	6.98	7.21	6.03	6.02	6.03	7.38	7.13
2020	7.82	8.51	6.73	15.83	7.30	8.67	7.91
2021	7.79	8.66	7.51	8.93	7.23	10.16	8.39
2022	8.65	10.39	13.93	11.02	9.29	10.81	11.17

资料来源:2019~2023 年《中国统计年鉴》及武汉、郑州、西安、成都统计年鉴。

从城市财政支出金额的横向比较来看,2018~2022 年北京市和上海市卫生健康经费支出处于第一梯队,其后是成都市和武汉市,郑州市和西安市卫生健康经费支出相对较低。受疫情影响,武汉市 2020 年卫生健康经费支出较多，2021 年恢复正常支出水平。从 2022 年城市卫生健康经费支出占财政支出比重的横向比较来看，6 座城市卫生健康经费支出占比均高于全国水平，上海市最高，其后依次是成都市、武汉市、西安市和北京市，郑州市最低。

从每千人口拥有执业（助理）医师数情况来看，2018～2022 年，除武汉市每千人口拥有执业（助理）医师数略有减少外，其他 7 座城市均呈增加趋势。武汉市每千人口拥有执业（助理）医师数从 2018 年的 3.57 人减少到 2022 年的 3.47 人。北京市每千人口拥有执业（助理）医师数从 2018 年的 4.63 人增至 2022 年的 5.26 人；上海市从 2018 年的 2.95 人增至 2022 年的 3.48 人；郑州市从 2018 年的 3.48 人增至 2022 年的 4.17 人；长沙市从 2018 年的 2.62 人增至 2022 年的 3.01 人；西安市从 2018 年的 3.66 人增至 2022 年的 4.47 人；成都市从 2018 年的 3.15 人增至 2022 年的 3.79 人；西宁市从 2018 年的 3.75 人增至 2022 年的 4.23 人。从 8 个样本城市的横向比较看，北京市每千人口拥有执业（助理）医师数最多，2022 年，北京市每千人口拥有执业（助理）医师 5.26 人，最低的长沙市仅有 3.01 人（见表 6）。

表 6　2018～2022 年部分城市每千人口拥有执业（助理）医师数情况

单位：人

年份	北京	上海	武汉	西安	成都	郑州	长沙	西宁
2018	4.63	2.95	3.57	3.66	3.15	3.48	2.62	3.75
2019	4.92	3.08	3.69	4.02	3.40	3.64	2.75	4.02
2020	4.92	3.15	3.37	4.16	3.50	4.04	2.84	4.08
2021	5.14	3.38	3.45	4.33	3.80	4.05	2.91	4.05
2022	5.26	3.48	3.47	4.47	3.79	4.17	3.01	4.23

资料来源：除另有说明外，相关资料均参见本书《病有所医研究报告》。

从每千人口拥有注册护士数情况来看，2018～2022 年除武汉市每千人口拥有的护士数有所减少外，其他 7 座城市均呈增加趋势。武汉市每千人口拥有注册护士数从 2018 年的 4.91 人减少到 2022 年的 4.61 人。北京市每千人口拥有注册护士数从 2018 年的 4.98 人增至 2022 年的 5.77 人；上海市从 2018 年的 3.63 人增至 2022 年的 4.30 人；郑州市从 2018 年的 4.90 人增至 2022 年的 5.36 人；长沙市从 2018 年的 2.67 人增至 2022 年的 3.70 人；西安市从 2018 年的 5.03 人增至 2022 年的 5.67 人；成都市从 2018 年的 3.96 人增至 2022 年的 4.86 人；西宁市从 2018 年的 4.98 人增至 2022 年的 5.63 人。从 8 座样本城市的横向比较来看，北京市每千人口拥有注册护士数总体最多，2022 年，北京市每千人口拥有注册护士 5.77 人；西安市其次，为 5.67 人；最低的长沙市为 3.70 人（见表 7）。

表 7 2018~2022 年部分城市每千人口拥有注册护士数情况

单位：人

年份	北京	上海	武汉	西安	成都	郑州	长沙	西宁
2018	4.98	3.63	4.91	5.03	3.96	4.90	2.67	4.98
2019	5.33	3.82	5.07	5.42	4.34	4.78	3.48	5.25
2020	5.39	3.91	4.60	5.55	4.44	5.15	3.57	5.30
2021	5.67	4.17	4.60	5.73	4.76	5.16	3.61	5.70
2022	5.77	4.30	4.61	5.67	4.86	5.36	3.70	5.63

从基本医疗保险参保人数来看，2018~2022 年基本医疗保险参保人数除北京市有所减少外，其他城市均有所增加。北京市基本医疗保险参保人数从 2018 年的 2018.20 万人减少到 2022 年的 1990.50 万人。上海市基本医疗保险参保人数从 2018 年的 1866.10 万人增至 2022 年的 1989.60 万人；武汉市基本医疗保险参保人数增长幅度最大，从 2018 年的 456.40 万人增至 2022 年的 1068.21 万人；郑州市基本医疗保险参保人数从 2018 年的 759.10 万人增至 2022 年的 883.80 万人；长沙市基本医疗保险参保人数从 2018 年的 766.29 万人增至 2022 年的 847.56 万人；西安市基本医疗保险参保人数略有增加，从 2018 年的 965.00 万人增至 2022 年的 998.12 万人；成都市基本医疗保险参保人数从 2018 年的

1682.22 万人增至 2022 年的 1856.28 万人；西宁市基本医疗保险参保人数从 2018 年的 174.44 万人增至 2022 年的 185.56 万人（见表8）。

表8　2018~2022 年部分城市基本医疗保险参保人数

单位：万人

年份	北京	上海	武汉	郑州	长沙	西安	成都	西宁
2018	2018.20	1866.10	456.40	759.10	766.29	965.00	1682.22	174.44
2019	2082.70	1889.10	481.48	774.70	772.02	1033.60	1748.16	177.88
2020	2139.90	1943.20	982.75	782.88	795.95	1062.64	1832.73	180.39
2021	1886.90	1978.50	1037.09	879.98	830.89	1094.10	1870.82	183.67
2022	1990.50	1989.60	1068.21	883.80	847.56	998.12	1856.28	185.56

（五）老有所养基本情况[①]

老有所养是指老年人的基本生活需要能够得到保障和满足，享有幸福和有尊严的老年生活。老有所养涵盖了经济供养、生活照料、精神慰藉等多个方面，包括子女赡养、社会和政府提供的养老服务、高龄津贴及完善的养老服务体系等多方面的支持和保障。《国家基本公共服务标准（2021年版）》中明确了老有所养服务项目，2023 年发布的《国家基本公共服务标准（2023 年版）》，对老有所养服务内容进行了完善，主要包括养老助老服务、养老保险服务两大类服务，前者包括老年人健康管理、老年人福利补贴 2 项服务；后者包括职工基本养老保险、城乡居民基本养老保险2 项服务，旨在通过加强居家社区养老服务，提升机构养老服务质量，推动医养结合服务发展，以及完善社会保障体系，来满足老年人的养老需求。

党和国家高度重视老龄事业和养老服务体系发展。"十三五"时期，我国老龄政策法规体系不断完备，涉老相关法律法规、规章制度和政策措施不

[①] 除另有说明外,相关资料均参见本书《老有所养研究报告》。

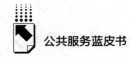

断完善，多元社会保障不断加强，养老服务体系不断完善，养老服务能力加快提升。"十三五"时期，全国各类养老服务机构（包括养老机构、社区养老服务机构，下同）和设施从 11.6 万个增加到 32.9 万个，床位数从 672.7 万张增加到 821 万张。① 2023 年，全国参加城镇职工基本养老保险人数为 52120.8 万人，参加城乡居民基本养老保险人数为 54522.5 万人。②

从城市老有所养具体情况看，近年来，北京市出台《北京市老年人养老服务补贴津贴管理实施办法》《北京市养老服务专项规划（2021 年—2035 年）》《关于完善北京市养老服务体系的实施意见》《北京市居家养老服务网络建设工作方案》等政策文件，进一步健全养老服务相关政策，完善养老服务体系。企业职工基本养老保险和城乡居民基本养老保险参保总人数持续增加，覆盖面逐步扩大，从 2019 年的 1856.3 万人增至 2023 年的 1981.8 万人。其中，企业职工基本养老保险参保人数从 2019 年的 1651.6 万人增至 2023 年的 1801.5 万人，城乡居民基本养老保险参保人数从 2019 年的 204.7 万人减少到 2023 年的 180.3 万人。北京市养老机构从 2019 年的 536 家增至 2023 年的 571 家，社区养老服务驿站从 2019 年的 1003 个增至 2023 年的 1498 个。为老年人建立的健康档案，从 2019 年的 351.60 万份增至 2023 年的 461.40 万份。65 岁及以上老年人口的健康管理人数持续增加，从 2019 年的 160.80 万人增长到 2023 年的 219.10 万人。

近年来，上海市出台《上海市深化养老服务实施方案（2019—2022 年）》《上海市老龄事业发展"十四五"规划》《上海市养老服务设施布局专项规划（2022—2035 年）》《上海市基本养老服务清单（2024 年版）》等规划和文件，完善养老服务体系，提升养老服务质量和水平。企业职工基本养老保险和城乡居民基本养老保险参保总人数持续增加，覆盖面逐步扩大，从 2019 年的 1666.67 万人增至 2023 年的 1761.12 万人。其中，企业职

① 《国务院关于印发"十四五"国家老龄事业发展和养老服务体系规划的通知》，中国政府网，2021 年 12 月 30 日，https://www.gov.cn/zhengce/zhengceku/2022 - 02/21/content_5674844.htm。

② 国家统计局：《中国统计年鉴 2024》。

工基本养老保险参保人数从 2019 年的 1589.57 万人增至 2023 年的 1689.36 万人，城乡居民基本养老保险参保人数从 2019 年的 77.10 万人减少到 2023 年的 71.76 万人。养老机构从 2018 年的 712 家增至 2022 年的 729 家，养老床位数从 2018 年的 14.42 万张增至 2022 年的 16.36 万张，养老床位占 60 岁及以上老年人口的比重从 2018 年的 2.9%提高到 2022 年的 3.0%。居家养老服务机构从 2018 年的 641 家增至 2022 年的 825 家，65 岁及以上老年人口的健康管理人数显著增加，从 2019 年的 180.52 万人增至 2023 年的 356.06 万人。老年医疗机构从 2019 年的 55 家增至 2023 年的 103 家，老年护理床位数从 2019 年的 1.61 万张增至 2023 年的 2.91 万张。①

武汉市出台《市人民政府关于加快推进养老服务高质量发展的实施意见》《武汉市居家和社区基本养老服务提升行动项目实施方案》《关于推进基本养老服务体系建设的实施方案》等政策文件，进一步完善养老服务体系，提升养老服务能力。武汉市企业职工基本养老保险和城乡居民基本养老保险参保人数均呈逐步增加趋势。企业职工基本养老保险参保人数从 2019 年的 482.30 万人逐年增加至 2023 年的 690.91 万人，城乡居民基本养老保险参保人数从 2020 年的 137.62 万人增加至 2022 年的 141.05 万人。为应对老年人口增加和养老服务需求增加，武汉市持续推进新改扩建社区养老服务设施工作，推动服务设施环境改善，数量持续增加。

郑州市出台《郑州市"十四五"养老服务发展规划》《郑州市积极应对人口老龄化重点联系城市建设工作方案》《郑州市基本养老服务清单（2023版）》等政策文件，健全老有所养制度体系，提升养老服务水平。郑州市企业职工基本养老保险和城乡居民基本养老保险参保人数稳定增加，覆盖面逐步扩大，从 2019 年的 719.44 万人增至 2023 年的 924.23 万人。其中，企业职工基本养老保险参保人数从 2019 年的 491.80 万人增至 2023 年的 648.33 万人，城乡居民基本养老保险参保人数从 2019 年的 227.64 万人增至

---

① 文中老年医疗机构指的是老年医院和老年护理院，以医疗健康服务为核心，针对急慢性疾病、术后康复、失能护理等需求，提供专业诊疗、康复治疗以及长期护理等健康服务。

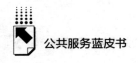

2023年的284.14万人。

成都市出台《关于加快推进养老服务发展若干措施》《成都市"十四五"养老服务业发展规划》等政策文件，优化居家社区养老服务体系，促进养老服务多元化发展，提升养老服务能力。成都市基本养老保险参保人数稳定增加，覆盖面逐步扩大，企业职工基本养老保险参保人数从2019年的887.4万人增至2023年的1433.3万人，城乡居民基本养老保险参保人数从2020年的325.3万人减少到2023年的308.6万人。成都市养老机构从2018年的2237家增至2022年的2579家，随着收养老年人数量从2018年的20256人减少到2022年的3692人，养老机构床位数从2018年的34902张减少到2022年的20891张。成都市医养结合机构从2019年的93家增至2023年的120家，床位数从2019年的20671张增至2023年的29790张，服务人员数从2019年的9251人增至2023年的12437人。

西安市出台《西安市"十四五"老龄事业发展规划》《西安市"十四五"养老服务体系专项规划》等政策文件，健全老有所养制度体系，完善老年服务体系，推动养老事业产业协同发展。企业职工基本养老保险和城乡居民基本养老保险参保人数稳定增加，覆盖面逐步扩大，从2019年的719.04万人增至2023年的956.81万人。其中，企业职工基本养老保险参保人数从2019年的442.69万人增至2023年的631.63万人，城乡居民基本养老保险参保人数从2019年的276.35万人增至2023年的325.18万人。养老机构从2020年的168家增至2023年的184家，养老机构床位数从2020年的2.90万张增至2023年的2.96万张，收养老年人数从2020年的1.20万人减少到2023年的1.11万人。

西宁市出台《西宁市促进养老服务发展若干措施》等政策文件，健全养老服务政策，优化基本养老服务供给，推动养老服务提质扩面。企业职工基本养老保险和城乡居民基本养老保险参保总人数稳定增加，从2020年的137.69万人增至2023年的156.14万人。企业职工基本养老保险参保人数从2019年的65.17万人增至2023年的85.54万人，城乡居民基本养老保险参保人数从2020年的70.54万人增至2023年的70.60万人。

（六）住有所居基本情况①

住有所居，是人民幸福生活的重要基础，是人民群众的共同期盼。根据《国家基本公共服务标准（2023 年版）》，住有所居主要提供公租房服务和住房改造服务两大类服务，前者为符合当地规定的可以享受基本住房保障的收入困难家庭提供公租房保障服务，主要通过租赁补贴或实物保障的方式提供服务；后者包括城镇棚户区住房改造、农村危房改造等服务。城镇棚户区住房改造通过提供实物安置或货币补偿的方式提供服务；农村危房改造通过提供危房改造补助的方式，帮助居住在危房中的农村低收入群体解决住房安全问题。

近年来，我国坚持"房住不炒"的定位，增加保障性住房供给，推进长租房市场建设，向着全体人民住有所居的目标，租、售、改、补等多种住房保障方式齐发力，不断加大住房保障力度，建成了世界上最大的住房保障体系。根据国家统计局发布的《中国人口普查年鉴（2020）》，2020 年，我国人均住房建筑面积达 41.76 平方米，城市人均住房建筑面积为 36.52 平方米。

从住有所居具体情况看，近年来，北京市发布《北京住房和城乡建设发展白皮书（2019）》《关于调整本市市场租房补贴申请条件及补贴标准的通知》、出台《北京市住房租赁条例》等政策文件，动态调整保障性住房政策，持续推进房地产市场发展、保障性住房建设和棚户区及老旧小区改造。2023 年，北京市建设筹集保障性租赁住房 8.2 万套，竣工各类保障性住房9.3 万套，显著改善了居民的居住环境。

上海市出台《上海市共有产权保障住房申请、供应实施细则》《上海市保障性租赁住房租赁管理办法（试行）》《关于进一步完善本市保障性租赁住房规划建设管理的意见》等政策文件，优化土地供应，提升政策性住房建设效率，提升保障性住房居住品质，持续推进保障性住房建设、老旧小区

---

① 除另有说明外，相关数据均参见本书《住有所居研究报告》。

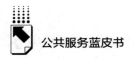

改造、棚户区改造。截至 2022 年，累计建设筹措保障性租赁住房 38.5 万套。2023 年，上海市建设筹措保障性租赁住房 8.1 万套，完成旧区改造 12.3 万平方米，启动城中村改造项目 10 个，持续改善居民居住条件，提升居住品质。

武汉市出台《2019 年武汉市保障性安居工程目标任务》《武汉市公共租赁住房保障办法》《武汉市人才安居专项规划（2022–2025）》等政策文件，强化保障性住房的建设和管理，完善以保障性租赁住房为主体的人才住房保障体系，推动建立多主体供给、多渠道保障、租购并举的住房制度。近年来，武汉市持续推进棚户区改造、保障性住房建设及老旧小区改造。2023 年，武汉市建成棚户区改造住房 3.20 万套，筹集保障性租赁住房 5.86 万套（间），完成困难残疾人家庭无障碍改造 2871 户。

长沙市出台《长沙市人民政府办公厅关于推进公租房货币化保障工作的实施意见》《长沙市人民政府办公厅关于加快发展保障性租赁住房的实施意见》《长沙市公共租赁住房管理办法》等政策文件，深化住房制度改革，促进房地产市场平稳健康发展，积极培育和发展住房租赁市场，加快改善居民住房条件，完善住房保障制度。长沙市持续推进公共租赁住房建设筹集，2019 年新建 9031 套公租房，2021 年，公共租赁住房达 10.5 万套。老旧小区和危旧房屋改造方面也取得了显著进展，2022 年更新改造了 866 栋直管公房，2023 年进一步改造了 508 个城镇老旧小区和 370 栋城镇危旧房屋。

成都市出台《成都市人民政府办公厅关于进一步发展和规范住房租赁市场的意见》《成都市人民政府办公厅关于进一步完善住房保障体系加快实现住有所居的实施意见》《成都市保障性租赁住房运营管理暂行办法》《成都市人民政府办公厅关于加快发展保障性租赁住房的实施意见》等政策文件，加快租赁市场建设，规范公共租赁住房管理。成都市持续推进保障性住房建设，棚户区、城中村和老旧小区改造。保障性住房建设方面，人才公寓和保障性租赁住房的筹集数量显著增加，人才公寓筹集从 2021 年的 2.3 万套增加到 2022 年的 9.9 万套，新增保障性租赁住房从 2021 年的 6.6 万套（间）增加到

2022 年的 57.5 万套（间）。棚户区改造数量稳步增加，从 2019 年的 1.68 万户增至 2022 年的 3.3 万户，2023 年保持在 3.15 万户。城中村改造从 2019 年的 1.68 万户增加到 2022 年的 5.0 万户，老旧院落改造从 2019 年的 53 个增至 2023 年的 616 个，有效提升了城市居住环境，为居民提供了更为优质的生活条件。

西宁市出台《西宁市经济适用住房管理办法》《西宁市保障性租赁住房建设管理实施方案》《西宁市保障性租赁住房管理办法（暂行）》等政策文件，优化住房资源配置，推动保障性住房建设，规范保障性租赁住房管理，持续推动保障性租赁住房筹集、棚户区开工改造、老旧住宅小区改造。西宁市保障性住房的筹集数量逐步增加，从 2019 年的 2250 套增加到 2023 年的 2900 套；棚户区改造开工和建成数量逐年增加，老旧小区的改造从 2019 年的 1.55 万套增加到 2023 年的 2.7 万套。

二　政策建议

（一）以基本公共服务标准化推进均等化

基本公共服务是满足人民群众基本生存发展需求的公共服务，旨在保障和促进人们享有均等的生存发展机会。提供基本公共服务既是城市政府的基本职能，也是衡量政府公共服务能力和水平的重要尺度。党的二十大报告明确提出到 2035 年"基本公共服务实现均等化"的发展目标。从基本公共服务均等化方面来看，国家基本公共服务清单和标准的落实和推进，极大地推进了基本公共服务均等化进程。然而，基本公共服务在人员等资源配置、服务能力等方面仍然需要进一步提升均等化水平。比如，小学师资力量仍然存在一定区域差距，2022 年，上海市小学生师比为 14.02，郑州市和西安市分别为 19.56、17.55（见表 9）。新时代新阶段，要以"基本公共服务实现均等化"为目标，健全完善基本公共服务标准体系，推动国家基本公共服务标准落地落实，促进公共服务资源向基层延伸、向农村覆盖、向生活困难群众倾斜，加快补齐基本公共服务的短板弱项，推动基本公共服务达标提质，通过基本公共服务的标准化推动均等化，不断提升基本公共服务均等化水平。

表 9　2018～2022 年全国及部分城市小学生师比（教师＝1 人）

城市	2018 年	2019 年	2020 年	2021 年	2022 年
全国	16.97	16.85	16.67	16.33	16.19
北京	13.65	13.58	14.01	13.92	14.13
上海	14.09	13.90	14.01	14.10	14.02
武汉	18.93	18.68	18.64	18.04	17.97
郑州	22.30	21.91	21.01	19.33	19.56
西安	19.82	19.83	19.62	17.55	17.55
成都	18.48	17.59	17.22	16.88	16.90

资料来源：2019～2023 年《中国统计年鉴》及武汉、郑州、西安、成都统计年鉴。

（二）构建现代化公共服务体系

当前，我国社会主要矛盾是人民日益增长的美好生活需要和不平衡不充分的发展之间的矛盾。公共服务是影响人民群众获得感、幸福感、安全感的重要因素。提供优质高效的公共服务，是满足人民群众共同需要的必然要求，是提升人民群众生活品质的重要途径。新时代新阶段，要以满足人民美好生活需要为目标，坚持系统观念，做好统筹谋划，完善公共服务体系，健全公共服务制度，构建基本公共服务、普惠性非基本公共服务、生活服务有序衔接、配套完善、体系完备的现代化公共服务体系。要在推进基本公共服务均等化、推动基本公共服务提质增效的同时，鼓励支持社会力量提供托育、教育、养老、医疗等领域普惠性规范性服务，为群众提供价格可负担、质量有保障的普惠性非基本公共服务；适应人民群众需求增长和消费升级趋势，发展养老、医疗卫生、文化旅游、智慧广电、体育和家政服务等与公共服务密切配合、有序衔接的高品质多样化生活服务，为公共服务提档升级探索方向、拓展空间。

（三）发展公共服务领域新质生产力

高质量发展是新时代经济发展的主旋律，是全面建设社会主义现代化国家的首要任务。发展新质生产力是推动高质量发展的内在要求和重要着力点。2024年3月，习近平总书记在参加十四届全国人大二次会议江苏代表团审议时强调："要牢牢把握高质量发展这个首要任务，因地制宜发展新质生产力。"[①] 新质生产力是由技术革命性突破、生产要素创新性配置、产业深度转型升级而催生的当代先进生产力，以高科技、高效能、高质量为基本要求，以数字化、网络化、智能化为基本特征。新时代新阶段，要以推动公共服务高质量发展为目标，着力发展公共服务领域新质生产力，推动大数据、云计算、区块链、物联网、人工智能等前沿技术在公共服务领域的运用，推动发展"互联网+公共服务""区块链+公共服务"，推进养老、医疗卫生、文化旅游、智慧广电、体育和家政服务等重点行业创新融合发展，提升公共服务的科学化、信息化、智能化水平，推动公共服务供需有效对接、设施布局合理、服务质效提升；要推动公共服务领域服务设施新建改造、设备完善升级，加强公共服务领域人才队伍建设，完善公共服务"硬"设施，改善公共服务"软"环境，系统提升政府公共服务能力，推动实现公共服务能力现代化。

（四）立足教育公平推进基本公共教育均等化

教育兴则国家兴，教育强则国家强。基础教育是提高国民素质的重要途径，也是国家发展的全局性、基础性和先导性因素。党的二十大报告明确提出到2035年建成教育强国、人才强国的发展目标。当前，我国义务教育阶段在财政经费投入、师资力量配备、教育质量等方面还存在差距，在义务教育"双减"政策落实、普职分流等方面有待进一步改进和完善。新时代新

---

① 《习近平在参加江苏代表团审议时强调 因地制宜发展新质生产力》，《人民日报》2024年3月6日，第1版。

阶段，要以建成教育强国、人才强国为目标，持续推进基本公共教育均等化，促进教育公平，让每个孩子都有人生出彩的机会。要以推进学校建设标准化为重点，加快缩小区域教育差距；以推进师资配置均衡化为重点，加快缩小校际办学质量差距；以推进教育关爱制度为重点，加快缩小群体教育差距，加大对农村留守儿童、困境儿童等群体的教育保障力度。要推进落实财政教育经费与学生数量挂钩，推进学区制管理、集团化办学等，推进"互联网+教育"，探索优质教育资源共享新模式。要科学落实义务教育"双减"政策，探索"双减"政策提升学生综合素质的有效途径；调整中考普职比例，推动普通高中与中等职业教育从"分流"走向"融通"，提升中等职业教育的基础地位，促进普通高中与中等职业教育协调发展，为建设教育强国和人才强国奠定坚实的基础。

（五）推进基本医疗卫生服务均等化

人民健康是社会文明进步的基础，是民族昌盛和国家富强的重要标志，也是广大人民群众的共同追求。党的二十大报告明确提出到 2035 年建成健康中国的发展目标。当前，随着全民医保制度的逐步完善，我国"看病难、看病贵"问题得到了一定程度的缓解。然而，随着社会经济的发展和人民生活水平的提高，人民群众对医疗卫生的需求也在不断提升，从基础的病有所医向更高质量的病有良医转变已成为新的目标。新时代新阶段，要以建成健康中国为目标，坚持从以治病为中心向以人民健康为中心转变，进一步完善多层次医疗保障体系，推进基本医疗保险省级统筹，完善大病保险和医疗救助制度，建立长期护理保险制度，积极发展商业医疗保险；要完善分级诊疗制度，推进紧密型医联体建设，促进优质医疗资源扩容下沉和区域均衡布局，推动资源向基层、预防和中医倾斜，强化基层医疗卫生服务；要深化以公益性为导向的公立医院改革，引导规范民营医院发展，建立以医疗服务为主导的收费机制；要深化医药卫生体制改革，健全公共卫生体系，促进社会共治、医防协同、医防融合，促进医保、医疗、医药协同发展和治理。

分报告

B.2
幼有所育研究报告

代 鑫*

摘 要： 幼有所育反映了党和国家对儿童早期发展和教育的高度关注，对家庭、社会与国家的长远发展具有深远意义。本报告主要研究北京、上海、武汉、郑州、长沙、成都、西安、西宁8座城市构建幼有所育服务体系的进展，采用了文献分析、政策文件解读和数据统计等多种研究方法，对8个城市在孕产妇健康服务提供、托育服务提供和学前教育资源配置等方面的情况进行分析。研究发现，各地在优孕优生服务、托育服务体系建设和学前教育资源扩展等方面取得了显著进展，但仍面临财政投入不足、资源配置不均和服务普及性不强等问题。通过统计数据分析，揭示了东部、中部和西部地区幼有所育服务的差异性，尤其在资源分配、政策执行力和地方经济发展等方面存在差距较大。基于此，本报告提出各地需进一步完善人口服务体系及生育支持政策体系和激励机制、推动普惠托育服

---

* 代鑫，辽宁工业大学马克思主义学院副教授，主要研究方向为习近平新时代中国特色社会主义思想。

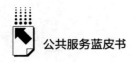

务发展、加强教育资源的均衡配置、加大财政支持力度、促进多部门协作，同时强化流动人口的服务保障，以实现全国范围内幼有所育服务体系的有效覆盖和均衡发展。

关键词： 幼有所育 优孕优生 托育体系 学前教育

出生人口规模对于国家的长期繁荣和稳定发展具有至关重要的作用。然而，婴幼儿养育及照料成本过高成为制约生育水平的关键因素。① 中国共产党第十九次全国代表大会提出"幼有所育"，并将其作为保障和改善民生的重要内容。幼有所育作为党和国家在顺应时代发展特征的背景下提出的重要民生目标，旨在通过完善的生育、养育、教育服务体系，减轻家庭婴幼儿养育压力，提高人口生育水平，为婴幼儿提供优质的成长环境。本报告将从北京、上海、武汉、郑州、成都、西安、长沙和西宁 8 座城市的实际情况出发，分析幼有所育的现状、成效和面临的挑战，并提出相应的政策建议。通过对各地统计年鉴、国民经济和社会发展统计公报、教育数据、医疗卫生数据和健康服务数据、政策文件的综合分析，力图展现当前幼有所育相关政策的实施效果及其对社会的影响，为进一步完善幼有所育服务体系提供科学依据和实践指导。

一 幼有所育的内涵及评价指标

（一）幼有所育的内涵

2021 年 3 月 30 日，国家发展改革委、中央宣传部、教育部、民政部等

---

① 李萌萌、王振宇、高志鹏：《婴幼儿养育成本、"幼有所育"与人口出生率》，《人口与发展》2023 年第 6 期。

多个部门联合印发《国家基本公共服务标准（2021年版）》。经过两年多的实践发展后，于2023年7月30日又发布了《国家基本公共服务标准（2023年版）》。幼有所育的服务内容更加详细和全面，如增加孕产妇健康服务检查次数，确保孕产妇在整个孕期和产后都能获得充分的健康保障；引入增补叶酸预防神经管缺陷服务，为在孕前和孕早期的孕产妇增补叶酸，降低婴幼儿发生出生缺陷的可能性；扩大生育保险服务对象范围，符合条件的参保缴费人员可按规定享受相应的生育津贴和生育医疗费用待遇；加强多部门协作，增加国家疾控局作为预防接种服务的牵头负责单位，提高了服务的专业性和有效性；进一步细化标准和规范，确保服务质量的一致性和可靠性；特别关注农村和特殊人群，努力缩小城乡差距，提升健康服务水平。这些变化旨在提升服务的质量和公平性、可及性，确保更多的家庭和儿童享受到更好的健康保障。

学术界围绕幼有所育展开了深入的研究。幼有所育是针对0~6岁非学龄儿童的早期照护和教育服务，涵盖了家庭、社会、学校共同为婴幼儿提供的生活照护、情感认知、能力培育与行为规范等方面的服务。[1] 具体来说，幼有所育包括0~3岁婴幼儿的早期发展和3~6岁儿童的学前教育两个阶段，旨在确保所有适龄儿童能够得到全面而优质的养育和教育。[2] 促进儿童早期发展是阻断贫困代际传递的重要基础，发展托育事业是主动衔接落实人口生育政策的迫切要求，增加婴幼儿照护资源供给是提升人民群众获得感和幸福感的重要举措，普及高质量的学前教育是构建高质量教育体系的战略布局。[3] 全民早期幼儿保育能让更多弱势家庭的儿童受益，从而减少不平等现象的发生。[4] 这一点在世界范围内已经得到广泛认可。

---

① 杨菊华：《新时代"幼有所育"何以实现》，《江苏行政学院学报》2019年第1期。
② 姜勇：《专题：建设"幼有所育"的公共服务体系》，《教育学报》2020年第1期。
③ 洪秀敏、刘友棚：《"幼有所育"重要论述的理论内涵与实践意蕴》，《北京师范大学学报》（社会科学版）2022年第2期。
④ Schmutz, R., "Is Universal Early Childhood Education and Care an Equalizer? A Systematic Review and Meta-analysis of Evidence," *Research in Social Stratifiaction and Mobility* 89（2024）.

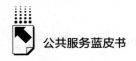

新时代幼有所育承担重要的时代责任与使命。首先，必须密切关注全面两孩政策下人口与学前教育发展的内在关系，科学谋划和合理配置资源。其次，必须扎实推进学前教育质量的全面提升，不断完善学前教育管理制度。再次，必须加快建设一支高素质、善保教的教师队伍。最后，必须加快构建 0~3 岁婴幼儿服务体系，满足家庭对于婴幼儿照护和早期教育的服务需求。① 因此，欲实现幼有所育需要提高全社会对学前教育重要价值的认识、提供充足的学前教育资源、合格和优质的师资，并且需要加大政府投入。②

国外相关研究从不同的角度丰富了幼有所育内涵。2016 年《柳叶刀》儿童早期发展系列文章的研究显示，健康、营养、教育、儿童保护和社会保护 5 个关键部门的综合干预对于儿童的发展至关重要。根据"养育照护"（Nurturing Care）框架，关键干预措施包括产前和产后保健、母乳喂养支持、早期学习和教育、心理健康支持以及儿童保护服务（见图 1）。③ 这些干预措施在适当的时间点实施，可以显著提高儿童的健康和发展水平。此外，为了促进儿童早期发展，还需要多部门协作。多部门协作促进幼儿发育框架涵盖卫生和营养服务、幼儿的早期学习机会、社会保护服务以及政策和环境支持等，旨在通过孕产妇和儿童健康护理、优质早期教育、家庭和社区支持、社会福利保障和儿童保护措施（见图 2），为儿童提供全面的支持，以确保他们在早期发展阶段获得平等的机会和资源，进而为未来的健康、教育和社会参与奠定坚实基础。④

———————————

① 洪秀敏：《新时代"幼有所育"的责任与使命》，《教育发展研究》2018 年第 15 期。
② 虞永平：《幼有所育的基本支撑》，《中国教育学刊》2019 年第 2 期。
③ Britto, P. R., Lye, S. J., Proulx, K., et al., "Nurturing Care: Promoting Early Childhood Development," *The Lancet* 389 (2017): 91-102.
④ Richter, L. M., Daelmans, B., Lombardi, J., et al., "Investing in the Foundation of Sustainable Development: Pathways to Scale up for Early Childhood Development," *The Lancet* 389 (2017): 103-118.

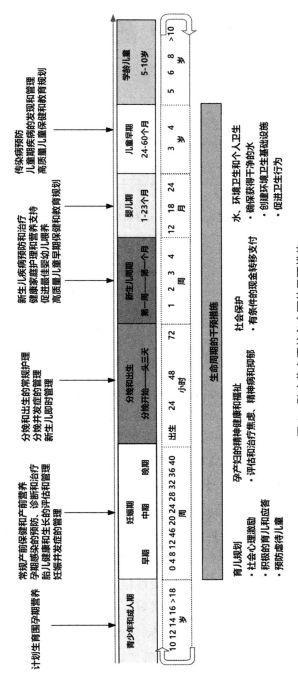

图 1 影响养育照护各方面的干预措施

资料来源：*Nurturing Care : Promoting Early Childhood Development*。

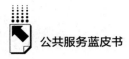
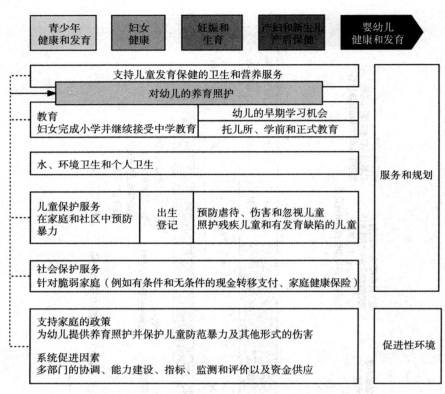

图2　多部门协作促进幼儿发育框架

资料来源：*Nurturing Care：Promoting Early Childhood Development*。

　　值得注意的是，《国家基本公共服务标准（2021年版）》与《国家基本公共服务标准（2023年版）》，都将"学前教育幼儿资助"放在"学有所教"部分。本报告将"学前教育"放在"幼有所育"领域，主要基于以下考虑。首先，基于对儿童早期发展阶段的整体考量。在这个阶段，教育与养育是紧密相连的，特别是在0~6岁这个关键期，教育和养育的界限模糊，两者共同对儿童早期的全面发展起到决定性作用。其次，体现政策的连贯性和综合性。在实际生活中，儿童早期的教育、养育与健康等方面的服务往往需要协调推进，如此才能确保儿童在身体、心理和认知等多方面得到均衡发展。最后，已有研究将"学前教育"放在"幼有所育"领域。从上文国内外的研究成果可以看到，学界将学前教育视为儿童早期发展的一部分，表明学前教育对促进儿童健康成长具有重要性。

因此，本报告提及的幼有所育主要指：政府和社会为孕产妇及 0~6 岁婴幼儿，从孕产期到学龄前各阶段的健康、教育和基本生活需求所提供的综合性公共服务，主要涉及生育、养育、教育三大主题。通过上文对《国家基本公共服务标准（2021 年版）》与《国家基本公共服务标准（2023 年版）》在幼有所育领域变化的阐释，可以看出这一综合性公共服务体系不仅可以确保孕产妇和 0~6 岁婴幼儿在健康、教育和基本生活需求上获得必要的支持，而且能有效减轻家庭在育儿过程中的经济压力。此外，不断完善的医疗保障和教育资源，还能够增强家庭对未来的信心。

（二）幼有所育服务的评价指标

根据上文对幼有所育的内涵界定、国家统计局基本公共服务均等化统计监测指标体系[1]、《中华人民共和国国民经济和社会发展第十四个五年规划和 2035 年远景目标纲要》以及国际研究经验，本报告选取 5 个一级指标和10 个二级指标构建衡量幼有所育的评价指标体系（见表 1）。一级指标包括财政投入、孕产妇健康、托育服务资源配置、学前教育资源配置和公平性。具体而言，财政投入指标反映了政府对不同公共服务领域的财政支持力度；生育保险参保人数和费用支出等指标用于评估孕产妇健康；托育机构数量和托位数量衡量托育服务资源配置情况；幼儿园数量、在园幼儿数、专任教师数、班级数量等指标体现学前教育资源配置情况；地方政府政策文件分析则用于评估政策设计和实施的公平性。通过这些指标，可以较为科学、全面地评估城市在孕产妇及婴幼儿健康提供、托育服务提供和学前教育需求满足方面的表现，确保幼有所育相关政策的有效落实和推进。

---

① 《如何对基本公共服务均等化进行统计监测》，国家统计局网站，2023 年 1 月 1 日，https：//www. stats. cn/zs/tjws/tjjc/202301/t20230101_1903922. html。

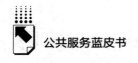

表 1 幼有所育评价指标体系

一级指标	二级指标	一级指标	二级指标
财政投入	不同公共服务领域政府投入资金	学前教育资源配置	幼儿园数量
孕产妇健康	生育保险参保人数		在园幼儿数
	生育保险费用支出		专任教师数
托育服务资源配置	托育机构数量		班级数量
	托位数量	公平性	地方政府政策文件

由于每个城市的发展现状存在差异，且每个城市获得的数据指标也存在差异。因此，在评估各城市幼有所育服务能力时，本报告将基于上述评价指标体系，根据实际可获得的数据进行具体的评估和分析。通过灵活应用评价指标体系中的各项指标，确保在数据可用性范围内最大限度地反映各城市在幼有所育方面的实际情况，从而实现科学、客观地评估。

二　部分城市幼有所育服务概况

国家和地方政府高度重视幼有所育问题。党的十八大以来，幼有所育相关政策主要集中在婴幼儿照护服务、学前教育、儿童福利和家庭教育等 4 个领域。[①] 这一政策体系明确了从孕前优生到幼儿健康和教育的全方位服务标准。地方政府积极响应国家政策，根据各地的实际情况制定并实施了一系列地方性政策和措施，旨在提高幼有所育服务的覆盖率和质量。这些措施包括财政补助、资源配置、师资培训等多个方面，力求在幼有所育方面取得显著成效。

（一）北京

2018 年以来，北京市通过一系列政策措施，不断优化服务流程，提升

---

① 岳经纶、范昕：《幼有所育：新时代我国儿童政策体制的转型》，《北京行政学院学报》2021 年第 4 期。

服务质量，满足人民群众对生育、托育和学前教育的多层次服务需求。

1. 全面推进生育全程服务促进人口长期均衡发展

2018年，北京市发布《关于落实生育全程服务推进婚前与孕前保健工作的通知》，强调通过多部门协同，扩大群众婚前保健、孕前保健覆盖面，逐年提高婚前医学检查率、孕前优生健康检查率，保障有需求人员享受相应服务，努力构建健康幸福家庭，切实提高出生人口素质。[①] 2019年，北京市卫生健康委员会制定《北京市区域母婴安全保障筑基行动方案》，强化各级医疗机构和社会组织联动，推动形成全方位的母婴安全保障网络。[②] 2022年，北京市委、市政府印发的《关于优化生育政策促进人口长期均衡发展的实施方案》进一步从保障孕产妇和儿童健康、综合防治出生缺陷、规范人类辅助生殖技术应用3个方面提高优生优育服务水平，并通过完善产假制度和健全生育保险政策等措施降低生育成本。[③] 2024年出台的《北京市出生缺陷防治能力提升计划实施方案》，指出将通过设立出生缺陷防治管理中心，完善出生缺陷防治、筛查、诊断、治疗、康复一体化防治服务。[④] 上述政策涵盖了从孕前到产后的各个阶段，旨在全面提高优孕优生服务质量。

2. 健全制度体系完善托育服务

北京市在托育服务领域发布了多部政策文件，2020年印发《北京市托育机构登记和备案实施细则（试行）》，2023年印发《北京市托育服务体系建设三年行动方案（2023年—2025年）》和《北京市托育机构综合监管

---

① 《北京市卫生和计划生育委员会　北京市民政局　北京市财政局　北京市妇女儿童工作委员会办公室关于落实生育全程服务推进婚前与孕前保健工作的通知》，北京市人民政府网站，2018年7月6日，https://www.beijing.gov.cn/zhengce/zhengcefagui/201905/t20190522_61346.html。

② 《北京市卫生健康委员会关于印发〈北京市区域母婴安全保障筑基行动方案〉的通知》，北京市卫生健康委员会网站，2019年8月28日，https://wjw.beijing.gov.cn/zwgk_20040/ylws/201912/t20191216_1242337.html。

③ 《中共北京市委　北京市人民政府印发〈关于优化生育政策促进人口长期均衡发展的实施方案〉的通知》，北京市人民政府网站，2022年1月21日，https://www.beijing.gov.cn/zhengce/zhengcefagui/202202/t20220209_2606802.html。

④ 《出生缺陷防治能力提升计划发布，至2027年——产前筛查率将保持在90%以上》，《北京日报》2024年2月19日，第6版。

实施方案（试行）》，① 旨在规范和扩展托育服务。此外，北京市还鼓励和支持用人单位建设托育机构，鼓励以适当方式改造老旧小区中的国有闲置房屋和设施用于发展托育服务，增加托育服务的多元化供给。2023 年 10 月，北京市印发了《关于开展普惠托育服务试点工作的通知》，明确公办托育服务的收费标准，并对普惠托育服务机构给予补助。为确保托育服务的安全和规范，北京市对托育机构实施"风险+信用"分级分类管理，建立多部门协同的综合监管制度。同时，加快托育服务信息管理系统建设，开发备案机构电子地图，向公众公开备案机构信息，提升托育监管和服务的信息化水平。截至 2024 年 4 月 30日，北京市普惠托位达到 15777 个。② 北京市政府在分析研判出生人口减少，学前学位逐步富余，特别是民办幼儿园出现更多空余学位新情况的基础上，同步推动学前教育质量提升和结构优化。特别是支持有意愿且符合条件的幼儿园开展托育试点，在充分满足 3~6 岁幼儿入园需求的基础上，向下延伸开办 2~3岁幼儿托班，推动解决"小小孩"的托育问题。③

3. 普及优化学前教育资源

2018 年北京市印发《关于进一步加强学前教育管理的意见》，强调通过

---

① 《北京市卫生健康委员会 中共北京市委机构编制委员会办公室 北京市民政局 北京市市场监督管理局关于印发北京市托育机构登记和备案实施细则（试行）的通知》，北京市卫生健康委员会网站，2020 年 9 月 28 日，https://wjw.beijing.gov.cn/zwgk_20040/zcwj2024/202405/t20240513_3678947.html；《北京市人民政府办公厅关于印发〈北京市托育服务体系建设三年行动方案（2023 年—2025 年）〉的通知》，北京市人民政府网站，2023 年 3 月 27 日，https://www.beijing.gov.cn/zhengce/zhengcefagui/202303/t20230327_2945542.html；《北京市卫生健康委员会等部门关于印发〈北京市托育机构综合监管实施方案（试行）〉的通知》，北京市人民政府网站，2023 年 8 月 29 日，https://www.beijing.gov.cn/zhengce/gfxwj/202311/t20231115_3301714.html。

② 《市政协召开"推进托育服务体系建设"情况通报会》，中国人民政治协商会议北京市委员会网站，2023 年 10 月 12 日，http://www.bjzx.gov.cn/zxgz/zxyw/202310/t20231013_45856.html；《北京市卫生健康委员会 北京市教育委员会 北京市发展和改革委员会 北京市财政局关于开展普惠托育服务试点工作的通知》，北京市卫生健康委员会网站，2023 年 10 月 13 日，https://wjw.beijing.gov.cn/zwgk_20040/ylws/202310/t20231023_3284356.html；《普惠多元托育托举"小小孩"幸福童年》，《北京日报》2024 年 7 月 18 日，第 1 版。

③ 《北京将新增 1 万个托位 推动解决好"小小孩"的问题》，人民网，2024 年 3 月 19 日，http://bj.people.com.cn/n2/2024/0319/c14540-40781091.html。

加强幼儿园分类管理，加强学前教育队伍建设，健全幼儿园安全风险防控机制，提升幼儿园内部管理水平，建立幼儿园与家庭、社会共育机制，加强学前教育考核检查和督导评估工作，加快形成科学规范的学前教育管理体制机制。[①] 北京市教育委员会 2021 年对学前教育发展状况的监测结果显示，通过加大财政经费投入，截至 2021 年 3 月 31 日，全市共有公办幼儿园 1276 所，民办幼儿园 1067 所，社区办园点 501 个；2020 年 10 月至 2021 年 3 月，全市各区新建、改扩建幼儿园共 158 所，新增各类学位 3.16 万个；截至 2022 年 3 月，全市幼儿园入园率、普惠率、公办幼儿园占比已经达到教育部《县域学前教育普及普惠督导评估办法》的标准，适龄儿童毛入园率达 90%，普惠性幼儿园覆盖率达 86.65%，公办幼儿园占比达 51.91%；幼儿园生均硬件设施资源配置基本达标，部分指标高于全国水平；幼儿园师资规模继续扩大，园长和专任教师学历水平稳步提升。[②] 北京市在园幼儿数从 2018 年的 45.06 万人增至 2022 年的 57.42 万人，随后减少至 2023 年的 51.53 万人；专任教师数由 2018 年 3.89 万人逐年增至 2022 年的 4.88 万人，2024 年略减少至 4.71 万人；幼儿园数量从 2018 年的 1657 所持续增至 2021 年的 2000 所，之后保持相对稳定，2023 年为 1991 所（见图 3）。2023 年，幼儿园和专任教师数量的减少，可能与在园幼儿数的大幅度减少有关。

（二）上海

上海市一系列政策的制定与实施，不仅为孕产妇和新生儿提供了全面的健康保障，也提升了托育和学前教育的覆盖率和质量。

1. 优化孕产全程工作体系

2020 年 3 月印发的《上海市孕产妇保健工作规范》，为准备妊娠至产后

---

① 《北京市人民政府办公厅印发〈关于进一步加强学前教育管理的意见〉的通知》，北京市人民政府网站，2018 年 9 月 7 日，https://www.beijing.gov.cn/zhengce/zhengcefagui/201905/t20190522_61510.html。

② 《北京市学前教育发展状况监测报告（2020—2021 学年）》，北京市教育委员会网站，2022 年 3 月 22 日，https://jw.beijing.gov.cn/jyzx/ztzl/bjjydd/ddbg/202203/t20220322_2636749.html。

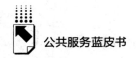

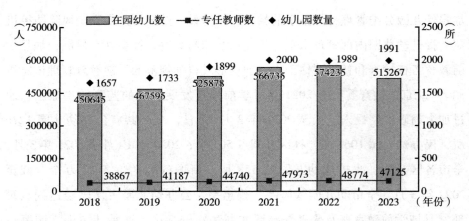

图3　2018~2023年北京市在园幼儿、专任教师、幼儿园数量

资料来源：《北京统计年鉴2023》。

42天的妇女及胎婴儿提供全程系列的医疗保健服务，建立了孕产期系统保健服务网络、重点孕产妇管理网络和危重孕产妇会诊抢救网络，确保孕产妇在各个阶段都能获得及时、专业的医疗保健服务。此外，通过各类健康教育与咨询活动，增强孕妇的自我保健意识和能力，并实施严格的质量管理，确保提供高质量的孕产期保健服务。[①]　2020年9月15日，出生"一件事"在"随申办市民云"App正式发布。通过申请材料"一张表"、联办流程"一体化"、线上服务"一网办"、办理材料"免提交"的方式，大幅精简办事材料、环节，减少办事时间和跑动次数，全面提升群众办事的满意度和获得感。[②]　上海市长宁区妇幼保健院进一步深化服务，提出"生育一件事"品牌服务，从妇幼卫生服务体系建设出发，将孕前、孕期、分娩期和产褥期全程

[①]　《关于印发〈上海市孕产妇保健工作规范〉的通知》，上海市人民政府网站，2020年3月11日，https：//service. shanghai. gov. cn/XingZhengWenDangKuJyh/XZGFDetails. aspx? docid = REPORT_NDOC_006357。

[②]　《今日起，出生"一件事"在"一网通办"上线，一文看懂!》，上海市卫生健康委员会网站，2020年9月15日，https：//wsjkw. sh. gov. cn/xwfb/20200915/f7b0239b87114c928f4800e1ef4a30a4. html。

系列健康促进作为育龄女性健康管理的目标，实现孕产期健康全程管理。①
这一服务在 2023 年进一步拓展至长三角区域。2023 年 9 月 1 日，上海市、
浙江省等省（市）共同印发了《长三角区域出生"一件事"跨省通办工作
方案》，推动长三角区域异地办理出生"一件事"，实现"一网受理""一
网办理""一体管理""统一发证"。②

2. 综合提升婴幼儿托育与科学育儿服务

上海市自 2018 年起积极构建 0~3 岁托育服务体系，出台托育服务指导
意见、管理办法和设置标准，建立了托育机构管理长效机制。③ 通过构建
"政府引导、家庭为主、多方参与"的模式，提升托育服务覆盖率和质量，
为这一年龄段儿童的健康成长提供了坚实保障。④ 2023 年，上海市进一步完
善托育服务，印发《关于进一步促进本市托育服务发展的指导意见》，推动
构建政府主导、社会参与、普惠多元、安全优质、方便可及的托育服务体
系。⑤ 截至 2023 年底，上海有各类托育服务机构近 1800 家，提供约 8.8 万
个全日托和临时托托位。⑥ 幼儿园开设的托班、社区托育"宝宝屋"、社会
托育机构、科学育儿指导站等托育服务形态日趋丰富，为有需求的家长提供
多元普惠的全日托、临时托、计时托和科学育儿指导服务。2024 年 6 月 28

---

① 《【生育一件事】全程管理，生育无忧》，"上海市长宁区妇幼保健院"微信公众号，2020
　年 7 月 17 日，https：//mp. weixin. qq. com/s?_biz = MzA3Mjk1OTMzNQ = = &mid = 265099
　5416&idx = 2&sn = ffacba3c309d705a836cdee7b20af8dd&chksm = 84e00ed0b39787c606a9d107af
　3ff14d1254c692ef1ea5ef6f59b66d02481be6afb0e620。
② 《关于印发〈长三角区域出生"一件事"跨省通办工作方案〉的通知》，上海市卫生健康委
　员会网站，2023 年 9 月 1 日，https：//wsjkw. sh. gov. cn/fybj2/20230901/f72bd13c04c549
　d9b3bf90b22be7ec95. html。
③ 《上海"幼有善育"民心工程升级》，《中国教育报》2022 年 2 月 20 日，第 1 版。
④ 《上海多措并举促进 0—6 岁托幼服务　由"幼有所育"走向"幼有善育"》，上海教育网
　站，2019 年 11 月 14 日，https：//edu. sh. gov. cn/jyzt _ qmshshjyzhgg _ 1/20211011/0015 – xw _
　103805. html。
⑤ 《上海市人民政府印发〈关于进一步促进本市托育服务发展的指导意见〉的通知》，上海市
　人民政府网站，2023 年 10 月 20 日，https：//www. shanghai. gov. cn/nw12344/20231116/
　81dfc66dc2b247a5b2d796085b0cc1cb. html。
⑥ 《〈上海市 0—3 岁婴幼儿发展要点与支持策略（试行稿）〉发布　为呵护"最柔软群体"
　提供实施指南》，《中国教育报》2024 年 7 月 14 日，第 1 版。

日，上海市正式发布了《上海市0—3岁婴幼儿发展要点与支持策略（试行稿）》，对家庭和托育机构具有重要的指导意义。① 上海市大力推广科学育儿服务，通过线上线下相结合的方式，提供持续的育儿指导。线上"育之有道"App和线下丰富的活动，为家庭提供便捷的科学育儿指导。上海市教委建立市、区两级早教中心，900多个科学育儿指导站覆盖全市所有镇街；上海市卫生健康委推广《上海市母子健康手册》和《上海市0~3岁婴幼儿家庭科学育儿指导手册》，儿童健康管理率达99%以上；市妇联借助215个社区家庭文明建设指导中心，提供长效化、项目化的科学育儿指导服务。此外，通过"进楼宇、进园区、进场馆、进社区、进家庭"的"五进"模式，上海市实现了对有科学育儿需求家庭的全覆盖，确保每个家庭都能得到科学育儿指导服务。②

3. 全面优化学前教育体系

经过多年的民心工程建设，上海市学前教育体系进一步健全，资源总量显著增加。截至2023年9月底，上海市学前三年毛入园率达到99%。③ 这表明学前教育的普及程度正在提升，且均等化进程不断推进。此外，上海市涌现出一批"六好"（老师好、孩子好、环境好、服务好、口碑好、就近好）幼儿园。这些优质幼儿园不仅为儿童提供了良好的学习和生活环境，也为其他幼儿园树立了标杆，推动了全市学前教育水平的整体提升。2018～2022年，尽管在园幼儿数有所减少，但在园幼儿人均实际支出增加（见图4），这反映出上海市对教育质量的重视。在师资培训方面，上海市成立了上海学前教育学院，专门负责提升学前教育师资的专业水平。通过系统的培训和进修，学前教育教师的专业素养和教学能力得到了显著提高。这不仅

① 《〈上海市0—3岁婴幼儿发展要点与支持策略（试行稿）〉发布》，上海教育网站，2024年7月1日，https://edu.sh.gov.cn/xwzx_bsxw/20240701/60ded03f76f8400286486fa82a4e9504.html。
② 《打通科学育儿指导服务"最后一公里" 幼有善育民心工程持续升级》，上海教育网站，2021年4月20日，https://edu.sh.gov.cn/xwzx_bsxw/20210420/46159371b8b6498c9077e56e5e1a6bf9.html。
③ 《上海普惠性幼儿园覆盖率达到93%，60%的幼儿园开设托班》，澎湃新闻，2023年11月2日，https://www.thepaper.cn/newsDetail_forward_25156391。

提升了学前教育的教学质量，也为儿童的全面发展提供了有力保障。此外，上海市还通过各种形式的继续教育和培训项目，确保学前教育教师能够不断更新知识和技能，适应现代学前教育的发展需求。2018~2022 年，上海市幼儿园数量和专任教师数逐年增加（见图 5）。这说明上海市逐步增加幼儿教育资源，扩大和增强了学前教育的覆盖面和师资力量。

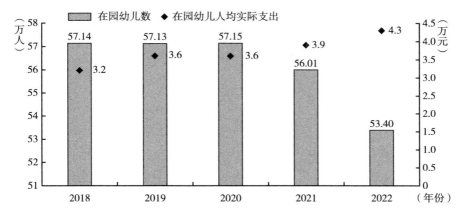

图 4　2018~2022 年上海市在园幼儿数及人均实际支出

资料来源：2019~2023 年《上海统计年鉴》。

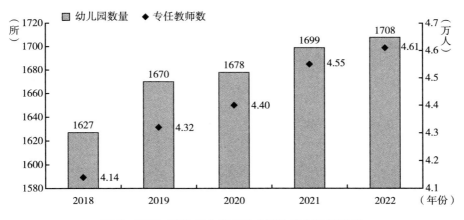

图 5　2018~2022 年上海市幼儿园及专任教师数量

资料来源：根据上海市人民政府、上海市财政局、上海教育网站公开资料整理。

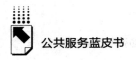

（三）武汉

近年来，武汉市在优孕优生服务、托育服务、学前教育方面采取了一系列措施，并取得了显著成效。

1.优化优孕优生服务

2018年以来，武汉市在优孕优生服务方面实施了一系列有效措施。武汉市卫生健康委印发《武汉市高危孕产妇管理实施办法（2020年修订）》，通过细化妊娠风险分级管理，加强了对高危孕产妇的医疗保障。[1] 同时，武汉市推广无创产前基因检测，自2018年起向全市30岁以上孕妇推广。[2] 此外，为完善产科急救体系，2021年武汉市发布《市人民政府办公厅关于进一步加强全市院前急救体系建设的通知》，强调院前急救与院内急诊的衔接，通过建立绿色通道和规范交接流程，提升产前急救能力，保障母婴安全。[3] 在生育保险方面，自2021年5月31日起，武汉市把符合政策规定的本市参保职工生育三孩的生育医疗费用和生育津贴待遇纳入生育保险支付范围。[4] 2018～2023年，武汉市生育保险参保人数稳步增加（见图6），反映出武汉市扩大生育保险覆盖范围和提高社会保障水平取得的成就。通过多次修改《武汉市职工生育保险办法》，努力构建全面的生育支持体系，包括延长产假时间、增设男性护理假、扩大保障范围、降低参保门槛、提高津贴标准、简化行政程序、保障失业人员权益以及支持多胎生育等

---

① 《市卫生健康委关于印发武汉市高危孕产妇管理实施办法2020年修订的通知》，武汉市卫生健康委员会网站，2020年9月21日，https://wjw.wuhan.gov.cn/zwgk_28/zc/qtbmwj/202101/t20210125_1617235.shtml。

② 《武汉30岁以上孕妇可免费基因检测查唐氏》，长江网，2018年5月10日，http://news.cjn.cn/sywh/201805/t3208762.htm。

③ 《市人民政府办公厅关于进一步加强全市院前急救体系建设的通知》，武汉市人民政府网站，2021年5月19日，https://www.wuhan.gov.cn/zwgk/xxgk/zfwj/bgtwj/202105/t20210519_1700917.shtml。

④ 《生育第三孩能否享受生育保险待遇?》，武汉市人民政府网站，2023年10月26日，https://www.wuhan.gov.cn/ztzl/ztfw/syjtbl/cjwt_87628/202310/t20231026_2287732.shtml。

多方面措施，减轻职工的生育负担，提高生育意愿。[①] 2024 年 4 月 1 日，武汉市医疗保障局、武汉市财政局联合发布《市医疗保障局 市财政局关于优化积极生育医疗保障具体措施的通知》，进一步提升全市生育医疗保障待遇水平。[②]

图 6 2018～2023 年武汉市生育保险参保人数

资料来源：根据 2019～2023 年《武汉统计年鉴》、武汉市统计局公开数据整理。

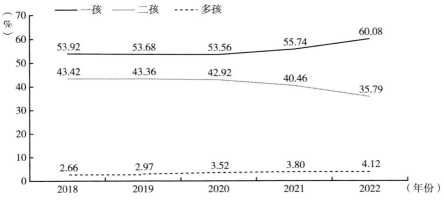

图 7 2018～2022 年武汉市一孩、二孩、多孩生育率变化趋势

资料来源：2019～2023 年《武汉统计年鉴》。

---

① 《武汉市职工生育保险办法》，武汉市人民政府网站，2024 年 5 月 9 日，https：//www.wuhan. gov.cn/zwgk/xxgk/zfgz_new/201112/t20211222_1878582.shtml。

② 《市医疗保障局 市财政局关于优化积极生育医疗保障具体措施的通知》，武汉市医疗保障局网站，2024 年 4 月 1 日，https：//ybj.wuhan.gov.cn/zwgk _ 52/zcfgyjd/zcfg/202404/t20240401_2382809.shtml。

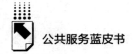

2018~2022年，武汉市一孩生育率和多孩生育率逐渐提高，二孩生育率逐渐下降（见图7），在一定程度上反映出家庭在生育决策中面临一定的现实压力和挑战。

2. 推动托育服务规范化与高质量发展

武汉市率先在全国通过地方立法形式规范3岁以下婴幼儿托育服务工作，《武汉市托育服务促进条例（草案）》明确了托育服务设施的规划与建设要求，规定新建居住区应当按照规定配套建设托育服务设施，并与居民住宅区同步规划、同步建设、同步验收、同步交付使用。[1] 2022年，武汉市发展改革委、武汉市民政局、武汉市卫生健康委联合印发《武汉市促进养老托育服务高质量发展实施方案》，明确提出到2025年，市级和14个区分别建立托育服务综合指导中心，街道（乡、镇）普惠性托育服务机构覆盖率达到100%，城镇社区托育服务设施覆盖率达到50%的发展目标。[2] 2020~2023年，武汉市级财政投入2300万元，对符合条件的49个托育建设项目每个托位给予1万元补助，新增普惠托位3500余个，带动社会总投资9951万元。[3] 同时，武汉市还对托育机构进行评级，进而发挥示范托育机构的示范引领作用。[4]

3. 学前教育规模扩大与质量提升并举

武汉市通过多期学前教育三年行动计划，全面推进学前教育普及。武汉

---

① 《全国率先！武汉拟立法规范托育服务行为》，武汉市人民政府网站，2023年11月4日，https：//www.wuhan.gov.cn/sy/whyw/202311/t20231104_2294539.shtml；《对市政协十四届二次会议第20230034号提案的答复》，武汉市卫生健康委员会网站，2023年9月26日，https：//wjw.wuhan.gov.cn/zwgk_28/fdzdgknr/qtzdgknr/jytabl_1/202309/t20230926_2271739.shtml。
② 《市发展改革委 市民政局 市卫健委关于印发武汉市促进养老托育服务高质量发展实施方案的通知》，武汉市民政局网站，2022年11月28日，https：//mzj.wuhan.gov.cn/zwgk_918/fdzdgk/gysyjs/shbz/ylfw/ylzc/202212/t20221213_2115043.shtml。
③ 《对市政协十四届二次会议第20230067号提案的答复》，武汉市卫生健康委员会网站，2023年9月26日，https：//wjw.wuhan.gov.cn/zwgk_28/fdzdgknr/qtzdgknr/jytabl_1/202309/t20230926_2271734.shtml。
④ 《正在公示！官方认定武汉示范性托育机构名单》，武汉市人民政府网站，2023年2月3日，https：//www.wuhan.gov.cn/zwgk/tzgg/202302/t20230203_2144947.shtml。

市在园幼儿数从 2018 年的 318026 人增加到 2022 年的 387932 人，增长了约 21.98%；幼儿园数量从 2018 年的 1511 所增加至 2022 年的 2006 所，增长了约 32.76%（见图 8）。这两个指标的增长，反映出武汉市在扩大学前教育服务供给方面的成就。幼儿园数量的增加意味着服务能力的提升，更多的幼儿能够接受更高质量的学前教育。武汉市的学前教育专任教师数从 2018 年的 2.20 万人增加到 2022 年的 3.00 万人，平均每位专任教师负担幼儿数从 2018 年的 14.44 人下降到 2022 年的 12.94 人（见图 9）。专任教师数的增加和每位专任教师负担幼儿数的减少，反映了武汉市在提高学前教育质量方面取得的进步。通过增加专任教师和合理分配教育资源，每个幼儿能得到更多的关注和更好的教育，有助于提升学前教育的整体质量。此外，武汉市还高度重视残疾儿童学前教育。武汉市政府鼓励普通幼儿园与特殊教育学校开展融合教育，支持有条件的城区开办特殊幼儿园或者幼儿班，不断完善残疾儿童学前教育服务体系，确保残疾儿童能够在适龄阶段接受公平、优质的学前教育。①

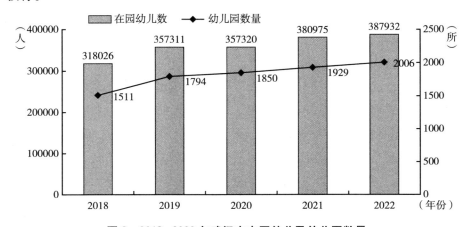

图 8　2018~2022 年武汉市在园幼儿及幼儿园数量

资料来源：《武汉统计年鉴 2023》。

① 《市人民政府办公厅关于印发武汉市第四期学前教育三年行动计划（2021—2023 年）的通知》，武汉市人民政府网站，2021 年 12 月 15 日，https：//www.wuhan.gov.cn/zwgk/xxgk/zfwj/bgtwj/202112/t20211224_1880958.shtml。

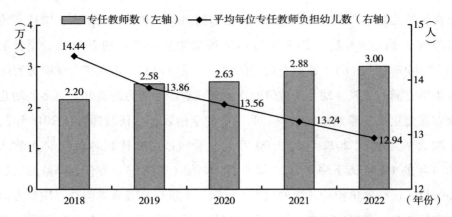

图9　2018~2022年武汉市学前教育专任教师数及平均每位专任教师负担幼儿数

资料来源：《武汉统计年鉴2023》。

（四）郑州

近年来，郑州市在人口发展和教育领域采取了一系列创新举措，旨在优化生育环境、提升育儿服务质量，并推动学前教育的高质量发展。

1.通过完善生育政策促进人口均衡发展

2023年8月21日，郑州市发布《郑州市优化生育政策促进人口长期均衡发展实施办法》（以下简称《实施办法》），采取多项措施支持家庭育儿和提高生育意愿。《实施办法》明确了育儿假的计算方式，细化了多胞胎育儿假规定，并新增了半年弹性产假，最多可休至一年。此外，为加强妇幼保健服务，郑州市推动各地妇幼保健院提升服务质量，使其达到二级妇幼保健院评审标准，并在各区设立标准化妇幼健康服务机构，确保妇幼保健服务的可及性。2018~2022年，郑州市妇幼保健院（所）卫生技术人员数量逐年稳步增加（见图10），这反映出郑州市对妇幼保健服务资源的持续投入，有利于推动公共卫生服务水平的提升。《实施办法》还引入了育儿补贴制度，为一孩、二孩、三孩及以上家庭发放不同额度的一次性补贴，同时扩大了生育保险的受益人群。对于生育二孩及以上的家庭，在限购区域内增加购房指标，并提供购房补贴和契税补贴。针对用人单位，鼓励通过集体合同帮助职工平衡工作和家庭关系。对孕哺期女性科研人员承担的科研项目验收可根据实际情况延期 1 年。定期开展女职工权益保障专项督查，并将督查情况纳入劳动关系和谐企业、综合奖项评定及享受各类优惠政策的评选条件。① 这些措施共同构建了全面的支持体系，旨在减轻家庭的生育负担，提高居民生育意愿，促进人口的长期均衡发展。

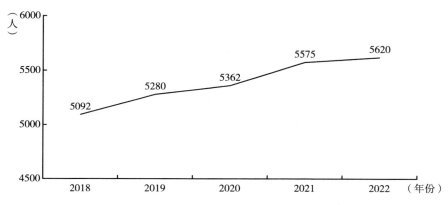

图 10　2018~2022 年郑州市妇幼保健院（所）卫生技术人员数量

资料来源：郑州市统计局。

2. 科学保育与托育服务体系建设

为提高婴幼儿科学保育能力，郑州市依托社区卫生服务中心（卫生院）设立科学育儿指导服务中心，组建专业团队提供婴幼儿保健、营养、生长发育等方面的指导。科学育儿指导服务中心利用微信公众号、短视频等信息化工具，传播育儿知识，以提升家庭和托育机构的科学育儿能力。此外，郑州市利用人口监测和预防接种等数据，提高信息推送的精准度。为建立常态化育儿指导机制，郑州市每年至少组织 4 次线下育儿

---

① 《郑州市人民政府关于印发郑州市优化生育政策促进人口长期均衡发展实施办法的通知》，郑州市人民政府网站，2023 年 8 月 21 日，https：//public.zhengzhou.gov.cn/D0104X/7793564.jhtml；《〈郑州优化生育政策促进人口长期均衡发展实施办法〉政策解读》，郑州市人民政府网站，2023 年 9 月 5 日，https：//public.zhengzhou.gov.cn/interpretdepart/7806491.jhtml。

指导活动，以增强互动性和实操指导。① 为规范和推动 0~3 岁婴幼儿托育服务行业发展，2022 年开始郑州市将提升 3 岁以下婴幼儿普惠托育服务能力项目列为民生实事。截至 2022 年 8 月末，全市已经建成 11 家托育指导中心、19 家街道普惠托育中心，已开工建设 74 家普惠托育中心。② 计划到 2025 年实现社区普惠托育点全覆盖，"半径三百米托育服务圈"完成构建，确保服务的便捷性。按照辖区常住人口"每千人托位六个"的标准，郑州市将构建以公办机构为引领、以公建民营和民办公助为主体的普惠托育发展体系，鼓励多种社会力量广泛参与托育服务体系建设。郑州市还推出了财政补贴措施，包括对托育机构提供建设补贴、对高质量普惠托育机构提供运营补贴，以及对已在备案机构从业的毕业生提供职业补贴。③ 这些措施对于解决"托育难"、全面提升托育服务的质量和可及性具有重要作用。

3. 学前教育扩容提质与创新并重

近年来，郑州市不断完善学前教育建设管理机制，成立市级学前教育工作领导小组，重点推进公办幼儿园建设和领航共建工程。通过实施"学前教育行动计划"、"学前教育惠民工程"和"公办幼儿园建设投用工程"等措施，郑州市迅速增加了学前教育资源。2018~2023 年，郑州市在园幼儿数从 2018 年的 39.80 万人稳步增至 2021 年的 45.45 万人，从 2022 年开始出现下降趋势，2023 年减少至 40.80 万人；专任教师数从 2018 年的 2.8 万人逐年增加，至 2022 年达 3.5 万人，但 2023 年也有所减少，减少至 3.2 万人（见图 11）。总体来看，2018~2023 年郑州市在园幼儿数与专任教师数的比例大致保持在相对稳定的水平，学前教育资源配置不断优化。郑州市通过领航共建工程打造高质量学前教育发展体系，促进教育资源的优化配置和有效

---

① 《发展普惠托育服务，减轻生育养育负担　郑州印发〈关于促进 3 岁以下婴幼儿照护服务发展的实施意见〉》，郑州市卫生健康委员会网站，2022 年 2 月 14 日，https://wjw.zhengzhou.gov.cn/zwxx/6263701.jhtml。
② 《提升婴幼儿照护服务能力　郑州市已建成 11 家托育指导中心》，河南省人民政府网站，2022 年 8 月 29 日，https://www.henan.gov.cn/2022/08-29/2569626.html。
③ 《郑州打造"半径三百米托育服务圈"　每千人配置六个托位》，《中国教育报》2023 年 3 月 24 日，第 3 版。

流动，实现教师交流、管理制度、课程教学资源的共享。通过领航共建工程，全市建立了"1+8+N"工作模型，打破城乡界限、行政地域和园际壁垒，提升了学前教育的均衡发展水平。郑州市还通过开展多项特色活动助推幼儿园质量提升，包括"学前教育观摩周""学前教育专项课题研究""幼儿园教师案例分析比赛""学前教育宣传月"等活动，这些活动有效推动了结对共建工作。在落实幼小衔接方面，郑州市也取得了显著成效。通过设立中原区、金水区和郑东新区为幼小衔接实验区，开展"现状调查""七个活动""组织培训"等，不断提升幼小衔接质量。①

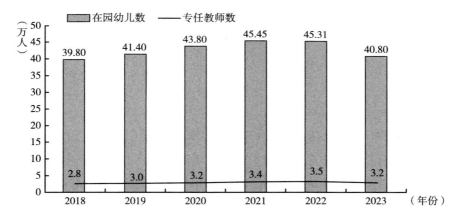

图11　2018～2023年郑州市在园幼儿及专任教师数量

资料来源：郑州市统计局。

（五）长沙

长沙市通过一系列综合政策和规范措施，全面推动了孕产妇和婴幼儿健康保护、托育服务发展以及学前教育改革。

1. 深化优孕优生保障孕产妇及新生儿健康

长沙市在优孕优生服务方面采取了全面而系统的措施，以确保孕产妇和

---

① 《幼有善育幼有优育——我市全力助推学前教育高质量发展》，《郑州日报》2023年6月29日，第12版。

新生儿的健康与安全。首先，通过制定和实施多项政策文件，如《长沙市孕产妇妊娠风险评估与管理工作规范》《长沙市危重孕产妇救治与转诊工作方案》《加强危重孕产妇和新生儿救治中心建设》等，加强全市急救体系及能力建设。此外，长沙市自2018年起设立了危急重症孕产妇专项救治资金，以保证孕产妇得到及时有效的救治。为了提供更好的优生优孕服务，2020年12月长沙市调整了部分医保待遇政策及支付标准，降低职工医保住院起付线，提高职工医保基金最高支付限额，统一部分医保特殊病种门诊待遇，统一全市基本医疗保险筹资标准和缴费费率。同时，实施预防出生缺陷项目，提供免费婚前医学检查和孕前优生健康检查，进行遗传罕见病综合防控，全面预防出生缺陷。在爱心助孕服务方面，长沙市为失独家庭和不孕不育家庭提供支持，包括拓宽报销范围、提高住院分娩报销比例。这些措施和政策的实施，旨在全面提升长沙市的优生优育服务水平，确保孕产妇和新生儿的健康与安全，切实推动优孕优生工作的高质量发展。①

2. 全面提升婴幼儿托育服务体系的覆盖率和质量

长沙市将婴幼儿托育服务纳入市、县（市、区）的经济社会发展规划，为婴幼儿托育服务提供多方面的政策支持，引导社会力量参与婴幼儿托育服务，提升婴幼儿托育服务的覆盖率和质量。首先，建设多种形式的普惠托育服务机构。长沙市采取公办民营、公建民营等形式，通过政府配套资金和场地支持，争取中央预算投资，推进公办托育服务机构建设。鼓励有条件的幼儿园招收2~3岁幼儿，完善社区托育服务供给，支持用人单位提供托育服务，推动社区托育服务设施建设。其次，制定婴幼儿托育服务机构布局建设专项规划和财政补贴制度，对新建社会办普惠托育机构提供每个托位1万元

---

① 《长沙市卫生健康委员会关于市十五届人大七次会议第196号建议的答复》，长沙市卫生健康委员会网站，2021年9月10日，http://wsjkw.changsha.gov.cn/ztzl_1/jytabl/202109/t20210918_10205802.html；《长沙市卫生健康委员会对长沙市政协十三届二次会议第390号提案的答复》，长沙市卫生健康委员会网站，2023年9月25日，http://wsjkw.changsha.gov.cn/ztzl_1/jytabl/202309/t20230925_11232510.html；《关于调整我市医疗保险和生育保险政策的通知》，长沙市人民政府网站，2020年12月25日，http://www.changsha.gov.cn/zfxxgk/zfwjk/gdwxtwj/202012/P020201231349399028792.pdf。

的补助。同时，通过水电气优惠等措施降低运营成本，支持托育服务机构发展。再次，在人才培养和学科建设方面，市政府推行职业资格准入制度，增加托育服务从业人员培训和职业培训补贴。与大中专院校及专业机构合作，举办托育服务专业研讨会，推动学科建设。最后，加强信息化建设和监管，建立托育服务信息管理平台，实行信息化管理和动态监管，确保托育机构安全规范运营。同时，加强安全管理，提升服务机构的诚信和服务质量。此外，长沙市通过规范托育服务机构管理、加强托育服务机构指导、推进医育结合等方式，促进托育服务行业高质量发展。①

3. 深化改革推动学前教育高质量发展

2019 年 1 月，长沙市发布《中共长沙市委 长沙市人民政府关于学前教育深化改革规范发展的实施意见》，明确提出全面提升学前教育资源和质量。首先，长沙市政府积极拓展学前教育资源，加快公办和农村幼儿园建设，鼓励社会力量及企事业单位参与办园。其次，加强师资队伍建设。通过总额管理、保障民办园教师待遇、加强教师培训，提升教育质量。长沙市在园幼儿数从 2018 年的 31.13 万人逐年增至 2021 年的 42.90 万人，随后在2022 年略微减少至 42.53 万人；专任教师数从 2018 年的 1.85 万人增至2022 年的 2.69 万人（见图 12）。2018~2022 年，幼儿园数量从 1876 所稳步增至 2461 所；班级数量从 2018 年的 10813 个增加到 2021 年的 14309 个，2022 年有所减少，减少至 14078 个，这可能与出生人口数量减少有关，2022 年在园幼儿一般出生于 2017~2019 年，长沙市 2017~2019 年出生人数依次为 115691 人、98260 人、75123 人。② 再次，规范民办学前教育，管理无证办园现象，提升保教科研水平，推动集团化发展。最后，长沙市调整学前教育投入结构，建立生均公用经费制度，调整收费标准，完善

---

① 《关于印发〈长沙市普惠托育服务机构建设实施方案〉的通知》，长沙市人民政府网站，2023 年 1 月 28 日，http://www.changsha.gov.cn/szf/zfgb/2023n/2023n1y28r/202303/t20230317_11033172.html；《长沙市人民政府关于印发〈长沙市"一老一小"整体解决方案〉的通知》，长沙市人民政府网站，2023 年 1 月 17 日，http://www.changsha.gov.cn/zfxxgk/zfwjk/srmzf/202301/t20230117_10969196.html。

② 长沙市统计局：《长沙市统计年鉴 2023》。

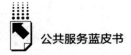

财政支持机制；强化综合管理，规范办园行为，确保普惠园质量；通过建立督导检查和问责机制，推动各项改革措施落地实施。① 2022 年，市政府发布《长沙市城市中小学校幼儿园规划建设管理条例》，从法律角度保障学前教育公共服务设施的供给。② 根据《长沙市学前教育发展提升行动计划（2023—2025 年）》，长沙市将继续提高学前教育普及和普惠水平，通过完善学前教育公共服务体系、完善普惠性学前教育保障机制、提高幼儿园保教质量、基本形成幼儿园与小学科学衔接机制等途径，不断提升全市学前教育品质。③

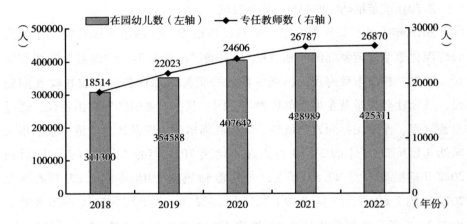

图 12　2018~2022 年长沙市在园幼儿及专任教师数量

资料来源：2019~2023 年《长沙统计年鉴》。

---

① 《关于学前教育深化改革规范发展的实施意见（长发〔2019〕2 号）》，长沙市教育局网站，2019 年 11 月 28 日，http：//jyj. changsha. gov. cn/zfxxgk/fdzdgk/gysyly/jyghjcxxgk/201911/t2019 1128_ 3537978. html。

② 《长沙市城市中小学校幼儿园规划建设管理条例》，长沙市教育局网站，2022 年 5 月 6 日，http：//jyj. changsha. gov. cn/zfxxgk/fdzdgk/lzyj/xzfg/202205/t20220506_10559221. html。

③ 《长沙市教育局等十一部门关于印发〈长沙市学前教育发展提升行动计划（2023—2025 年）〉和〈长沙市县域普通高中发展提升行动计划（2023—2025 年）〉的通知》，长沙市教育局网站，2023 年 6 月 29 日，http：//jyj. changsha. gov. cn/zfxxgk/fdzdgk/lzyj/jylgfxwj/202306/t20230629_11150088. html。

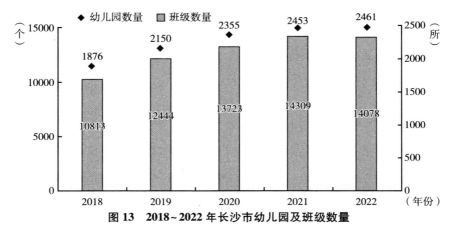

图 13　2018~2022 年长沙市幼儿园及班级数量

资料来源：2019~2023 年《长沙统计年鉴》。

（六）成都

成都市通过财政、人才、制度和设施等多维度的深入整合与优化，全面推进幼有所育服务体系提质扩容。

1. 提升妇幼健康标准促进人口均衡发展

2019~2023 年，成都市采取了一系列措施以提升优生优育服务水平，加强妇幼健康管理，优化生育政策。市政府推动所有县级妇幼保健机构均达到二级甲等及以上标准，并为拟结婚人士提供免费婚前医学检查，为符合生育政策计划怀孕的夫妇提供免费孕前优生健康检查，确保目标人群全覆盖。此外，成都市孕产妇住院分娩和管理得到了显著加强，2019~2023 年住院分娩率保持 99.99% 的高水平，孕产妇系统管理率保持在 95.6% 以上。3 岁以下儿童的系统管理率始终保持在 95% 以上。同时，市政府还实施新生儿遗传代谢性疾病筛查、新生儿听力筛查和新生儿先天性心脏病筛查，多方面确保新生儿的健康。① 在生育保险领域，2024 年 4 月，《成都市医疗保障局　成都市财政局　成都市人力资源和社会保障局　成都市卫生健康委员会　国家税务总局成都市税务局关于优化调整生育医疗待遇政策的通知》发布，通过优化和调整生育医疗待遇标准，

---

① 成都市卫生健康委员会：2019~2023 年成都市卫生健康事业发展统计公报。

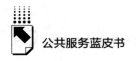

包括顺产、难产及多胞胎的额外补贴标准，提升城乡居民及城镇职工的生育医疗服务水平[①]。这些政策的实施有助于提升医疗保障水平，减轻家庭的经济负担，鼓励生育，同时确保医保基金的合理使用。

2. 完善托育服务体系构建幸福美好生活

成都市自 2021 年起将托育服务体系纳入"幸福美好生活十大工程"，指出要"科学布局、规划建设与人口相适配的托育服务体系，促进 3 岁以下婴幼儿托育服务业发展"[②]。市政府通过多项举措优化托育服务供应，包括支持幼儿园开办托班、完善 0~3 岁婴幼儿照护服务体系、支持社会力量参与普惠托育服务、规范托育服务标准，并加大托育服务政策支持力度，增加优质育婴师等[③]。为提高托育服务质量，成都市开展托育服务行业保育师资培训，由人力资源和社会保障部门提供全额培训补贴。市政府积极构建普惠优先、形式多样的托育服务供给体系，包括家庭邻里式、社区嵌入式、托幼一体式、职工福利式、标准规范式等托育服务模式，以满足市民的多样化需求。成都市还支持利用社区综合体以及国有闲置资产等公共设施发展社区普惠托育服务，推进"蓉易托"社区智慧托育中心建设，有效缓解入托难、入托贵问题。同时，成都推行"医育结合"模式，建立托育机构健康管理员制度，并构建基层医疗卫生机构、托育机构、家庭社会"三位一体"机制，形成"家庭照护+机构照护+基层医疗卫生机构健康服务"的医育结合新模式。此外，通过推行"1（示范性托育机构）+N（社区/家庭托育点）"服务模式，累计创建市级示范机构 47 家。成都市建立包括卫生评价、质量评价、自查抽查和服务指南在内的制

① 《成都市医疗保障局　成都市财政局　成都市人力资源和社会保障局　成都市卫生健康委员会　国家税务总局成都市税务局关于优化调整生育医疗待遇政策的通知》，成都市医疗保障局网站，2024 年 4 月 30 日，https://cdyb.chengdu.gov.cn/ylbzj/c128998/2024-05/10/content_c64bc0be9fc04d17840d48e07c05c8de.shtml。
② 《中共成都市委　成都市人民政府关于实施幸福美好生活十大工程的意见》，成都市人民政府网站，2021 年 2 月 8 日，https://www.chengdu.gov.cn/cdsrmzf/c146913/2023-12/11/content_ac8b8b1ae2714489a9a2cbff11c7c86c.shtml。
③ 《成都市国民经济和社会发展第十四个五年规划和二〇三五年远景目标纲要》，成都市人民政府网站，2021 年 3 月 29 日，https://www.chengdu.gov.cn/cdsrmzf/c166022/2023-12/14/content_9ad5f1e4795b469e8c84c28c080e356e.shtml。

度框架，并实施综合监管机制，加强对托育机构的安全、消防、卫生、服务等方面的监督。经过多方面努力，2023 年成都市入选首批全国婴幼儿照护服务示范城市。

3. 全面推进学前教育高质量发展

近年来，成都市系统提升学前教育质量，通过财政投入和制度创新，强化公办和普惠性幼儿园建设，有效缓解入园难、入园贵的问题。2019～2023 年，成都市普惠性幼儿园覆盖率呈上升趋势（见图 14），财政支持显著促进了普惠性幼儿园的发展。市政府也注重教师队伍建设，提出到 2025 年建设一支高素质、善保教的师资队伍，学前教育教师接受专业教育比例达到 85%。① 2018～2022 年，成都市幼儿园数量、在园幼儿数以及专任教师数均呈逐年增长的趋势（见图 15），反映出成都市在幼儿教育资源扩展和师资力量增强方面取得了显著进展，学前教育制度体系不断完善。2019 年，成都市教育局等部门印发《成都市城镇小区配套幼儿园治理工作方案》，2020 年印发《成都市普惠性民办幼儿园认定和管理办法》《成都市幼儿园等级评定

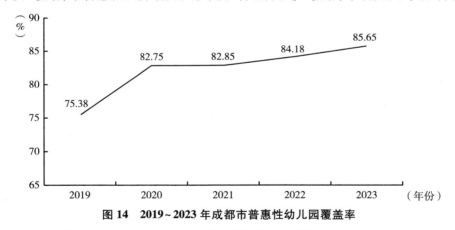

图 14　2019～2023 年成都市普惠性幼儿园覆盖率

资料来源：根据成都市人民政府、成都市教育局公开资料整理。

---

① 《成都市教育局等十五部门关于印发〈成都市"十四五"学前教育发展提升行动实施方案〉的通知》，成都市教育局网站，2022 年 11 月 25 日，https://edu.chengdu.gov.cn/gkml/xzgfxwj/1626014977850634240.shtml。

办法（2020 年修订）》《成都市幼儿园课程建设与管理指导意见》。① 此外，通过建立都市圈学前教育联盟，形成区域教育共同体，推进区域学前教育高质量发展。② 同时，市政府通过社区卫生服务中心和社区文化活动中心等公共设施，提供孕产妇保健及婴幼儿健康管理服务，满足 0~3 岁婴幼儿的托育需求，为儿童创造良好的成长环境。③

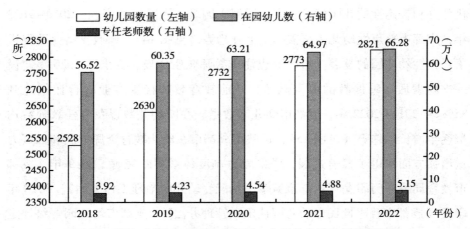

图 15　2018~2022 年成都市幼儿园、在园幼儿及专任教师数量

资料来源：2019~2023 年《成都统计年鉴》。

---

① 《关于印发〈成都市城镇小区配套幼儿园治理工作方案〉的通知》，成都市教育局网站，2019 年 6 月 11 日，https：//edu. chengdu. gov. cn/cdedu/c113015/2019－06/11/content_495 ed1ee02b54ff2a719736a6e7fa95e. shtml；《关于印发〈成都市普惠性民办幼儿园认定和管理办法〉的通知》，成都市教育局网站，2020 年 8 月 13 日，https：//edu. chengdu. gov. cn/cdedu/c113015/2020－08/13/content_ea3e55cd9f9c4bdbbaeb0de41140fda0. shtml；《成都市教育局关于印发〈成都市幼儿园等级评定办法（2020 年修订）〉的通知》，成都市教育局网站，2020 年 8 月 28 日，https：//edu. chengdu. gov. cn/cdedu/c113015/2020－08/28/content_31c117f0778b45fb88ba4f5db67b8d69. shtml；《成都市教育局关于印发〈成都市幼儿园课程建设与管理指导意见〉的通知》，成都市教育局网站，2020 年 9 月 4 日，https：//edu. chengdu. gov. cn/cdedu/c113015/2020－09/04/content_31b4ec0f45854aef939005dbb7239b17. shtml。
② 《四地携手　成都都市圈学前教育联盟成立》，四川省教育厅网站，2023 年 11 月 10 日，https：//edu. sc. gov. cn/scedu/c100498/2023/11/10/a06119b5f7844e51b387c147fe64c1d4. shtml。
③ 《成都市人民政府办公厅关于印发成都市基本公共服务设施建设管理办法的通知》，成都市人民政府网站，2023 年 5 月 30 日，https：//www. chengdu. gov. cn/gkml/cdsrmzfbgt/xzgfxwj/1667057150255472642. shtml。

（七）西安

西安市通过实施一系列综合措施，促进从幼有所育向幼有优育转变。

1. 优化优孕优生全面提升妇幼健康服务水平

2018~2022年，西安市大力提升优生优育服务水平，采取了许多措施，包括健康检查与管理、流动人口公共卫生服务、计划生育惠民政策、全面两孩政策以及便民办证服务。市政府开展农村育龄妇女健康检查项目和国家免费孕前优生健康检查项目，覆盖全市所有县（市、区）。2018~2022年，西安市产前检查率与产后访视率稳步提升（见图16），表明孕产妇健康管理水平逐渐提升。流动人口在健康档案建档、儿童预防接种建档、孕产妇保健手册建档方面得到了优化，提升了公共卫生服务的覆盖率和有效性。2018~2022年，西安市3岁以下儿童系统管理率与孕产妇系统管理率逐年提升（见图17），表明健康管理水平不断提升，公共卫生服务的覆盖面不断扩大，同时也反映出妇幼健康领域政策和措施的有效性。同时，西安市持续推进计划生育惠民政策，大幅提高生育津贴，在公共场所建立母婴室，打造生育友好环境。[①] 2021年，西安市发布了《推进健康西安行动实施方案》，通过强化妇幼健康服务机构建设、开展母婴安全行动计划，加强妊娠风险筛查与高危孕产妇管理。2023年，西安市进一步优化调整城镇职工生育保险待遇，城乡居民基本

[①] 《2018年西安市卫生健康事业发展统计简报》，西安市卫生健康委员会网站，2019年4月15日，http://xawjw.xa.gov.cn/xxgk/tjxx/5d777a10fd85082ba285221f.html；《2019年西安市卫生健康事业发展统计简报》，西安市卫生健康委员会网站，2020年4月30日，http://xawjw.xa.gov.cn/xxgk/tjxx/5eaadf2cf99d6576131cb321.html；《2020年西安市卫生健康事业发展统计简报》，西安市卫生健康委员会网站，2021年6月7日，http://xawjw.xa.gov.cn/xxgk/tjxx/60bdeb7ef8fd1c0bdc2fcf31.html；《2021年西安市卫生健康事业发展统计公报》，西安市卫生健康委员会网站，2022年8月1日，http://xawjw.xa.gov.cn/xxgk/tjxx/62e79659f8fd1c4c210d6885.html；《2022年西安市卫生健康事业发展统计公报》，西安市卫生健康委员会网站，2023年12月20日，http://xawjw.xa.gov.cn/xxgk/tjxx/1737302373428736002.html。

医疗保险、生育医疗待遇。① 这些综合措施不仅增强了孕产妇和儿童的健康管理，还通过优化政策和服务，为市民提供了更多便利，有效推动了优孕优生工作的全面开展。

图16　2018~2022年西安市产前检查率和产后访视率

资料来源：根据西安市卫生健康委员会公开资料整理。

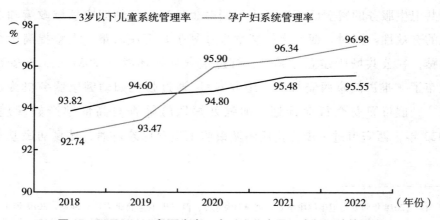

图17　2018~2022年西安市3岁以下儿童及孕产妇系统管理率

资料来源：根据西安市卫生健康委员会公开资料整理。

---

① 《西安市人民政府关于印发推进健康西安行动实施方案的通知》，西安市人民政府网站，2021年1月22日，https：//www.xa.gov.cn/gk/zcfg/xaszfwj/600a99dbf8fd1c2073eca291.html；《西安市医疗保障局　西安市财政局关于优化调整生育医疗保障待遇有关政策的通知》，西安市医疗保障局网站，2023年8月1日，http：//ybj.xa.gov.cn/zcfg/zcwj/bmwj/64c85fdef8fd1c1a7035ec1e.html。

2. 创新托育模式解决"入托难"问题

为解决"入托难"问题，西安市自 2020 年起积极构建满足人民需求的托育服务体系，通过政策支持和区域规划优化托育服务。市政府推动社区嵌入式服务综合体建设，简化审批、备案手续，定期评估服务质量和居民满意度。此外，西安市在陕西师范大学教育实验经济研究所建立了"西安市托育服务推广研究基地"。2022 年，成立了西安市婴幼儿照护服务行业协会，制定行业自律公约，规范行业行为，并定期在社区中宣传婴幼儿照护知识。[①] 2023 年，西安市入选首批全国婴幼儿照护服务示范城市。截至 2023 年末，全市已有 716 所托育机构，其中 430 所嵌入社区，显著提升了服务可及性。[②] 市政府实施电水气热等优惠政策，对达标的普惠托育机构提供财政补助，加强社区对婴幼儿托育服务的支持，新建住宅小区必须配套托幼设施，支持社会力量参与托育服务，并开展托育服务星级示范机构创建活动。通过托育机构互联网登记备案制度，提高托育机构信息管理效率。未来，西安市卫生健康委将切实实施好中央财政支持普惠托育示范项目，打造"长安养育"托育品牌，对达标的社区嵌入式托育机构和星级示范机构分别给予奖补，有效缓解"入托难""入托贵"问题，实现"托得好"。

3. 学前教育扩容增效促进公平

近年来，西安市通过新建和改造公办幼儿园、新认定和复验普惠性民办幼儿园，显著增加了学前教育资源，提高了教育质量，推动学前教育从幼有所育向幼有优育转变。[③] 2018~2022 年，西安市在园幼儿数与专任教师数同步增加（见图 18）。2018~2022 年，西安市幼儿园校舍建筑面积、幼儿园生均园舍建筑面积、幼儿园数量均逐年增加（见图 19），表明西安市在不断扩展幼儿园的物理空间，幼儿的在园环境得到改善。2019~2022 年，西安市幼

---

① 《央视关注西安！楼下就能"寄存"娃?》，腾讯网，2024 年 7 月 13 日，https://new.qq.com/rain/a/20240713A05WL100。

② 《西安市在 2024 年全国托育服务宣传月启动仪式上作交流发言》，西安市卫生健康委员会网站，2024 年 6 月 20 日，http://xawjw.xa.gov.cn/gzdt/wjyw/1803782617543827458.html。

③ 《数说 2023 | 4150 145 142 从"幼有所育"加速迈向"幼有优育"》，西安市教育局网站，2024 年 1 月 19 日，http://edu.xa.gov.cn/xxgk/wsbs/xqjy/1748272040089546753.html。

儿园专任教师学历合格率几乎保持在接近100%的水平，这显示出教师队伍的高素质。幼儿园生师比逐年下降，表明每位教师负责的学生数量减少，这在一定程度上意味着教育资源的分配更加合理（见图20）。2024年3月，西安市印发《西安市推动公办幼儿园扩容提质实施方案》《西安市促进普惠性民办幼儿园规范提升实施方案》，推动建立市级幼儿园等级创建帮扶梯队库和加强对普惠性民办幼儿园的监管。同时，政府将向公众公开普惠性民办园名单、收费标准和财政奖补情况，接受公众监督，保障教育公平性和透明度。①

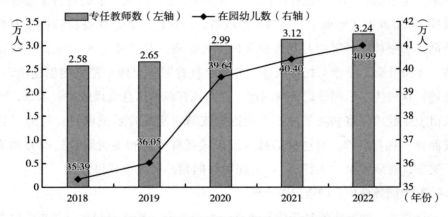

图18　2018~2022年西安市在园幼儿及专任教师数

资料来源：《西安统计年鉴2023》。

（八）西宁

西宁市通过多方面的政策措施，全面提升母婴健康、婴幼儿照护服务和学前教育水平。

1. 优化生育政策保障母婴安全

西宁市通过《西宁市卫生健康委员会关于进一步加强母婴安全保障工作

---

① 《我市印发重要通知！事关公办、普惠性民办幼儿园》，西安市教育局网站，2024年3月15日，http://edu.xa.gov.cn/xxgk/wsbs/xqjy/1768467266442752001.html。

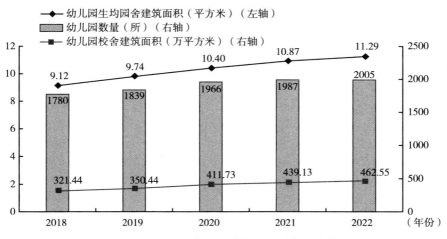

图 19　2018~2022 年西安市幼儿园服务设施情况

资料来源：2019~2022 年西安市教育事业（基础教育和职业高中）发展统计公报。

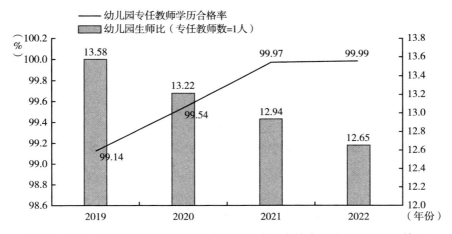

图 20　2019~2022 年西安市幼儿园专任教师学历合格率及幼儿园生师比情况

资料来源：2019~2022 年西安市教育事业（基础教育和职业高中）发展统计公报。

的通知》和《西宁市优化生育政策促进人口长期均衡发展的工作方案》，实施了一系列措施以保障母婴安全，提升优孕优生服务水平，包括强化母婴安全的组织领导，将母婴安全保障作为医疗质量管理的重点，并通过系统的妊娠风险筛查、危急重症救治中心建设和高危专案管理等措施来保障孕产妇和新生儿的健康安全。此外，西宁市持续完善妇幼健康服务体系，推进产前筛查和出生缺陷防治，同时增强生殖健康服务和规范辅助生殖技术应用。① 西宁市企业职工生育保险参保人数从 2019 年的 18.54 万人逐年增加到 2023 年的 27.01 万人，表明生育保险的覆盖面在不断扩大；企业职工生育保险费用支出由 2019 年的 0.88 亿元增加到 2023 年的 1.38 亿元，显示出西宁市对企业职工生育保险的投入和支出也在逐步增加（见图 21）。这表明西宁市政府通过加大对生育保险的财政投入，以确保参保人员在生育期间能够获得足够的经济支持，减轻家庭的生育负担，进而促进人口长期均衡发展。

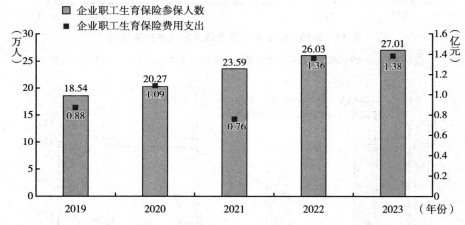

图 21　2019~2023 年西宁市企业职工生育保险参保人数及费用支出

资料来源：根据《西宁统计年鉴 2022》、西宁市统计局公开资料整理。

2. 建设多元化婴幼儿照护服务体系

西宁市为全面提升婴幼儿照护服务水平，2020 年 3 月印发《西宁市关于促进 3 岁以下婴幼儿照护服务发展的实施方案》，旨在强化婴幼儿照护服

---

① 《西宁市卫生健康委员会关于进一步加强母婴安全保障工作的通知》，西宁市卫生健康委员会网站，2020 年 4 月 23 日，https：//wjw.xining.gov.cn/sy/dtyw/202004/t20200423_100597.html；《中共西宁市委西宁市人民政府关于印发〈西宁市优化生育政策促进人口长期均衡发展的工作方案〉的通知》，西宁市人民政府网站，2023 年 3 月 28 日，https：//www.xining.gov.cn/zwgk/fdzdgknr/zcwj/szfwj_35/202304/t20230412_184829.html。

务并确保其高标准和高质量发展。政策措施包括增强家庭照护能力、发展多样化的照护服务模式及规范照护服务机构。通过公私合作和社区资源整合，西宁市推动托幼一体化和托育联合体建设，同时强化服务机构的标准建设和监管。① 2020 年，西宁市成立婴幼儿托育行业协会，通过了《西宁市婴幼儿托育行业协会章程》，注册托育机构达到 51 家，托育行业初具雏形。② 2022年 2 月，西宁市评选出首批 7 家示范性托育机构。③ 2023 年 3 月，西宁市入选首批全国婴幼儿照护服务示范市。为保障多子女婴幼儿家庭入托，西宁市财政局、西宁市卫生健康委员会 2023 年 4 月发布《关于做好市级示范性托育机构建设和多子女婴幼儿家庭入托扶助的通知》，为符合条件的婴幼儿家庭，提供每个婴幼儿每学期不低于 300 元的托育扶助金。④ 截至 2023 年 9月，西宁市建成托育服务机构 83 家，提供托位 7931 个，每千人拥有 3 岁以下婴幼儿照护托位 3.0 个。⑤

3. 多举措提升学前教育普惠性与公平性

西宁市采取了一系列创新措施，提升学前教育的普惠性和公平性。自 2018 年起，西宁市通过扶持公建民营、民办公助、公私合营的幼儿园，引进社会资源，保障幼儿园建设用地等方式，扩大农村普惠性幼儿园建设。⑥ 2019 年，西宁市启动学前教育普惠提升工程，加大公共财政投入，启动实施 79 所幼儿园园舍建设和设施配套项目，以及小区配套幼儿园专项整治，

---

① 《西宁市人民政府办公室关于印发〈西宁市关于促进 3 岁以下婴幼儿照护服务发展的实施方案〉的通知宁政办〔2020〕33 号》，西宁市人民政府网站，2020 年 4 月 8 日，https：//www.xining.gov.cn/zwgk/fdzdgknr/zcwj/szfbgswj/202012/t20201217_141953.html。

② 《全市已注册 51 家托育机构》，西宁市人民政府网站，2020 年 10 月 26 日，https：//www.xining.gov.cn/xwdt/xnyw/202010/t20201026_31906.html。

③ 《我市命名首批示范性托育机构》，西宁市人民政府网站，2022 年 2 月 11 日，https：//www.xining.gov.cn/xwdt/xnyw/202202/t20220211_165145.html。

④ 《关于做好市级示范性托育机构建设和多子女婴幼儿家庭入托扶助的通知》，西宁市卫生健康委员会网站，2023 年 6 月 5 日，https：//wjw.xining.gov.cn/zwgk/fdzdgknr/zcwj/qtgw/202306/t20230605_187308.html。

⑤ 《西宁：深化主题教育持续为民生"加温"》，"西宁晚报"百家号，2024 年 1 月 23 日，https：//baijiahao.baidu.com/s？id=1788838905958724506&wfr=spider&for=pc。

⑥ 《我市四措施促教育资源向农村倾斜》，西宁市人民政府网站，2018 年 7 月 16 日，https：//www.xining.gov.cn/xwdt/xnyw/201807/t20180716_22571.html。

扩大教育资源供给，构建广覆盖、保基本、有质量的学前教育公共服务体系。① 2020 年，西宁市印发《西宁市公益普惠性幼儿园生均补助和奖补资金暂行管理办法》，通过财政补助提高公益普惠性幼儿园的运营质量和服务水平。补助标准根据幼儿园的评定等级，提供每人每年 200～500 元的补助，特别增加对农村偏远地区的支持。② 2021 年，西宁市教育系统全年计划投资 14 亿元，其中包括实施学前教育普惠提升，规划建设改造一批村镇幼儿园，更好地满足乡村幼儿在"家门口"就能入园的需求。推动乡村学前教育从"好入园"到"入好园"的转变。③ 2018～2023 年，西宁市幼儿园数量及在园幼儿数均呈下降趋势，专任教师数量基本保持稳定（见图 22）。西宁市政府采取了一系列措施提高学前教育的普惠性和公平性，但仍面临幼儿园数量

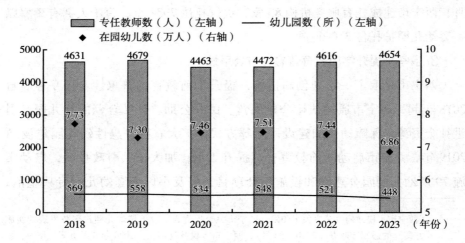

图 22　2018～2023 年西宁市幼儿园、在园幼儿及专任教师数量

资料来源：根据《西宁统计年鉴 2022》、西宁市教育局公开资料整理。

---

① 《西宁今年将实施两大教育工程》，西宁市人民政府网站，2019 年 8 月 27 日，https：//www.xining.gov.cn/xwdt/xnyw/201908/t20190827_26720.html。

② 《〈西宁市公益普惠性幼儿园生均补助和奖补资金暂行管理办法〉的政策解读》，西宁市人民政府网站，2020 年 8 月 18 日，https：//www.xining.gov.cn/zwgk/zcjd/202012/t20201217_147688.html。

③ 《西宁市秋季开学将新增学位 8000 多个》，西宁市人民政府网站，2021 年 8 月 16 日，https：//www.xining.gov.cn/xwdt/xnyw/202108/t20210816_154810.html。

及在园幼儿数下降的挑战。这可能是出生率下降、教育资源配置优化、政策执行实际效果等综合原因造成的。因此，需要教育政策制定者分析并调整政策，以确保学前教育资源的合理分配和优化。

三　结论与建议

（一）研究结论

通过上面的分析可以看出，各地政府在优孕优生、托育服务、学前教育等方面投入了大量资源，取得了一定的发展成果。上述 8 座城市政府均通过推出一系列创新措施，完善优孕优生服务，增加托育机构数量，改善学前教育质量，扩大服务覆盖面。整体来看，东部、中部、西部地区城市由于自然和区位条件、人口地理分布特征以及社会经济发展水平不同，其幼有所育服务存在一定差异。

东部地区城市拥有较为成熟的经济基础和完善的公共服务体系，在幼有所育服务方面表现出较高的服务质量和广泛的覆盖范围。具体来说，东部地区城市的教育、医疗服务设施普遍较为完善，孕产妇和儿童健康管理制度成熟，服务质量保持在较高水平。得益于地方政府较强的财政能力和较高的政策执行力，各地教育资源和医疗资源丰富，有效实施了国家幼有所育相关政策。

中部地区城市幼有所育服务发展水平显著提高，但与东部地区城市相比，仍存在一定差距，特别是在资源分配和服务覆盖的均衡性方面。中部地区城市在推动幼有所育服务发展方面，不断完善制度体系，创新服务模式，增加政府投入，服务设施逐渐完善。虽然政策支持力度大，但由于历史和地理因素，服务资源在区域内分配仍不均，尤其是农村和偏远地区服务资源相对较少。

西部地区城市由于受地理和经济发展水平的限制，其幼有所育服务面临更多挑战，主要体现在服务的普及和质量的提升上。西部地区城市的幼有所育服务覆盖面相对较窄。相比东部和中部地区城市，西部地区城市在幼有所

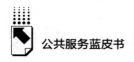

育服务的投入上还存在不足，尤其是在托育和早教资源方面。此外，由于地域广阔和人口分布不均，幼有所育相关政策执行面临更多困难，需要进一步创新服务模式和加强政策支持。

（二）政策建议

2024 年 7 月 18 日，中国共产党第二十届中央委员会第三次全体会议通过《中共中央关于进一步全面深化改革　推进中国式现代化的决定》（以下简称《决定》）。《决定》在"健全人口发展支持和服务体系"部分强调，"以应对老龄化、少子化为重点完善人口发展战略，健全覆盖全人群、全生命周期的人口服务体系，促进人口高质量发展。完善生育支持政策体系和激励机制，推动建设生育友好型社会。有效降低生育、养育、教育成本，完善生育休假制度，建立生育补贴制度，提高基本生育和儿童医疗公共服务水平，加大个人所得税抵扣力度。加强普惠育幼服务体系建设，支持用人单位办托、社区嵌入式托育、家庭托育点等多种模式发展。把握人口流动客观规律，推动相关公共服务随人走，促进城乡、区域人口合理集聚、有序流动"。[1] 这为促进我国幼有所育服务的高质量发展指明方向。

第一，完善人口服务体系。建立健全覆盖全人群、全生命周期的人口服务体系。这意味着从孕前到孕期，再到儿童成长的各个阶段，需要提供连续和综合的支持及服务。因此，相关政策需要保障各年龄层的人口发展服务，在幼有所育领域尤其注意强化儿童早期发展服务。第二，完善生育支持政策体系和激励机制。完善生育支持政策体系和激励机制是建设生育友好型社会的关键。这包括提供充足的生育和育儿资源，例如扩大生育保险覆盖范围，提供足够的生育假，推出针对有子女家庭的税收减免措施等，有助于降低生育、养育、教育成本，减轻家庭负担，为儿童在健康和教育方面提供更好的支持。第三，加强普惠育幼服务体系建设。建立并加强普惠性育幼服务体

① 《中共中央关于进一步全面深化改革　推进中国式现代化的决定（二〇二四年七月十八日中国共产党第二十届中央委员会第三次全体会议通过）》，《人民日报》2024 年 7 月 22 日，第 1 版。

系，实施多样化的托育模式以满足不同家庭的需求，提高服务的可及性和便利性。要注意确保普惠育幼服务的质量，加强政府监管和支持以保障服务提供的标准和效果。第四，确保幼有所育服务随人走。把握人口流动的客观规律，确保幼有所育服务随人走，保障常住人口和流动人口在流动过程中获得必要的优孕优生、婴幼儿照护与教育服务。相关的政策要特别关注流动人口，确保每一个家庭都能享受到均等且高标准的幼有所育服务。

各地可根据党的二十届三中全会精神，结合自身幼有所育服务的实际情况，制定更具针对性的政策。东部地区城市可利用其经济和技术优势，推动医疗和教育服务的数字化和智能化转型，如通过远程医疗和在线教育平台提升服务效率和扩大服务覆盖面。考虑到东部地区城市的高生活成本，政府可以通过增加个人所得税抵扣和提供更多针对儿童教育与医疗的财政支持来减轻家庭负担。中部地区城市需加大对教育和医疗资源的投资，加强教育、医疗资源向农村和偏远地区流动，以缩小与东部地区城市幼有所育服务的差距。同时，加强地方政府的政策执行能力，确保国家政策如生育补贴和育儿支持措施得到有效执行。鉴于地理和经济限制，西部地区城市可以发展以社区和家庭为核心的托育服务，如社区嵌入式托育和家庭托育，以提高服务的普及率和可及性。此外，应加大对西部地区城市的财政支持，鼓励私营部门和社会力量积极参与提供托育服务。

面对我国当前生育成本高、养育难度大、教育资源紧张等问题，党的二十届三中全会提出的发展要求，体现了党和国家在支持生育、优化人口结构、提升儿童早期发展和福祉方面的坚定决心，为幼有所育的发展指明了方向。这些措施的有效实施，需要政府、社会、家庭的共同参与。通过全社会的共同努力，打造一个支持生育、成长友好的环境，降低家庭的生育、养育、教育成本，优化人口结构，为国家的发展奠定更为坚实、健康、和谐的基础。

B.3
学有所教研究报告

范强威*

摘　要：　学有所教是全体公民接受公平教育的基本权利。基本公共教育服务指九年义务教育和高中阶段包括中等职业教育由政府财政投入的公共教育服务。受自然历史条件和经济社会发展水平限制，我国中西部地区、欠发达地区整体办学条件和质量相对滞后，区域间基本公共教育服务仍有差距。本报告选取东部、中部、西部地区6座城市作为样本，分析我国城市基本公共教育服务现状，并立足教育公平持续推进基本公共教育服务均等化，提出城市基本公共教育服务应逐步消除区域、校际、群体差距，扩大免费教育范围；科学落实"双减"政策，提升学生综合素质；调整中考普职分流比例，推进职普融通。

关键词：　公共服务　基本公共教育　学有所教　义务教育

　　教育是国之大计、党之大计。党的二十大报告提出："坚持以人民为中心发展教育，加快建设高质量教育体系，发展素质教育，促进教育公平。"为贯彻党的二十大精神，加快建设教育强国、办好人民满意的教育，中共中央办公厅、国务院办公厅于2023年6月印发了《关于构建优质均衡的基本公共教育服务体系的意见》，提出以公益普惠和优质均衡为基本方向构建基本公共教育服务体系，全面提高基本公共教育服务水平。我国基本公共教育服务的发展目标是：到2027年，优质均衡的基本公共教育服务体系初步建立，供给总量进一步扩大，供给结构进一步优化，均等化水平明显提高；到

---

* 范强威，中国社会科学院马克思主义研究院副研究员，主要研究方向为习近平外交思想、科学社会主义和中国特色社会主义等。

2035 年，义务教育学校办学条件、师资队伍、经费投入、治理体系适应教育强国需要，市（地、州、盟）域义务教育均衡发展水平显著提升，绝大多数县（市、区、旗）域义务教育实现优质均衡，适龄学生享有公平优质的基本公共教育服务，总体水平步入世界前列。

一　学有所教与我国基本公共教育服务的成就

学有所教是全体公民接受公平教育的基本权利。依据《国家基本公共服务标准（2023 年版）》和《"十四五"公共服务规划》，基本公共教育服务指九年义务教育和高中阶段包括中等职业教育由政府财政投入的公共教育服务。《国家基本公共服务标准（2021 年版）》关于学有所教的基本公共服务标准包括义务教育阶段免除学杂费、免费提供教科书、为家庭困难学生提供生活补助，为贫困地区学生提供营养膳食补助；普通高中阶段为家庭经济困难学生提供国家助学金、免学杂费，中等职业教育为涉农专业学生和家庭经济困难学生提供国家助学金和免除学费。《国家基本公共服务标准（2023 年版）》关于学有所教的基本公共服务标准在《国家基本公共服务标准（2021 年版）》的基础上，提高了义务教育阶段公用经费基准定额和贫困地区学生营养膳食补助额。

党的十八大以来，我国义务教育取得历史性成就，建成世界最大规模的义务教育体系，义务教育普及程度达到世界高收入国家平均水平。截至 2022 年 9 月，全国 2895 个县级行政单位全部实现县域义务教育基本均衡，教育质量实现新提升。2023 年，全国小学净入学率保持在 99.9% 以上，义务教育巩固率达到 95.7%，进城务工人员随迁子女在公办学校就读和享受政府购买学位服务的比例超过 95%。我国学生资助制度体系日益完善，年资助 1.6 亿人，全面实现应助尽助。国家层面教育优先发展保障机制健全，国家财政性教育经费占国内生产总值的比重连续保持在 4% 以上。①《"十四

---

① 习近平等编写《〈中共中央关于进一步全面深化改革、推进中国式现代化的决定〉辅导读本》，人民出版社，2024。

五"公共服务规划》指出,到"十三五"末,我国覆盖全学段的学生资助政策体系已经比较完善,普惠性幼儿园覆盖率达到84.7%,九年义务教育巩固率达到95.2%、大班额基本消除,高中阶段教育毛入学率达到91.2%,高等教育毛入学率达54.4%,进入普及化发展阶段。

目前,我国基本公共教育服务从"有学上"向"上好学"迈进,从学有所教向学有优教方向跃升,以教育公平和教育高质量为前提的优质均衡基本公共教育服务体系加速标准化、专业化、法治化建设,基本公共教育服务水平全面提高。党的二十大报告和党的二十届三中全会通过的《中共中央关于进一步全面深化改革　推进中国式现代化的决定》对教育、科技、人才统筹安排、一体部署,为经济社会发展提供更有力的人才支撑。基本公共教育服务尤其是义务教育质量,决定了未来的人口素质,决定了国家的创新能力水平。2023年,我国新增劳动力平均受教育年限超过14年,全民思想道德素质和科学文化素质全面提升,为经济社会发展提供了有力的人力资源支撑。[1] 进一步推动基本公共教育服务体系优质均衡发展,能够更好满足中国式现代化建设对人才数量、质量、结构的全方位需求。

二　我国城市基本公共教育服务比较分析

建立优质均衡的基本公共教育服务体系,必须大力推进基本公共教育服务均等化。《中共中央关于进一步全面深化改革　推进中国式现代化的决定》提出:"优化区域教育资源配置,建立同人口变化相协调的基本公共教育服务供给机制。"受自然历史条件和经济社会发展水平限制,我国中西部地区、欠发达地区整体办学条件和质量相对滞后,区域间基本公共教育服务仍有差距。本报告选取东部地区城市北京、上海,中部地区城市郑州、武

---

① 《党的二十届三中全会〈决定〉学习辅导百问》编写组编著《党的二十届三中全会〈决定〉学习辅导百问》,学习出版社,2024。

汉，西部地区城市成都、西安作为样本，以公开基础数据呈现我国城市基本公共教育服务现状，并在此基础上做出对比分析。

（一）样本城市公共预算教育经费支出对比

从 6 座样本城市 2021 年和 2022 年公共预算教育经费支出来看，北京和上海远远高于中西部城市，均在千亿元以上，其他城市公共预算教育经费支出为 200 亿~400 亿元，与东部城市的差距较大（见图 1）。

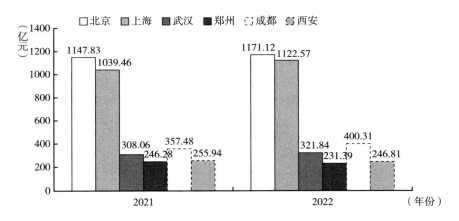

图 1　2021~2022 年部分城市公共预算教育经费支出

资料来源：2019~2023 年《中国统计年鉴》及北京、上海、郑州、武汉、成都、西安统计年鉴。本报告图表如无另外说明资料来源，余同，此后不赘。

2018~2022 年，6 座样本城市公共预算教育经费支出均呈现逐年上升趋势。北京的公共预算教育经费支出从 2018 年的 1025.51 亿元增至 2022 年的 1171.12 亿元。上海的公共预算教育经费支出从 2018 年的 917.99 亿元增至 2022 年的 1122.57 亿元。武汉的公共预算教育经费支出从 2018 年的 259.97 亿元增至 2022 年的 321.84 亿元。郑州的公共预算教育经费支出从 2018 年的 212.92 亿元增至 2022 年的 231.39 亿元。成都的公共预算教育经费支出从 2018 年的 265.82 亿元增至 2022 年的 400.31 亿元。西安的公共预算教育经费支出从 2018 年的 157.19 亿元增至 2022 年的 246.81 亿元（见图 2）。

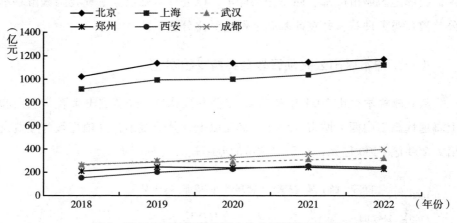

图2　2018～2022年部分城市公共预算教育经费支出

从6座样本城市公共预算教育经费支出在城市公共预算支出中的占比看，6座样本城市教育经费支出在城市公共预算支出中的占比总体在12%～18%。其中，西安、成都、北京占比较高，北京自2019年起占比保持在15%以上，成都2020年后占比超过15%并逐年提高，西安2019～2021年占比超过16%；上海占比较低，2018～2022年占比总体在11%～13%；武汉和郑州占比略高于上海，在2021年后有较大幅度提升（见表1）。可以看出，西部地区虽然教育经费支出总额不高，但在城市公共预算支出中的占比较高，说明西部地区地方政府比较重视教育，投入较大。

表1　2018～2022年部分城市教育经费支出占公共预算支出比例

单位：%

年份	北京	上海	武汉	郑州	西安	成都
2018	13.73	10.99	13.48	12.07	13.65	14.47
2019	15.35	12.17	13.02	12.93	16.19	14.37
2020	16.00	12.35	12.17	13.99	17.32	15.18
2021	15.93	12.33	13.90	15.16	17.36	15.98
2022	15.68	11.95	14.48	15.89	15.72	16.44

（二）基础教育学校数量对比

从 2018~2022 年 6 座样本城市基础教育学校总数来看，西安最多，从 1733 所逐年增至 1841 所；上海和郑州数量较多，均有 1550~1670 所；武汉的基础教育学校数量最少，由 1119 所增至 1162 所。从学校数量变化上看，2018~2022 年，西部地区西安和成都的基础教育学校数量明显增加；北京基础教育学校数量持续下降，从 2018 年的 1727 所降至 2022 年的 1480 所；上海基础教育学校数量基本持平；其他城市均呈小幅增长态势（见图 3）。

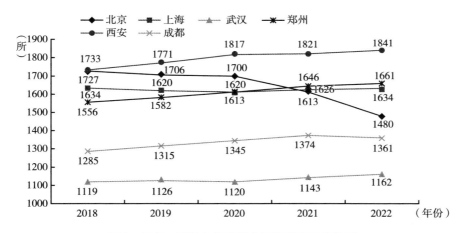

图 3　2018~2022 年部分城市基础教育学校数量

说明：基础教育包括小学、初中和高中阶段的普通高中和中等职业教育。

从 6 座样本城市小学学校数量来看，西安和郑州数量较多。2018~2022 年，北京小学数量持续减少，减少 25.9%，其他城市小学数量均呈小幅变动态势（见图 4）。

从 6 座样本城市初高中学校数量来看，上海数量最多。2018~2022 年，各城市初高中学校数量均小幅增加（见图 5）。

从 6 座样本城市的中等职业教育学校数量来看，2018~2022 年，除武汉略有增加，其他城市均有所减少。自 2021 年起，北京中等职业教育不包括技工学校，所以学校数量减少较多（见图 6）。

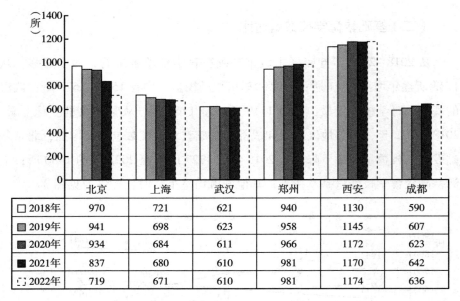

	北京	上海	武汉	郑州	西安	成都
□ 2018年	970	721	621	940	1130	590
▨ 2019年	941	698	623	958	1145	607
▦ 2020年	934	684	611	966	1172	623
■ 2021年	837	680	610	981	1170	642
⸠ 2022年	719	671	610	981	1174	636

图 4　2018~2022 年部分城市小学学校数量

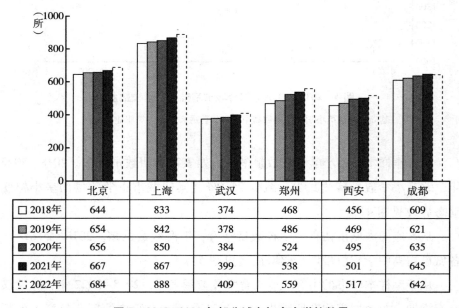

	北京	上海	武汉	郑州	西安	成都
□ 2018年	644	833	374	468	456	609
▨ 2019年	654	842	378	486	469	621
▦ 2020年	656	850	384	524	495	635
■ 2021年	667	867	399	538	501	645
⸠ 2022年	684	888	409	559	517	642

图 5　2018~2022 年部分城市初高中学校数量

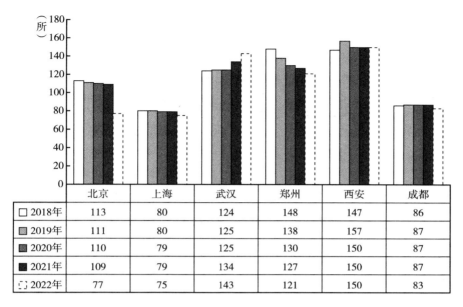

图6　2018~2022年部分城市中等职业教育学校数量

（三）基础教育在校学生数量对比

2018~2022年，6座样本城市基础教育在校学生总数稳步增长。北京在校学生数量从2018年的1438650人增至2022年的1693157人。上海在校学生数量从2018年的1479913人增至2022年的1720821人。武汉在校学生数量从2018年的1007197人增至2022年的1285513人。郑州在校学生数量从2018年的1937558人增至2022年的2265960人。成都在校学生数量从2018年的1791472人增至2022年的2090871人。西安在校学生数量从2018年的1336733人增至2022年的1674995人（见图7）。

2018~2022年，除中等职业教育外，6座样本城市基础教育其他阶段在校人数均有所增加。其中，九年义务教育在校学生占比较高，中等职业教育在校生数占比相对较低（见图9），这说明九年义务教育后部分学生未能升入高中阶段继续学习。图10为北京2023年小学、初中、普通高中、中等职业教育在校学生数量及占比情况，更加直观地说明了这一状况。

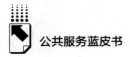
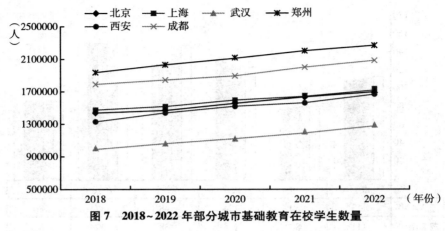

图7 2018~2022年部分城市基础教育在校学生数量

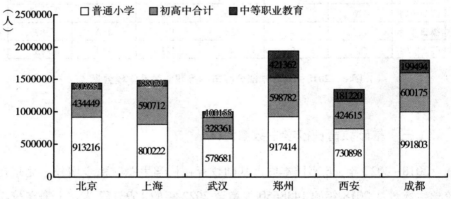

图8 2018年部分城市基础教育在校学生数量

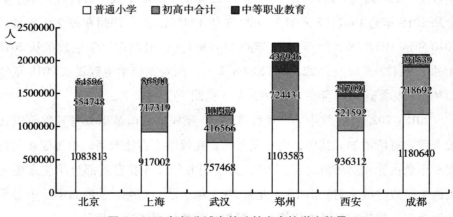

图9 2022年部分城市基础教育在校学生数量

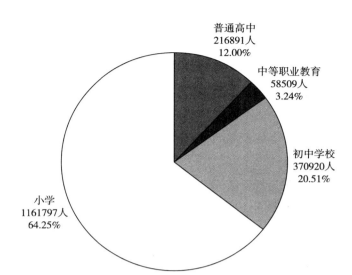

图 10　2023 年北京基础教育在校学生数量及占比情况

（四）基础教育教职工数和专任教师数对比

2018~2022 年，6 座样本城市基础教育教职工数和专任教师数均逐年小幅增加（见表 2、表 3）。其中，2022 年北京和上海教职工数较多，分别有17.49 万人和 16.63 万人；2022 年北京和成都专任教师数量较多，分别达到14.57 万人和 14.11 万人；郑州教职工数和专任教师数均增加最多，五年分别增长 2.96 万人和 2.90 万人。

表 2　2018~2022 年部分城市基础教育教职工数

单位：人

年份	北京	上海	武汉	郑州	西安
2018	162791	151398	79454	115072	98093
2019	165532	154784	82557	123063	105292
2020	167286	158962	85200	129316	111965
2021	178908	163460	92003	141966	117429
2022	174917	166315	105422	144624	122755

注：成都市无教职工数统计数据。

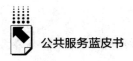

表3 2018~2022年部分城市基础教育专任教师数

单位：人

年份	北京	上海	武汉	郑州	西安	成都
2018	131193	124040	68556	101720	83138	114902
2019	134659	129165	72007	108132	89420	121190
2020	137534	133169	74786	115234	94955	126592
2021	142977	136779	80106	126627	98329	134540
2022	145714	140529	85547	130752	103286	141072

从2022年6座样本城市基础教育教职工数和专任教师的占比上看，郑州专任教师占教职工数的比重稍高，达到90.4%；其他城市专任教师占教职工数的比重大致相当，占比在81.0%~84.5%（见图11）。

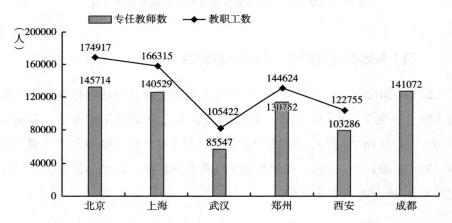

图11 2022年部分城市基础教育教职工和专任教师数量

三 我国城市基本公共教育服务的对策建议

实现基本公共教育服务从基本均衡到优质均衡，从教育机会公平到高质量的教育公平，是新时代中国基础教育的主旋律。2023年6月，中共中央办公厅、国务院办公厅发布的《关于构建优质均衡的基本公共教育服务体系的意见》指出，教育要注重内涵发展，推进基本公共教育服务覆盖全民、优质均衡。构建优质均衡的基本公共教育服务体系应坚持政府主责，强化发展规划、财政投入、资源配置，不断完善相关配套政策体系。在注重教育机会公平获得的前提下，基本公共教育服务要在人民群众获得过程的品质、获得结果的满意程度上全面、系统地提升质量，持续深化教育综合改革，破解体制机制障碍，加强基本公共教育服务标准化、专业化、法治化建设，向有质量的教育公平目标不断靠近。

（一）立足教育公平，消除区域、校际、群体差距，扩大免费教育范围

第一，以推进学校建设标准化为重点，加快缩小区域教育差距。构建优质均衡的基本公共教育服务体系必须坚持标准先行，持续推进学校建设标准化，切实改善学校教学生活和安全保障条件。政府负责制定教育改革和发展规划、有关法律法规、方针政策和各级各类教育的基本标准，并依法监管，扶持中西部地区和贫困地区发展教育。党的十八大以来，中西部地区和欠发达地区教育发展力度切实加大，中央财政教育转移支付资金80%以上用于中西部省份，累计改造贫困地区义务教育薄弱学校10.8万所，实现20多万建档立卡辍学学生动态清零，有效满足欠发达地区教育需求，补齐教育发展短板。[①] 通过建立教育东西部协作和对口支援机制，充分发挥教育数字化有效配置、高效配置教育资源的作用，推动优质教育资源向欠发达地区供给和输入。

随着教育标准化建设步伐的加快，我国所有中小学的教学硬件条件均得到极大改善，教育质量也有了不同程度的提高。城市基本公共教育服务重点坚持义务教育阶段公办学校免试就近入学，面向区域内所有义务教育学校均衡分配公共教育资源，合理调整中小学布局，加大义务教育阶段公办学校"划片招生免试就近入学"的实施力度，实现义务教育公办学校基本不择

---

① 《党的二十届三中全会〈决定〉学习辅导百问》编写组编著《党的二十届三中全会〈决定〉学习辅导百问》，学习出版社，2024。

校。基本公共教育服务应关注人的全面发展，让每个孩子都有人生出彩的机会。学校要公平对待所有学生，包括不同性别、民族、地域、家庭背景、生理状况、智力水平的学生，充分体现基本公共教育的公益性。义务教育阶段不可将学校分为重点学校和非重点学校，学校内部不应分设重点班和非重点班。

第二，以推进师资配置均衡化为重点，加快缩小校际办学质量差距。基础教育是教育的基础，而教师是基础中的基础。2018年1月，《中共中央国务院关于全面深化新时代教师队伍建设改革的意见》印发，规划新时代教师队伍建设、构建职前培养与入职培训及职后研修一体化的现代教师教育制度。为贯彻落实《中共中央 国务院关于全面深化新时代教师队伍建设改革的意见》要求，打造党和人民满意的高素质专业化创新型教师队伍，各地各级政府应采取切实可行的措施理顺体制机制，优化资源配置。一是深化教师培养模式、全面提高教师培养质量，积极创造条件保证所有教师每5年完成不少于240学时的集中培训，学校要按照年度公用经费预算总额的5%安排教师培训经费。二是不断改善教师工作、生活、学习条件，解决教师住房、职称评聘等实际困难，保证优秀教师进得来、留得住、有发展。三是弘扬尊师重教的良好社会风尚，依法保障教师的政治地位、社会地位、职业地位，维护教师合法权益，吸引优秀人才终身从事教育工作。

城市基本公共教育服务注重实现优质教师资源尤其是名师资源与明星教师资源扩大化，从而大幅度提高学生受益率、扩大学生受益面，有效缩小校际办学质量差距。我国基础教育课程标准具有全国一致性，基础教育教材具有区域一致性，我国区域、学校、学科三级教研体制也具有教研一致性，客观上为基础教育优质教师资源扩大化、每个基础教育阶段的学生共享优质基础教育资源提供了可能。"互联网+基础教育"为优质基础教育资源走向共享提供了技术支持。当前，"互联网+教育"这一新型教育资源共享方式逐渐成熟，教育部正在建设的"三通两平台"（宽带网络校校通、优质资源班班通、网络学习空间人人通，建设教育资源公共服务平台、教育管理公共服务平台）为达成优质教师资源扩大化、提高优质基础教育资源共享率、大幅度扩大学生受益面提供了实现条件。

第三，以推进教育关爱制度为重点，加快缩小群体教育差距。城市基本公共教育服务要加大对农村留守儿童、困境儿童等群体的教育保障力度，健全农业转移人口随迁子女入学保障政策，保障进城务工人员子女与城市学生享有同等义务教育机会。流入地政府应进一步完善灵活就业人员和新就业形态劳动者居住证申领政策，以公办学校为主将随迁子女纳入流入地义务教育保障范围，确保不同群体适龄儿童平等接受义务教育；应将进城务工人员子女教育纳入本区域教育事业发展规划，畅通公办学校吸纳进城务工人员子女就学的主渠道，实行与本学区城市学生相同的收费标准；应改善进城务工人员子女较集中的公办学校办学条件，扶持条件较好的自办农民工子弟学校，并将其纳入公办学校管理系统，提高进城务工人员子女受教育质量；应以学籍和就学年限等确定进城务工人员子女准入条件，逐步开放中等教育和高等教育，先职业教育后普通教育，全面开放面向进城务工人员子女的异地中考和异地高考。

城市基本公共教育服务在逐步消除区域、校际、群体差距的基础上，应进一步扩大免费教育范围，将义务教育覆盖到高中阶段。通过法律保障高中阶段的义务教育，让农村和城市孩子享受平等的教育机会，既有利于消除教育不公，又能提高国家中青年劳动者的整体素质。

（二）科学落实义务教育"双减"政策，探索"双减"政策提升学生综合素质的有效途径

2021年7月，中共中央办公厅、国务院办公厅印发《关于进一步减轻义务教育阶段学生作业负担和校外培训负担的意见》，提出"双减"政策。"双减"政策致力于减轻义务教育阶段学生成长中不必要的课业负担和校外培训压力，同时要求学校教育在减轻学生成长压力和身心负担的过程中提质增效，走高质量发展之路。从根本上说，"双减"政策就是要给义务教育阶段学生"松绑"，减少大量单调、重复、低效的知识学习负担，优化学生发展环境，促进学生身心健康发展和可持续发展，保证人人享有公平而有质量

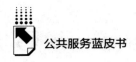

的教育。

"双减"政策实施后，义务教育学校的课后服务内容日益丰富，方式也日渐多样，社会、社区育人资源逐渐被引入学校教育，学生拥有更广阔的学习空间和更有选择性的课程资源。以上海市静安区和田路小学优化课后服务为例，探索"双减"课后服务创新素养培育的路径。

第一，完善课后服务构架，设立"学习时刻""自主时刻""温馨时刻"的"三段式"课后服务。教师加强作业完成指导，做到小学书面作业基本不出校门，巩固课堂所学；为学生定制个性化课程表，设置视觉艺术、舞美运动、科创研究、创造劳动、学科慧创等五大领域活动类别，着重培养学生的综合素养，并确保组合管理、机制、环境、技术等多项保障有效落实；通过开展创造性劳动实践活动，让学生在劳动中创造，在劳动中研究，培养学生发现问题、解决问题的能力，提升学生的生活实践能力。

第二，提供丰富多彩的活动，营造"学、思、做、创"融为一体的活动氛围。开展"创新思维""创意剧场""虚拟创造"等七大类实践探究活动，皮影、青花瓷、水墨动画等六大中华优秀传统文化"正在创造"系列活动，"创意写作""童说数字""英语 SHOW"等学科实践活动，涵盖五大领域的 STEAM 创造力中心、手工皮具、童声合唱等多彩创意活动。每学期组织活动成果展评，让校园成为创造乐园。

第三，共享优质课后服务活动资源，辐射区域学校，扩大学生培养范围。把 40 年创造教育实践的成果转化为"正在创造""让创造成为乐趣""创造性劳动"等活动资源，推广至区域内 15 所学校，为区域几万名学生创造力培养提供资源。利用课后服务时段组织、指导学生参与"劳动创造幸福——中小学生创意设计活动""创造魔力营"等品牌活动，与全国各地 167 所集群学校共研、共享"少创联萌"平台，更多更好培育创新人才。①

---

① 李铁安、刘琴、包昊罡等：《2023 中国基础教育实践创新典型案例》，《人民教育》2024 年第 3 期。

（三）调整中考普职分流比例，推进高中教育阶段职普融通

根据中考分流政策，学生进入普通高中的比例为 50%，剩余 50% 进入职业学校或者技术类相关院校。中考分流政策的实施，一方面在一定程度上缓解了劳动力短缺的问题，另一方面也加剧了教育资源的不均衡分配。教育部为此做出相关政策调整，自 2024 年 7 月 1 日起，中考执行 100% 指标到校政策，中考普通高中比例从原来的 50% 重新调整回 70%~80%，取消"五五分流"。现代职业教育体系是现代教育体系的重要组成部分，本质上是产业系统与教育系统和谐共生的复合系统，应积极促进制度牵引和立法保障，推动高中阶段职普融通创新，拓展人才发展的多元渠道。

习近平总书记对我国职业教育做出明确指示："统筹职业教育、高等教育、继续教育，推进职普融通、产教融合、科教融汇，源源不断培养高素质技术技能人才、大国工匠、能工巧匠。"[①] 职业教育以服务为宗旨，以就业为导向，必须走产学结合的发展道路，发挥职业教育在新时代卓越工程师和技术技能型人才培养中的关键作用。第一，要建立切实可行的职业指导机制，针对学生制定职业生涯规划方案，实施有针对性的职业教育。第二，学校应依据社会需求开设灵活多样的技能型课程，增强课程的时效性和实践性，使学生能够学有所长、学有所用。第三，普通学校向职业学校学生开放优质教育资源，支持职业学校学生到普通学校选修文化课程，提高职业学校科学文化教育质量。第四，建立统一的学历证书与职业资格证书管理体系，鼓励毕业生在取得学历证书的同时，积极获得相关专业的职业资格证书。行业企业优先选用取得"双证"的新生劳动力，实现选人用人与"双证"体系有效对接。第五，农村中等职业教育应实施免费政策。该政策由农村先行实施，逐步向城市推进，西部地区所需经费由中央财政和地方财政共同负担。

---

① 《习近平在中共中央政治局第五次集体学习时强调 加快建设教育强国 为中华民族伟大复兴提供有力支撑》，《人民日报》2023 年 5 月 30 日，第 1 版。

B.4
劳有所得研究报告

连俊华*

摘　要： 在我国改革开放 40 多年的进程中，劳有所得四个字的含金量越来越高。本报告选取东中西部城市（北京、上海、武汉、郑州、西安、成都）共 6 座城市作为样本，从就业人员数，城镇新增就业人口，居民人均可支配收入，城镇登记失业人员和城镇登记失业率，失业保险、工伤保险等指标方面，运用数据分析法系统分析全国与样本城市劳有所得整体情况，及党的十八大以来我国劳有所得的若干成就和相关服务保障，发现我国各地区发展水平存在较大差异，城乡居民收入、地区收入等分配差距较大，新就业形态劳动者社会保障不足等问题和挑战。进而提出坚持经济高质量发展促就业，推动就业提质扩容；聚焦重点人群就业，完善就业支持政策体系；健全公共就业服务体系，增强服务的均衡性、可及性；健全政策和服务支持体系，完善适应灵活就业和新就业形态劳动者的权益保障制度；鼓励广大青年选择"新职业"等建议。

关键词： 劳有所得　就业　劳动收入　公共就业服务体系

一　引言

（一）劳有所得概念及其意义

劳动是一切成功的必经之路。对于百姓而言，劳动是创造财富的源泉，

---

* 连俊华，中国社会科学院马克思主义研究院助理研究员，主要研究方向为国民经济学。

"钱袋子"越鼓，生活才能越有保障。劳有所得在改革开放40多年的进程中，含金量越来越高。随着就业渠道更加多样，居民可支配收入不断增加，一项项改革的红利正惠及每一位劳动者。党的十八大以来，习近平总书记高度重视民生问题，在多个场合表达过对于劳动的尊重、对于劳动者的关心。新时代，在以习近平同志为核心的党中央关怀下，广大劳动者劳有所得更加充分，改革发展成果惠及越来越多百姓。让全体人民共享改革发展成果，既是当前加快转变我国经济发展方式的内在要求，也是维护我国社会公平正义、促进社会和谐稳定的迫切需要。

党的二十届三中全会通过的《中共中央关于进一步全面深化改革　推进中国式现代化的决定》指出："完善就业优先政策。健全高质量充分就业促进机制，完善就业公共服务体系，着力解决结构性就业矛盾。完善高校毕业生、农民工、退役军人等重点群体就业支持体系，健全终身职业技能培训制度。统筹城乡就业政策体系，同步推进户籍、用人、档案等服务改革，优化创业促进就业政策环境，支持和规范发展新就业形态。完善促进机会公平制度机制，畅通社会流动渠道。完善劳动关系协商协调机制，加强劳动者权益保障。"

劳有所得主要体现在三个方面，即就业机会增加、劳动收入提高、劳动权益保障。一是就业机会增加。政府通过实施就业优先战略、积极的就业政策，提供更多职业培训机会，努力创造更多的就业机会，让劳动者有更多的选择，从而获得更好的薪酬和发展空间。二是劳动收入提高。劳有所得核心是确保劳动者付出的劳动能获得相应的报酬，包括但不限于工资、奖金、津贴等形式的收入。劳动收入提高不仅反映了劳动者个人价值，也是社会对劳动者贡献的认可。三是劳动权益保障。劳有所得还体现在对劳动者权益的保障上，包括对工资、休息休假、劳动保护等方面的保障。政府通过制定法律法规来保护劳动者的权益，确保他们在工作中能够得到应有的待遇和安全等保障。

（二）劳有所得衡量指标选取

本报告基于上文有关劳有所得的阐述，分别选取如下指标对其进行

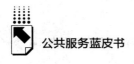

度量。

1. 就业人员数

就业人员数用来度量每个年份全国和各地区的就业人员数量。就业人员指16周岁及以上从事一定社会劳动并取得劳动报酬或经营收入的人员。这一指标反映了一定时期内全部劳动力资源的实际利用情况，是研究我国基本国情国力的重要指标。具体而言，可以对就业人员进一步分类，包括城镇就业人员，乡村就业人员，第一、二、三产业就业人员。

2. 城镇新增就业人口

城镇新增就业人口是指报告期内本地区城镇累计新就业人员数与自然减员人数之差。其中，城镇新就业人员数是指城镇区域内由未就业状态转为就业状态的劳动年龄内人数总和，包括通过城镇各类单位、个体工商户、公益性岗位和灵活形式新实现就业的人员；自然减员人数是指因退休、伤亡等自然原因减少的人数。

3. 居民人均可支配收入

居民人均可支配收入是居民可支配收入除以常住人口数后得到的平均数。居民可支配收入，顾名思义，就是居民能够自由支配的收入，是居民可用于最终消费支出和储蓄的总和。这是参照国际上通用的可支配收入概念制定的，既包括现金收入，也包括实物收入。按照收入来源，居民可支配收入包含四项，分别为工资性收入、经营净收入、财产净收入和转移净收入。

居民人均可支配收入可以用来衡量人民的生活水平和购买力，为制定保障和改善民生的政策提供重要参考。衡量收入翻番、收入增长与经济增长是否同步等目标的实现程度，反映各地真抓实干、推动经济社会发展的实绩，都需要真实准确的居民人均可支配收入数据。

4. 城镇登记失业人员和城镇登记失业率

城镇登记失业人员指劳动年龄内，有劳动能力、有就业要求、处于无业状态，并在公共就业和人才服务机构进行失业登记的城镇常住人员。

城镇登记失业率指报告期末登记失业人员实有人数占从业人员总数与登记失业人员实有人数之和的比重。

5.失业保险、工伤保险

失业保险是指国家通过立法强制实行的，由用人单位、职工个人缴费及国家财政补贴等渠道筹集资金建立的基金，对因失业而暂时中断生活来源的劳动者提供物质帮助的制度。它是社会保障体系的重要组成部分，是社会保险的主要项目之一。

工伤保险是指劳动者在工作中或在规定的特殊情况下，遭受意外伤害或患职业病导致暂时或永久丧失劳动能力以及死亡时，劳动者或其遗属从国家和社会获得物质帮助的一种社会保险制度。

二 我国劳有所得基本状况

（一）党的十八大以来我国劳有所得的若干成就

1.就业人员数

我国是世界上人口和劳动力最多的国家，就业任务艰巨。经过长期努力，我国基本实现了比较充分的就业。党的十八大以来，我国就业人员数总体规模维持在 7 亿人以上（见图 1）。2012~2023 年，我国城镇就业人员

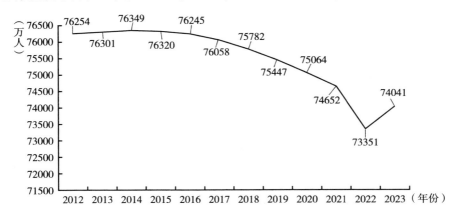

图 1　2012~2023 年我国就业人员数量

资料来源：中经网统计数据库。

数稳步增加，乡村就业人员数逐渐减少（见图2），反映出城镇化成果显著；我国第三产业就业人员数占就业人员数比重正不断提高，而第一、二产业就业人员数占就业人员数比重呈下降趋势（见图3），反映出就业结构不断优化。

图2　2012～2023年我国城镇就业人员数和乡村就业人员数

资料来源：中经网统计数据库。

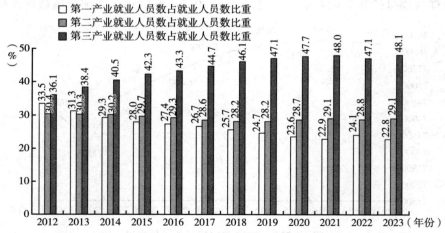

图3　2012～2023年我国第一、二、三产业就业人员数占就业人员数比重

资料来源：中经网统计数据库。

2. 居民人均可支配收入

2012～2023 年, 全国居民人均可支配收入从 16509.55 元提高到 39218.00 元（见图 4）, 居民收入增长已基本实现与经济增长同步, 意味着我国经济增长的成果正在惠及全体劳动者, 就业的质量越来越高。细分来看, 2012～2023 年我国城镇居民人均可支配收入始终高于农村居民人均可支配收入, 两者都呈现逐年增加态势（见图 5）。进一步按照收入来源将居民

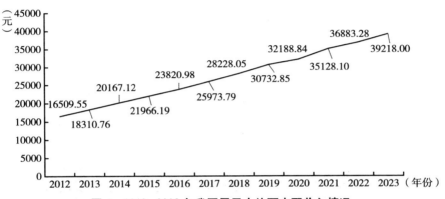

图 4　2012～2023 年我国居民人均可支配收入情况

资料来源: 中经网统计数据库。

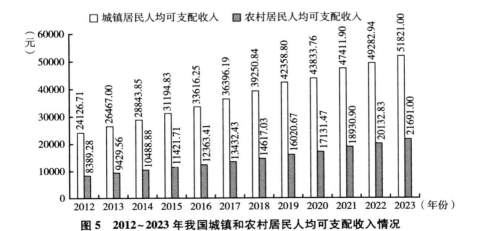

图 5　2012～2023 年我国城镇和农村居民人均可支配收入情况

资料来源: 中经网统计数据库。

可支配收入划分为工资性收入、经营净收入、财产净收入和转移净收入。城镇居民和农村居民虽然各个分类可支配收入逐年增加，但是也呈现不同的特征。2012~2023年，城镇居民人均可支配收入中工资性收入占比最高，财产净收入占比最低（见图6）；而农村居民人均可支配收入2012~2014年经营净收入占比最高，2015年之后工资性收入占比最高（见图7），反映了政府在农村地区拓展居民就业的积极成效。

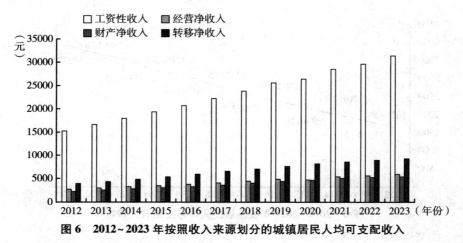

图6　2012~2023年按照收入来源划分的城镇居民人均可支配收入

资料来源：中经网统计数据库。

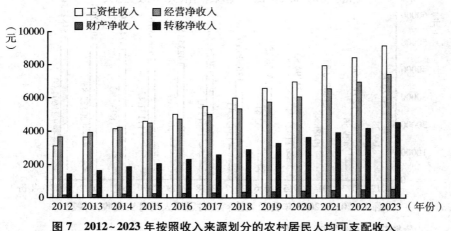

图7　2012~2023年按照收入来源划分的农村居民人均可支配收入

资料来源：中经网统计数据库。

3. 城镇登记失业人员和城镇登记失业率

近年来，我国经济存在供给过剩、内需不足、外贸部门下行压力较大等挑战，就业面临巨大压力。但是，在就业优先战略指引下，我国城镇失业情况得到了有效控制，城镇登记失业人员数基本维持在 1000 万人左右的水平，城镇登记失业率处于 4.30% 以下的水平（见图 8、图 9）。

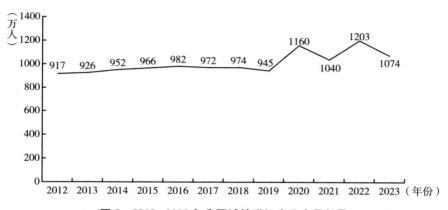

图 8 2012~2023 年我国城镇登记失业人员数量

资料来源：中经网统计数据库。

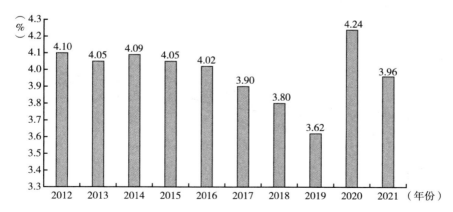

图 9 2012~2021 年我国城镇登记失业率情况

资料来源：中经网统计数据库。

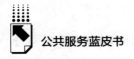

4. 失业保险、工伤保险

作为劳动者的保障大网，我国社会保险覆盖范围不断扩大。其中，2023年我国失业保险、工伤保险的参保人数分别达2.44亿人、3.02亿人（见图10、图11），较2012年末分别增长60.1%、58.7%。2012~2023年，我国失业保险参保人数和工伤保险参保人数稳步增加，反映出政府对于劳动者的保障措施越来越健全。

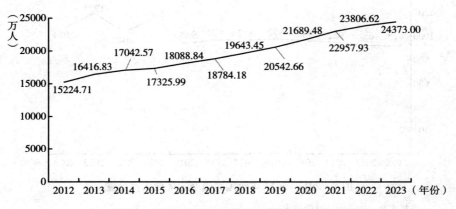

图10　2012~2023年我国失业保险参保人数

资料来源：中经网统计数据库。

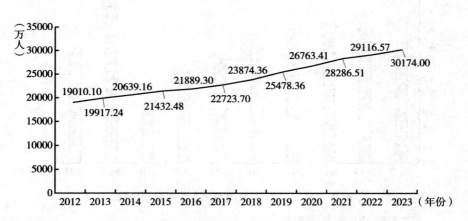

图11　2012~2023年我国工伤保险参保人数

资料来源：中经网统计数据库。

（二）我国关于劳有所得的服务保障

近年来，党中央坚持以人民为中心的发展思想，立足新发展阶段，完整准确全面贯彻新发展理念，加快构建新发展格局，着力推动高质量发展，树立系统观念，强化底线思维，牢牢抓住人民群众最关心最直接最现实的民生问题。2021 年 3 月 30 日，经国务院批复同意，国家发展改革委联合 20 个部门印发了《国家基本公共服务标准（2021 年版）》。其中，劳有所得包括就业创业服务和工伤失业保险服务两部分。具体而言，就业创业服务包括10 个方面，即就业信息服务，职业介绍、职业指导和创业开业指导，就业登记与失业登记，流动人员人事档案管理服务，就业见习服务，就业援助，职业技能培训、鉴定和生活费补贴，"12333" 人力资源和社会保障电话服务，劳动关系协调，劳动用工保障；工伤失业保险服务包括两个方面，即失业保险和工伤保险。

三　我国典型城市劳有所得服务概况

（一）6座样本城市基本状况

我国幅员辽阔、人口众多，各地区自然资源禀赋、产业基础、经济社会发展水平存在较大的差异。除了对全国整体劳有所得情况进行全面分析外，有必要选择若干典型城市进行分析。基于此，本部分选取东中西部城市（北京、上海、武汉、郑州、西安、成都）6 座城市作为样本，收集并评估样本城市 2019~2023 年劳有所得方面的公共服务数据。

（二）6座样本城市2019~2023年劳有所得情况

1.北京

2021 年 12 月《北京市"十四五"时期社会公共服务发展规划》发布，提出千方百计稳就业促增收。具体而言：健全就业需求调查和失业监测预警机制，城镇调查失业率控制在 5% 以内，确保年新增就业人数达到 26 万人，

"零就业"家庭动态清零；完善创业扶持政策，实施"双创"支撑平台项目；研究完善支持灵活就业的政策措施，支持劳动者灵活多样形式实现就业；发挥政府技能培训补贴引导作用，实现技能劳动者总量达到400万人左右，实施高技能人才队伍培养工程，新增高技能人才7.5万人；制定北京市共同富裕实施方案，以扩中、提低为重点着力扩大中等收入群体，深化收入分配制度改革，完善要素参与收入分配机制，加大再分配调节力度并提高精准性；进一步发挥慈善事业在第三次分配中的作用，促进居民收入增长和经济增长保持基本同步。其中，对"十四五"民生领域劳有所得提出了发展指标，一是全市居民人均可支配收入年均增速从2020年的5.4%发展到2025年与经济增长基本同步；二是2025年城镇调查失业率维持在5%以内。

2019~2023年，北京城镇新增就业人口数2020年较2019年明显回落，从35.1万人减少到26.1万人；2021~2023年基本维持在26万人左右，2023年增加到28.1万人（见图12）。北京城镇登记失业率维持在4%以内，城镇登记失业人员数在40万人以下（见表1）。从居民人均可支配收入看，2019~2023年呈现递增趋势，由67756元增至81752.36元（见表2）。北京失业保险和工伤保险参保人数都呈现明显增加趋势，分别由1294.77万人、1242.25万人增至1418.40万人、1366.88万人（见图13）。

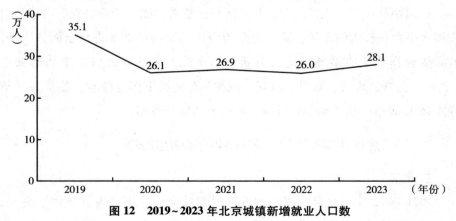

图12　2019~2023年北京城镇新增就业人口数

资料来源：2019~2023年北京市国民经济和社会发展统计公报。

表 1 2019~2023 年北京城镇登记失业情况

单位：%，万人

指标	2019 年	2020 年	2021 年	2022 年	2023 年
城镇登记失业率	1.30	2.56	3.23	3.12	3.08
城镇登记失业人员数	7.37	29.02	37.19	36.39	35.46

资料来源：中经网统计数据库。

表 2 2019~2023 年北京居民人均可支配收入及其分类

单位：元

年份	居民人均可支配收入	工资性收入	经营净收入	财产净收入	转移净收入
2019	67756	41214	1201	11257	14084
2020	69433.54	41439.10	810.78	11789.41	15394.25
2021	75002.2	45675.3	940.3	12459.8	15926.8
2022	77414.55	47757.96	902.59	12418.45	16335.55
2023	81752.36	51632.94	1026.12	12280.43	16813.87

资料来源：中经网统计数据库。

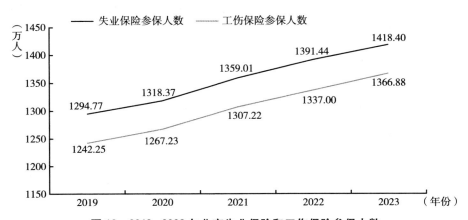

图 13 2019~2023 年北京失业保险和工伤保险参保人数

资料来源：中经网统计数据库。

2. 上海

为打造国际一流营商环境，上海市人力资源和社会保障部门加大就业政策扶持力度，强化公共就业服务，打造更加高效充分的就业市场，促进高质量充分就业。

一是实施稳就业政策，切实减轻企业负担。延续实施阶段性降低失业保险、工伤保险费率政策，减轻用人单位社保负担；实施失业保险稳岗返还政策；实施就业和社保补贴系列稳就业政策，持续释放政策红利；实施企业职工职业培训补贴政策，鼓励具备培训能力的企业立足岗位需要自主开展职工培训，对缺乏培训能力的中小微企业由各区依托优质院校、培训机构集中提供培训服务，符合条件的均可按规定享受培训补贴。

二是实施"乐业上海优+"行动，集成推出系列服务举措。聚焦大学生等重点群体，持续开展各类招聘活动。根据各类群体的就业需求归集发布岗位信息，提升人岗匹配效率，更好地吸引和帮助广大劳动者特别是青年群体在上海就业创业，确保进得来、留得下、住得安、能成业，不断增强其获得感、幸福感、安全感。实施职业技能提升计划，鼓励劳动者积极参加职业技能培训，提升职业技能水平，取得职业技能证书的可按规定申领职业技能提升补贴。聚焦上海"3+6"先导产业、重点产业等重点行业、重点领域的用工需求，举办分类型、分行业的特色专场招聘。发挥就业服务专员队伍作用，加强重点企业用工保障，针对不同企业的用工特点和需求，提供定制化、个性化的服务方案。

三是推行"大数据+铁脚板"工作模式，切实提升就业服务成效。在线上，加强公共招聘平台数字赋能，推进线上公共就业招聘新平台建设。采用"旗舰店"运营模式，全面汇聚市场化招聘平台的招聘信息，打造"招聘淘宝"，推动高效人力资源合理配置，并为劳动者提供在线投递简历、参加线上招聘活动、申请职业指导等"一揽子"服务。在线下，强化"家门口"就业服务，推进"15分钟就业服务圈"建设。印发社区就业服务站点建设指引和指导标准，依托党群服务中心等各类基层公共服务平台内部共享空间，嵌入式设立多元化就业服务平台，织密高效便捷就业服务网，将就业需求摸排、就业岗位筹集、就业供需匹配、就业能力提升、就业援助帮扶以及创业指导等服务送到家门口、楼宇里。

从城镇新增就业岗位数来看，2019～2023 年上海市始终保持较高水平，每年都能提供 55 万个以上的岗位（见图 14）。从城镇登记失业人员数来看，上海市除 2021 年、2023 年城镇登记失业人员数较多外，其他年份均维持较少状态（见图 15）。从居民人均可支配收入来看，上海市从 2019 年的69441.56 元增至 2023 年的 84834 元（见表 3）。上海市 2019～2023 年的失业保险、工伤保险参保人数整体上均呈现增加趋势，分别由 2019 年的984.86 万人、1084.13 万人增至 2023 年的 1023.48 万人、1188.16 万人（见表 4）。

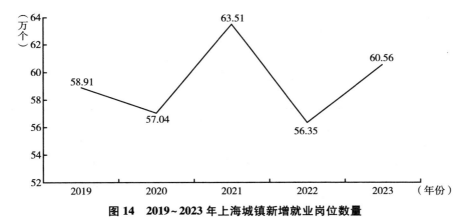

图 14　2019～2023 年上海城镇新增就业岗位数量

资料来源：2019～2023 年上海市国民经济和社会发展统计公报。

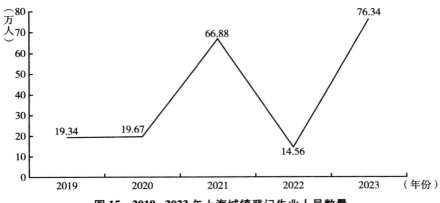

图 15　2019～2023 年上海城镇登记失业人员数量

资料来源：中经网统计数据库。

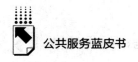

表3　2019~2023 年上海居民人均可支配收入及其分类

单位：元

年份	居民人均可支配收入	工资性收入	经营净收入	财产净收入	转移净收入
2019	69441.56	40024.65	2208.90	10055.14	17152.87
2020	72232	41500	2052	9904	18776
2021	78026.6	48835.1	2062.8	10208.5	16920.2
2022	79609.77	48941.77	1524.87	10741.45	18401.68
2023	84834	53259	1592	10764	19219

资料来源：中经网统计数据库。

表4　2019~2023 年上海失业保险和工伤保险参保人数

单位：万人

年份	失业保险参保人数	工伤保险参保人数
2019	984.86	1084.13
2020	987.64	1082.23
2021	1021.26	1097.33
2022	1014.72	1071.98
2023	1023.48	1188.16

资料来源：中经网统计数据库。

3. 武汉

2024 年，武汉市发展改革委等 18 部门联合制定的《武汉市基本公共服务标准（2024 年版）》正式印发，围绕幼有所育、学有所教、劳有所得、病有所医、老有所养、住有所居、弱有所扶、优军服务保障、文体服务保障等 9 大领域，对 22 个大类 79 个具体项目，明确了服务对象、服务内容、服务标准、支出责任和牵头负责单位。其中，在劳有所得方面，对通过市场渠道难以实现就业创业且符合条件的就业困难人员，通过公益性岗位予以安置；为符合条件的失业保险参保单位、企业参保职工、失业人员发放失业保险待遇。

2019~2023 年，武汉城镇新增就业人口数总体呈现增加态势，由 24.25 万人增至 29.26 万人（见图 16）；城镇登记失业率维持在 3% 左右（见表 5）。2019~2023 年，武汉城镇居民人均可支配收入和农村居民人均可支配收入呈现增加趋势。其中，城镇居民人均可支配收入从 2019 年的 51706 元增加到 2023 年的 61693 元；农村居民人均可支配收入从 2019 年的 24776 元增加到 2023 年的 31560 元（见图 17）。此外，武汉市 2019~2023 年工伤保险参保人数与失业保险参保人数均在不断增加，分别由 2019 年的 310.35 万人、258.56 万人增至 2023 年的 450.14 万人、338.17 万人（见图 18）。

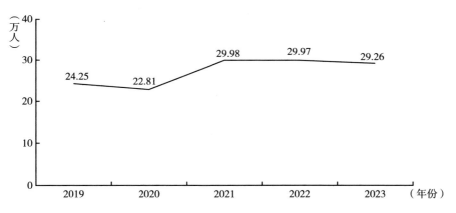

图 16　2019~2023 年武汉城镇新增就业人口数

资料来源：2019~2023 年武汉市国民经济和社会发展统计公报。

表 5　2019~2023 年武汉城镇登记失业率

单位：%

指标	2019 年	2020 年	2021 年	2022 年	2023 年
城镇登记失业率	2.02	3.04	2.92	2.61	—

注："—"表示未查询到公开数据。

资料来源：2019~2023 年武汉市国民经济和社会发展统计公报。

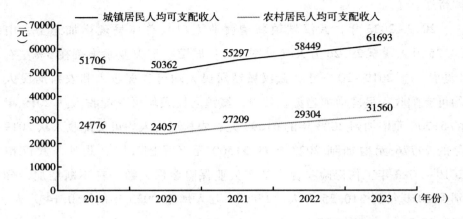

图 17　2019～2023 年武汉城镇居民和农村居民人均可支配收入

资料来源：2019～2023 年武汉市国民经济和社会发展统计公报。

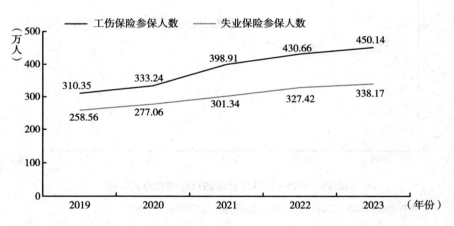

图 18　2019～2023 年武汉失业保险参保人数和工伤保险参保人数

资料来源：2019～2023 年武汉市国民经济和社会发展统计公报。

4. 郑州

就业是民生之本。多年来，郑州围绕"稳定和扩大就业"，不断完善就业扶持政策，健全就业促进机制，千方百计扩大就业容量、提升就业质量、创造岗位增量。一批助力居民好就业、就好业、享乐业的"乐业小站"在郑州各地陆续亮相，实现了劳动者就业"从家门口到职场大门"的无缝衔接。

2019~2023 年，郑州城镇新增就业人口持续增加，从 11.50 万人增至 14.39 万人，反映出较强的经济活力（见图 19）；城镇登记失业率呈逐年上升趋势（见表 6）。2019~2023 年，郑州市居民人均可支配收入整体上稳步增加，从 35942 元增至 43785 元。其中，城镇居民人均可支配收入和农村居民人均可支配收入均稳步增加，分别由 2019 年的 42087元、23536 元增至 2023 年的 48740 元、30383 元（见图 20）。另外，2019~2023 年郑州市失业保险参保人数规模不断扩大，已经达到 300 万余人（见表 7）。

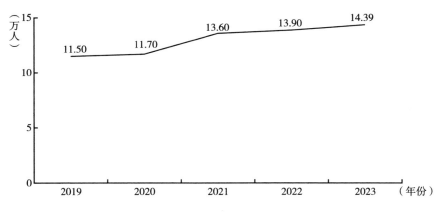

图 19　2019~2023 年郑州城镇新增就业人数

资料来源：2019~2023 年郑州市国民经济和社会发展统计公报。

表 6　2019~2023 年郑州城镇登记失业率

单位：%

指标	2019 年	2020 年	2021 年	2022 年	2023 年
城镇登记失业率	1.80	1.93	2.79	2.97	—

注："—"表示未查询到公开数据。

资料来源：2019~2023 年郑州市国民经济和社会发展统计公报。

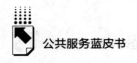

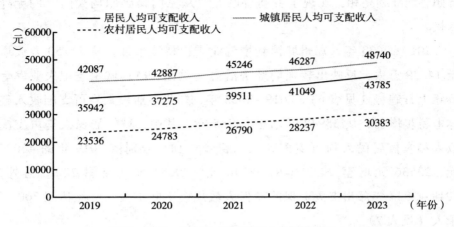

图20 2019~2023年郑州居民人均可支配收入

资料来源：2019~2023年郑州市国民经济和社会发展统计公报。

表7 2019~2023年郑州失业保险参保人数

单位：万人

指标	2019年	2020年	2021年	2022年	2023年
失业保险参保人数	212.00	250.00	296.90	317.11	331.59

资料来源：2019~2023年郑州市国民经济和社会发展统计公报。

5. 西安

西安市人力资源和社会保障局携手相关市级部门和区县、开发区，重点做好五个方面工作，抓牢"四项机制"，千方百计为群众谋福祉，擦亮民生幸福温暖底色。在坚持经济发展就业导向，落实落细就业优先政策方面，突出重点稳就业，促进高校毕业生、农民工、退役军人等重点群体实现高质量就业。凝聚合力抓就业，充分发挥稳就业专班作用，提供多层次就业服务。围绕产业扩就业，以主导产业、重大项目带动就业，深挖19条产业链潜能扩大岗位供给。创新服务促就业，推广"家门口就业"新模式，帮助群众实现就地就近就业。依法维权保就业，持续巩固根治欠薪工作成果，构建和谐劳动关系，使人民群众劳有所得。

从城镇新增就业人口数看，2020 年西安城镇新增就业人口数较 2019 年有所减少，2020～2023 年持续增加，到 2023 年已经超过 2019 年人数（见图 21）。从城镇登记失业率看，2019～2021 年维持在 4% 以内（见表 8）。从居民人均可支配收入看，2019～2023 年呈稳步增加态势，从 2019 年的 34064 元增至 2023 年的 42818 元。其中，城镇居民人均可支配收入和农村居民人均可支配收入均稳步增加，分别由 2019 年的 41850 元、14588 元增至 2023 年的 51178 元、19826 元（见图 20）。另外，2019～2023 年西安失业保险参保人数和工伤保险参保人数规模都在不断扩大，分别由 2019 年的 219.99 万人、266.89 万人增至 2023 年的 307.81 万人、347.27 万人（见表 9）。

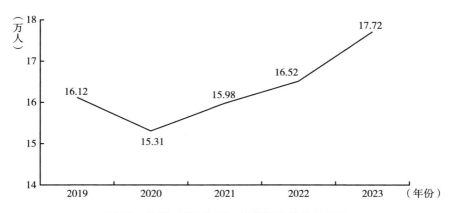

图 21　2019～2023 年西安城镇新增就业人口数

资料来源：2019～2023 年西安市国民经济和社会发展统计公报。

表 8　2019～2023 年西安城镇登记失业率

单位：%

指标	2019 年	2020 年	2021 年	2022 年	2023 年
城镇登记失业率	3.27	3.64	3.60	—	—

注："—"表示未查询到公开数据。

资料来源：2019～2023 年西安市国民经济和社会发展统计公报。

图 22 2019~2023 年西安居民人均可支配收入

资料来源：2019~2023 年西安市国民经济和社会发展统计公报。

表 9 2019~2023 年西安失业保险和工伤保险参保人数

单位：万人

指标	2019 年	2020 年	2021 年	2022 年	2023 年
失业保险参保人数	219.99	240.75	259.76	275.55	307.81
工伤保险参保人数	266.89	280.19	299.27	313.95	347.27

资料来源：2019~2023 年西安市国民经济和社会发展统计公报。

6. 成都

就业是最大的民生，就业工作关乎老百姓切身利益。成都市人力资源和社会保障局全力以赴做好稳就业、聚人才、强保障、优治理各项工作。成都聚焦稳增长、稳就业，全力推进"大就业"工作格局，构建党委、政府统筹领导、部门横向协同、系统纵向贯通，社会广泛参与的就业工作一体化推进机制，联动产业部门落实落细减税降费、减负稳岗、金融支持等"一揽子"政策，做实规上企业、"专精特新"等重点企业用工保障。此外，全力强化重点群体就业促进工作，开展高校毕业生等青年就业服务攻坚行动，建立人力资源和社会保障部门、教育部门、高校多方联动协同机制。同时，统筹做好就业困难人员援助帮扶，持续强化"1311"帮扶服务，兑现"不挑不选，两个工作日就业"的社会承诺。成都建立"蓉易就业"基层服务机制，提档升级数字化公共人力资源市场，构建"15分钟就业服务圈"。

2019~2023年，成都城镇新增就业人口数基本维持在25万~27万人（见图23），城镇居民人均可支配收入和农村居民人均可支配分别从2019年的45878元、24357元增至2023年的57477元、33065元（见图24）。

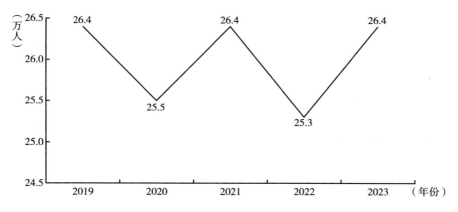

图23　2019~2023年成都城镇新增就业人口数

资料来源：2019~2023年成都市国民经济和社会发展统计公报。

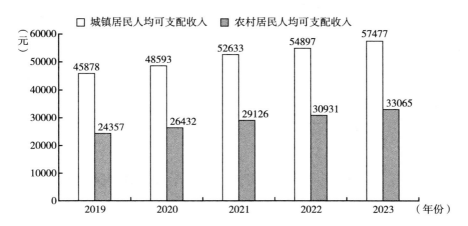

图24　2019~2023年成都城镇居民和农村居民人均可支配收入

资料来源：2019~2023年成都市国民经济和社会发展统计公报。

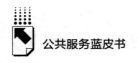

四　我国劳有所得存在的问题和挑战

我国在劳有所得方面取得了一定的成就。对于百姓来说，"钱袋子"越鼓，生活越有保障。让全体人民共享改革发展成果，是加快转变经济发展方式的内在要求，也是维护社会公平正义、促进社会和谐稳定的迫切需要。改革开放40多年来，就业渠道更加多样，居民可支配收入不断增加，一项项改革的红利正在惠及每一位劳动者。在充分肯定劳有所得取得重大成就的同时，也要看到目前我国劳有所得仍然存在一些问题和挑战。

一是收入分配领域存在的问题比较突出。城乡居民收入差距、地区收入差距、全国行业平均工资差距虽然有所缩小，但是总体来看仍然偏大。据国家统计局2022年统计的数据，2015~2021年我国城镇居民人均可支配收入一直是农村居民人均可支配收入的2~3倍；2015~2021年，剥离户籍的影响，我国东部地区的居民人均可支配收入高于中部、西部和东北地区的居民人均可支配收入，东部地区城镇居民人均可支配收入远高于其他地区城镇居民人均可支配收入。

二是新就业形态带来新的挑战。从收入均值来看，新就业形态劳动者所得高于制造业以及类似传统服务业从业者。不过，新就业形态劳动者普遍议价能力较弱，难以影响任务单价与平台抽成比例。在新就业形态劳动者较高收入水平之下存在不可忽视的风险，新就业形态工作质量普遍较低，基本劳动权益保障不足，部分劳动者出于经济因素，主动以低权利保障换取了相对较高的收入。新就业形态劳动者普遍存在各类社会保险参保率低、参与社会保障途径有限的问题。目前，中国新就业形态劳动者工会参与率仍处于较低水平。

五　我国劳有所得研究主要结论和政策建议

（一）主要结论

1. 保障就业成为最大的民生工程

坚持把就业作为最基本的民生，实施就业优先战略，丰富发展积极的就业政策，完善相关制度体系。党的十八大以来，城镇新增就业人口数年均1300万人，脱贫劳动力外出务工规模稳定在3000万人以上，就业困难人员就业超过2100万人。[①] 近年来，面对复杂严峻的国内外形势，各地区各有关部门担当作为、改革创新，制定实施了一系列政策和措施，在14亿多人口的大国实现了比较充分的就业，我国就业形势总体稳中向好。

2. 就业形式越发多样

我国劳动力结构发生深刻变化，新质生产力加快发展、新兴产业的培育壮大和未来产业的布局建设，对劳动者技能水平提出新的更高要求。随着信息技术的进步和经济发展的转型，我国劳动者就业结构和方式也悄然发生变化。灵活就业成为稳就业的重要抓手，并逐步成为社会经济的重要组成部分。灵活就业的普及得益于数字平台的兴起以及社会对工作模式宽容度的提升。以网约车、外卖配送等为代表的行业，吸引了大量劳动力，增加了劳动力的个人收入。

3. 社会保障体系持续保障劳动者合法权益

推动社会保障体系建设驶入"快车道"，成功建设世界上规模最大的社会保障网。当前，失业保险、工伤保险参保人数分别从2012年底的1.52亿人、1.90亿人增至2023年底的2.44亿人、3.02亿人，各项保险待遇水平稳步提升。另外，党的二十届三中全会审议通过的《中共中央关于进一步全面深化改革　推进中国式现代化的决定》指出："健全灵活就业人员、农民工、新就业形态人员社保制度，扩大失业、工伤、生育保险覆盖面，全面取消在就业地参保户籍限制，完善社保关系转移接续政策。"

（二）政策建议

一是坚持经济高质量发展促就业，推动就业提质扩容。积极推动财税、货币、产业、区域等政策与就业政策间的协调联动，发挥各类经营主体积极

---

① 《人社部党组：坚持和发展新时代促进高质量充分就业的宝贵经验》，"中国组织人事报"百家号，2024年7月1日，https://baijiahao.baidu.com/s?id=1803376363678874845&wfr=spider&for=pc。

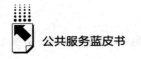

吸纳就业人群的积极性。构建高校和企业用人通道，弥补目前高校教书育人方面的短板，使高校培养的人才能快速符合企业需求。同时，要积极推动技工教育高质量特色发展，畅通技能人才发展通道，逐步提高技能人才待遇水平，营造技能人才发展的良好氛围。

二是聚焦重点人群就业，完善就业支持政策体系。完善重点群体就业支持政策，提高劳动者就业创业能力。始终坚持把高校毕业生等青年群体作为重中之重，拓宽其就业空间，加强对其的就业观念引导。另外，坚持农民工外出就业和就地就近就业并重，特别是要稳定脱贫人口务工规模和务工收入。强化就业困难人员公益性岗位等兜底安置。

三是健全公共就业服务体系，增强服务的均衡性、可及性。建设和用好全国统一的就业公共服务平台，推行"大数据+铁脚板"管理服务模式，让群众在家门口就能享受高效便捷的就业服务。完善促进创业带动就业的制度，营造公平就业环境，健全统一规范的人力资源市场体系。

四是健全政策和服务支持体系，完善适应灵活就业和新就业形态的劳动者权益保障制度。积极推行相关指引指南，指导平台企业落实政策，畅通维权渠道。制定针对灵活就业者和新就业形态劳动者的劳动法规，明确工作时间、休息休假、最低工资等标准；政府和企业应提供职业培训、技能提升和职业规划服务，帮助灵活就业者增强竞争力。

五是鼓励广大青年选择"新职业"。在新一轮科技革命和产业变革影响下，数字经济、绿色经济蓬勃发展，就业新模式不断出现。为解决新职业发展过程中的堵点、难点问题，可做如下几方面工作：提升民众对新职业形态的正确认知，维护相关从业人员的基本利益；规范新职业的统一职业认定标准；加强产教融合，提升新职业人才队伍的质量；等等。

B.5
病有所医研究报告

刘志远*

摘　要： 《中共中央关于进一步全面深化改革　推进中国式现代化的决定》提出促进医疗、医保、医药协同发展和治理。面对我国医疗卫生服务现状，本报告通过分析研究北京市、上海市、武汉市、西安市、郑州市、成都市、长沙市、西宁市等8座城市的医疗资源分布情况、医疗保险覆盖情况、居民健康状况等数据，提出了医疗资源分布不均问题、分级诊疗问题、医疗服务质量问题、管理责任问题和深化机制改革问题，进而有针对性地提出了优化医疗资源配置、完善分级诊疗制度、提升服务质量、落实管理责任和深化机制改革等实践路径，旨在推动我国医疗卫生服务体系均衡发展和病有所医目标实现。

关键词： 病有所医　医疗资源　医疗保险　公共卫生体系

一　引言

病有所医是人民的健康需求。生命健康是人们赖以生存和发展的基础，是人体机能正常运转的生理前提。马克思在《1844年经济学哲学手稿》中指出，"人作为自然存在物，而且作为有生命的自然存在物，一方面具有自然力、生命力，是能动的自然存在物；这些力量作为天赋和才能、作为欲望存在于人身上"。[1] 可见，作为现实的个人，生命健康是人成

＊　刘志远，中国社会科学院大学马克思主义学院博士研究生，主要研究方向为马克思主义中国化等。

① 马克思：《1844年经济学哲学手稿》，人民出版社，2014。

为鲜活生命体及其机能发展的基础，没有生命健康，人也就不存在了。而且，"人的本质不是单个人所固有的抽象物，在其现实性上，它是一切社会关系的总和"。① 可见，生命健康是人处理社会关系、从事社会交往的前提，生命健康不存在了，人的生存发展和社会关系也将终结。所以，有效维护人民的生命健康，构建人民满意的医疗卫生服务体系，一直是国家和社会广泛关注的重点。病有所医是美好生活的重要指标，也是实现美好生活的应有之义。"人民群众的获得感、幸福感、安全感都离不开健康。"② 没有健康，人民的美好生活无从谈起，民生保障更无法实现。鉴于此，本报告通过剖析实现人民病有所医道路上的现有问题，思考医疗保障视域下病有所医的实践路径，以期为每一个公民提供公平便捷的健康服务，真正实现"病有所医、病有良医"的美好愿景，为建设健康中国贡献力量。

（一）病有所医概念及意义

病有所医是指当民众生病时，能够得到及时、有效且可负担的医疗服务，从而保障其健康权益。病有所医作为公共服务和社会保障体系的一部分，体现了国家对人民生命健康的高度重视。没有人民健康，社会发展、国家富强就不可能实现。国家通过建立多层次医疗保障体系，包括基本医疗保险、大病保险、医疗救助以及商业健康保险等，确保所有公民都能享有基本的医疗保障服务。随着民生保障制度体系逐渐充实完善，"民生五有"（学有所教、劳有所得、病有所医、老有所养、住有所居）发展为"民生七有"（幼有所育、学有所教、劳有所得、病有所医、老有所养、住有所居、弱有所扶），人们对美好生活的追求与病有所医的关系更为紧密。病有所医彰显出中国特色社会主义建设中人民群众更为深切的民生期盼。中国是人民当家

---

① 中共中央马克思恩格斯列宁斯大林著作编译局编《马克思恩格斯文集》（第一卷），人民出版社，1995。

② 《习近平在海南考察时强调 以更高站位更宽视野推进改革开放 真抓实干加快建设美好新海南》，《人民日报》2018 年 4 月 14 日，第 1 版。

作主的社会主义国家，人民的利益受到国家保护。病有所医通过提供医疗服务保障，减轻疾病给个人和社会带来的负担，有助于社会稳定和经济发展，可以为民众创造更加健康、幸福和安全的生活环境。病有所医的提出和发展，体现了国家致力于保障民众健康权益的决心，同时也是社会进步和民生改善的重要标志。

（二）病有所医主要量化指标

《"十四五"公共服务规划》中，病有所医主要指标有人均预期寿命、每千人口拥有执业（助理）医师数、每千人口拥有注册护士数和基本医疗保险参保率等，这些指标主要体现在医疗资源分布情况、医疗保险覆盖情况、居民健康状况等方面，本报告以北京市、上海市、武汉市、西安市、郑州市、成都市、长沙市、西宁市等具有代表性的城市为研究对象，深入分析这些城市的医疗资源分布情况、医疗保险覆盖情况、居民健康状况等，揭示当前医疗卫生服务在社会发展中所面临的挑战，进而提出有针对性的对策建议，为优化资源配置、完善分级诊疗制度、提升服务质量、落实管理责任、深化机制改革等问题提供理论依据，从而实现病有所医目标，提升人民群众的获得感、幸福感和安全感。

（三）研究方法

为了确保研究的深度和广度，本报告采用多种研究方法相结合的方式。首先，定性研究与定量研究相结合，既对医疗资源分布、医疗保险覆盖、人均预期寿命等数据进行量化分析，又对这些数据背后的深层次原因进行定性探讨。其次，横向研究与纵向研究相结合，既比较不同城市之间的数据差异，又分析同一城市在不同时间节点的数据变化趋势。再次，运用数据分析方法，对收集到的数据进行统计分析，以揭示其中的规律。最后，结合文献研究、实地调研等方法，对医疗卫生领域进行全面深入的分析，以期得出更为准确、全面的结论。本报告通过这些方法的综合运用，以期提供一份具有理论意义和实践价值的研究报告。第一，通过比较不同城市之间的数据差

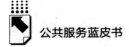

异，例如北京市、上海市、武汉市、西安市、成都市、郑州市、长沙市和西宁市等在医疗资源分布、医疗保险覆盖、人均预期寿命等方面的数据差异，揭示地区差异的影响因素。研究发现，东部地区城市医疗资源更为丰富，人均预期寿命更长，而中西部地区城市医疗资源相对匮乏，居民健康状况有待改善。这种地区差异主要受地理位置、经济发展水平、人才政策、医疗服务体系等因素影响。第二，通过分析同一城市在不同时间节点的数据变化趋势，例如分析某个城市在过去几年中医疗资源分布、医疗保险覆盖、人均预期寿命的数据变化趋势，揭示其政策实施的效果和存在的问题。研究发现，随着医疗保障制度的完善和医疗卫生服务体系的健全，居民健康状况总体有所改善，但仍然存在一些问题，例如慢性病发病率提高、基层医疗服务能力不足等。

二　代表性城市病有所医概况

（一）城市选择

为了全面、深入地探讨医疗卫生服务在我国不同地区的情况，本报告选择了东部地区的北京市、上海市，中部地区的武汉市、郑州市和长沙市，西部地区的成都市、西安市和西宁市作为研究对象。由于我国东部、中部和西部地区在经济发展水平、医疗卫生资源分布、人口结构等方面存在一定的差异，选取以上 8 座城市具有较强的代表性，能够较为全面地反映我国不同地区在实现病有所医目标过程中所面临的挑战和问题。

北京市和上海市作为我国经济发达的城市，其医疗卫生资源相对丰富，医疗服务水平较高，但同时也面临着医疗资源分配不均、医疗卫生服务价格昂贵等问题。武汉市、郑州市、长沙市作为中部地区的交通枢纽和经济中心，虽然医疗卫生资源较为充足，但与东部地区城市相比，仍存在一定的差距。成都市、西宁市、西安市虽然经济发展水平相对较低，但近年来在医疗卫生资源配置方面取得了显著进步，仍需进一步加大政府投入力度，提高医疗卫生服务水平。通过研究这些具有代表性的城市，可以更好地了解我国不同地区在实现病有所医目标过程中所面临的挑战和问题，为政策制定和资源配置提供理论依据，从而推动我国医疗卫生服务体系的均衡发展。

（二）基本情况介绍

北京市、上海市、武汉市、郑州市、长沙市、成都市、西宁市、西安市8座城市的经济发展水平普遍较高，医疗卫生资源相对较为丰富，各项健康指标如人均预期寿命、基本医疗保险参保率等均高于全国平均水平。然而，这些城市在医疗卫生服务方面仍面临着一些共同的挑战和问题。一是医疗资源分布不均，高质量的医疗机构和医疗资源往往集中在城市中心区域，而城市郊区尤其是农村地区的医疗资源相对匮乏，居民就医不便，尤其是对于偏远地区的居民来说，获得便利可及的医疗服务成为一大难题。二是医疗保险覆盖与保障不足，虽然这些城市的基本医疗保险参保率较高，但医疗保险的保障水平仍有待提升。在面对一些重大疾病和特殊疾病时，高昂的治疗费用往往超出医保的报销范围，患者家庭面临的经济压力大。三是人均预期寿命差异明显，不同城市之间甚至同一城市内部不同群体之间，居民的人均预期寿命存在明显差异。一些城市居民可能面临着慢性病、传染病等健康问题的挑战，这些问题不仅影响居民的生活质量，也给医疗卫生服务体系带来了压力。总之，通过分析这些城市的基本医疗卫生情况，我们可以更清晰地认识到，即便是在经济较为发达的大城市，要实现病有所医的目标，仍需克服诸多困难和挑战。因此，本报告将对这些问题进行深入探讨，并提出相应的对策建议。

（三）基本公共服务病有所医指标

1.医疗资源分布

医疗资源分布通常会受到多种因素的影响，这些因素包括经济发展水平、人口密度、地理条件以及政府的卫生政策等。在很多情况下，城市拥有更多的医疗资源，而农村或偏远地区则可能面临医疗资源短缺的问题。而每千人口拥有执业（助理）医师数和每千人口拥有注册护士数反映了医疗资源分布的大致情况。在每千人口拥有执业（助理）医师数方面，2022年长沙市每千人口拥有执业（助理）医师数只有3.01人，人数最少，接近"十四五"规划预期的3.20人；北京市每千人口拥有执业（助理）医师数最多，为5.26人；受经济发展水平和政策财政支出影响，西安市、西宁市和郑州市每千人口拥有执业（助理）医师数较多；受人口数量影响，上海市、武汉市和成都市每千人拥有执业（助理）医师数比西安市、西宁市和郑州市3座城市少（见表1）。在每千人口拥有注册护士数方面，2022年长沙市最少，为3.70人，接近"十四五"规划预期的3.80人，其他城市都已达到指标要求。受经济政策和医院数量分布影响，北京市每千人口拥有注册护士数最多，为5.77人；西安市、西宁市和郑州市每千人口拥有注册护士数相对较多；上海市、武汉市和成都市每千人口拥有注册护士数比西安市、西宁市和郑州市3座城市少（见表2）。

表1　2018~2022年部分城市每千人口拥有执业（助理）医师数

单位：人

年份	北京	上海	武汉	西安	成都	郑州	长沙	西宁
2018	4.63	2.95	3.57	3.66	3.15	3.48	2.62	3.75
2019	4.92	3.08	3.69	4.02	3.40	3.64	2.75	4.02
2020	4.92	3.15	3.37	4.16	3.50	4.04	2.84	4.08
2021	5.14	3.38	3.45	4.33	3.80	4.05	2.91	4.05
2022	5.26	3.48	3.47	4.47	3.79	4.17	3.01	4.23

资料来源：2019~2023年《中国统计年鉴》，2018~2022年湖南省卫生健康事业发展统计公报、《长沙统计年鉴2023》，《武汉统计年鉴2023》，2018~2023年《西安统计年鉴》，《西宁市统计年鉴2022》、《西宁市2022年国民经济和社会发展统计公报》，2022~2023年《成都统计年鉴》，2018~2023年郑州市国民经济和社会发展统计公报、2018~2023年《郑州统计年鉴》。

表2　2018~2022年部分城市每千人口拥有注册护士数

单位：人

年份	北京	上海	武汉	西安	成都	郑州	长沙	西宁
2018	4.98	3.63	4.91	5.03	3.96	4.90	2.67	4.98
2019	5.33	3.82	5.07	5.42	4.34	4.78	3.48	5.25
2020	5.39	3.91	4.60	5.55	4.44	5.15	3.57	5.30
2021	5.67	4.17	4.60	5.73	4.76	5.16	3.61	5.70
2022	5.77	4.30	4.61	5.67	4.86	5.36	3.70	5.63

资料来源：2019~2023年《中国统计年鉴》，2018~2022年湖南省卫生健康事业发展统计公报、《长沙统计年鉴2023》，《武汉统计年鉴2023》，2018~2023年《西安统计年鉴》，《西宁市统计年鉴2022》、《西宁市2022年国民经济和社会发展统计公报》，2022~2023年《成都统计年鉴》，2018~2023年郑州市国民经济和社会发展统计公报、2018~2023年《郑州统计年鉴》。

2. 医疗保险参保率

《2023年全国医疗保障事业发展统计公报》显示，截至2023年底，全国基本医疗保险参保人数达13.3亿人，达到"十四五"规划预期。[①] 近年来，我国基本医疗保险参保人数由2018年的134458.6万人[②]、2019年的135407.4万人[③]、2020年的136131.1万人[④]、2021年的136296.7万人[⑤]、2022年的134592.5万人[⑥]变化为2023年的133389.0万人[⑦]，这一数据充分体现了我国基本医疗保险制度覆盖率高的特点，为广大居民提供了坚实的医疗保障。

从基本医疗保险参保人数看，2018~2022年，除北京市有所减少外，其他城市均有增加，武汉市增幅最大。北京市基本医疗保险参保人数总体有所减少，从2018年的2018.20万人增加到2020年的2139.90万人，又减少到

[①] 《关于印发〈"十四五"公共服务规划〉的通知》，中国政府网，2021年12月28日，https://www.gov.cn/zhengce/zhengceku/2022-01/10/content_5667482.htm。

[②] 国家统计局编《中国统计年鉴2019》，中国统计出版社，2019。

[③] 国家统计局编《中国统计年鉴2020》，中国统计出版社，2020。

[④] 国家统计局编《中国统计年鉴2021》，中国统计出版社，2021。

[⑤] 国家统计局编《中国统计年鉴2022》，中国统计出版社，2022。

[⑥] 国家统计局编《中国统计年鉴2023》，中国统计出版社，2023。

[⑦] 国家统计局编《中国统计年鉴2024》，中国统计出版社，2024。

2022 年的 1990.50 万人；上海市基本医疗保险参保人数总体有所增长，从 2018 年的 1866.10 万人增加到 2022 年的 1989.60 万人；武汉市基本医疗保险参保人数大幅增加，从 2018 年的 456.40 万人增加到 2022 年的 1068.21 万人；郑州市基本医疗保险参保人数从 2018 年的 759.10 万人增加到 2022 年的 883.80 万人；长沙市基本医疗保险参保人数从 2018 年的 766.29 万人增加到 2022 年的 847.56 万人；西安市基本医疗保险参保人数略有增加，从 2018 年的 959.57 万人增加到 2022 年的 998.12 万人；成都市基本医疗保险参保人数从 2018 年的 1682.22 万人增加到 2022 年的 1856.28 万人；西宁市基本医疗保险参保人数从 2018 年的 174.44 万人增加到 2022 年的 185.56 万人（见表 3）。

表 3　2018~2022 年部分城市基本医疗保险参保人数

单位：万人

年份	北京	上海	武汉	郑州	长沙	西安	成都	西宁
2018	2018.20	1866.10	456.40	759.10	766.29	959.57	1682.22	174.44
2019	2082.70	1889.10	481.48	774.70	772.02	1033.60	1748.16	177.88
2020	2139.90	1943.20	982.75	782.08	795.95	1062.64	1832.73	180.39
2021	1886.90	1978.50	1037.09	879.98	830.89	1094.10	1870.82	183.67
2022	1990.50	1989.60	1068.21	883.80	847.56	998.12	1856.28	185.56

资料来源：2019~2023 年《中国统计年鉴》，2018~2022 年长沙市国民经济和社会发展统计公报，2022~2023 年《武汉统计年鉴》，2018~2023 年《西安统计年鉴》，《西宁统计年鉴 2023》，成都市医疗保障局 2019~2022 年医疗保障事业发展统计快报、2021 年度成都市基本医疗保险主要指标信息发布，郑州市医疗保障局 2019~2022 年基本医疗保险运行情况。

从基本医疗保险参保率来看，2018~2022 年，北京市的基本医疗保险参保率分别为 141.57%、147.83%、152.76%、135.54% 和 144.68%，其中 2020 年基本医疗保险参保率最高；上海市的基本医疗保险参保率分别为 127.61%、128.57%、131.69%、132.53% 和 132.29%；西安市的基本医疗保险参保率分别为 104.57%、108.04%、108.65%、109.46% 和 98.37%；长沙市的基本医疗保险参保率分别为 105.13%、104.58%、106.51%、109.32% 和 110.42%；西宁市的基本医疗保险参保率分别为 84.11%、

84.95%、85.33%、86.19%和86.59%；武汉市的基本医疗保险参保率分别为52.66%，53.12%、107.26%、111.03%和113.12%，其基本医疗保险参保率逐年提高；成都市的基本医疗保险参保率分别为113.97%、116.54%、120.61%、120.22%和118.11%；郑州市的基本医疗保险参保率分别为74.89%、87.88%、87.09%、96.54%和95.86%。2022年，北京市的基本医疗保险参保率最高，而西宁市的基本医疗保险参保率最低（见表4）。8座城市中有些城市部分年份基本医疗保险参保率超过了100%，是因为基本医疗保险参保率是城市常住人口（包括户籍人口和非户籍人口）与城市户籍人口的比值。本报告注意到，仍有部分群体未能被纳入医保体系，或参保率较低，且医疗保险保障水平仍有待提高，具体表现在以下几个方面。从群体角度来看，一是流动人口群体，由于工作性质、地域限制等原因，这部分人群在参加基本医疗保险方面存在一定困难。二是灵活就业群体，这类人群就业不稳定，收入波动较大，参保意识相对较弱，参保率不高。从疾病角度来看，首先，一些重大疾病和特殊疾病治疗费用负担重，目前部分重大疾病和特殊疾病的治疗费用较高，医保报销范围和比例有限。其次，医保药品目录和诊疗项目更新滞后，虽然医保体系已经覆盖了大部分基本疾病，但一些重大疾病所需的高端治疗药品、新型抗癌药物、先进治疗技术尚未被纳入医保报销范围，这使得患者在重病时难以承受高昂的医疗费用。

表4 2018~2022年部分城市基本医疗保险参保率

单位：%

年份	北京	上海	武汉	郑州	长沙	西安	成都	西宁
2018	141.57	127.61	52.66	74.89	105.13	104.57	113.97	84.11
2019	147.83	128.57	53.12	87.88	104.58	108.04	116.54	84.95
2020	152.76	131.69	107.26	87.09	106.51	108.65	120.61	85.33
2021	135.54	132.53	111.03	96.54	109.32	109.46	120.22	86.19
2022	144.68	132.29	113.12	95.86	110.42	98.37	118.11	86.59

资料来源：2019~2023年《中国统计年鉴》，2018~2022年长沙市国民经济和社会发展统计公报，2022~2023年《武汉统计年鉴》，2018~2023年《西安统计年鉴》，《西宁统计年鉴2023》，成都市医疗保障局2019~2022年医疗保障事业发展统计快报、2021年度成都市基本医疗保险主要指标信息发布，郑州市医疗保障局2019~2022年基本医疗保险运行情况。

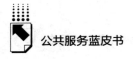

3. 人均预期寿命

根据第七次全国人口普查结果，8座城市人均预期寿命均高于全国平均水平，北京市人均预期寿命为82.50岁，上海市人均预期寿命为82.15岁，武汉市人均预期寿命为80.57岁，西安市人均预期寿命为80.32岁，长沙市人均预期寿命为80.40岁，郑州市人均预期寿命为79.30岁，成都市人均预期寿命为78.03岁，西宁市人均预期寿命为77.45岁。从数据对比中可以看出，由于受到地理位置、经济发展水平、医疗卫生水平以及政府政策的影响，西宁市人均预期寿命最短，未达到"十四五"规划的预期寿命水平78岁；而北京市受经济政治和社会发展等因素影响，人均预期寿命最长；上海市、武汉市、西安市和长沙市均超过了80岁，郑州市和成都市人均预期寿命相对短于这几个城市。

（四）优秀城市推介——北京市

北京市作为我国首都，在医疗卫生领域拥有丰富的资源和先进的经验，其做法值得其他城市学习和借鉴。

1. 高水平的医疗资源

北京市作为中国的首都，拥有众多高水平的医疗资源，包括多家国内顶尖的医疗机构，以下是一些在北京具有较高声誉和医疗水平的医院。北京协和医院作为中国乃至亚洲最著名的医院之一，在临床诊疗、科研教学等方面均处于领先地位。它拥有先进的医疗设备和技术，聚集了许多国内外顶尖的医疗专家和学者。北京大学第一医院作为北京大学的附属医院之一，在多个医学领域享有盛誉，特别是在一些复杂疾病的诊治上有着显著成就。北京大学人民医院同样为北京大学的附属医院，也是一家历史悠久的综合性医院，拥有丰富的临床经验和深厚的学术研究基础。除了上述三家综合性医院之外，北京市还有其他许多顶尖的专科医院，如在神经外科领域具有较高知名度的首都医科大学附属北京天坛医院、在呼吸系统疾病治疗方面具有较强实力的首都医科大学附属北京朝阳医院、在眼科和耳鼻喉科领域处于国内领先地位的首都医科大学附属北京同仁医院、专注于儿科疾病诊断和治疗的首都医科大学附属北京儿童医院、以骨科和烧伤科闻名的北京积水潭医院。

2. 先进的医疗服务体系

北京市的医疗服务体系不断完善和发展，旨在为市民提供更高效、便捷、优质的医疗服务。一是建设综合医疗服务体系，北京市计划建设金字塔形的医疗服务体系，让常见病、慢性病患者更多地转向基层医疗机构，从而缓解大医院的压力。二是构建分级诊疗体系，为了更好地分配医疗资源，北京市正在完善分级诊疗体系，使轻症患者可在社区医院接受治疗，而重症患者则可以被及时转诊到更有条件的医院。三是提供较高康复医疗服务，北京市正致力于在所有的综合医院内建设康复科，为患者提供全面的康复服务。北京市正在提升其国际医疗服务的能力，引入更多的国际化高水平医疗资源和服务团队，以满足多元化、国际化的医疗服务需求。四是构建老年健康服务体系，针对老年人口的增加，北京市已经初步构建了一个包括健康教育、预防保健、康复护理、长期照护、安宁疗护在内的老年健康服务体系。五是推出"互联网+医疗"服务，北京市在"互联网+医疗"方面取得了新突破，利用互联网技术优化医疗服务流程，如预约挂号、在线咨询等。六是实现村级医疗服务全覆盖，确保偏远地区的居民也能享受基本的医疗服务。这些措施共同构成了北京市先进的医疗服务体系，展现了北京市医疗服务的整体水平。

3. 全面的公共卫生体系

北京市的公共卫生体系涵盖了多个方面，旨在为市民提供全面的公共卫生服务，提升市民的整体健康水平。一是疾病预防控制体系，北京市加强疾病预防控制体系建设，包括对传染病的监测预警、对流行病的调查追踪等，以确保有效防控各类疾病。二是公共卫生信息体系，通过建立和完善公共卫生信息系统，实现信息共享，提升公共卫生事件的响应速度和处理效率。三是疾病监测预警体系，北京市正在建设更加灵敏的疾病监测预警系统，以期及时发现并应对突发公共卫生事件。四是公共卫生应急管理体系，北京市规划在2035年全面建成一套与国际一流的和谐宜居之都相适应的公共卫生应急管理系统，以应对各种突发事件。五是实验室建设，北京市在公共卫生体系建设过程中重视实验室建设，旨在提升检验检测能力和硬件装备水平，以支持科学研究和临床应用。六是公共卫生法律法规建设，通过制定和实施相关法律法规，规范公共卫生行为，保障公共卫生工作的有序进行。七是健康教育活动开展，通过多种形式的健康教育活动，提高市民的健康意识，推广健康生活方式。八是环境卫生监督体系，加强对公共场所、饮用水安全、食品卫生等方面的监督，预防疾病通过环境因素传播。九是精神卫生服务体系，建立和完善精神卫生服务体系，为市民提供心理咨询、精神障碍预防和治疗等服务。公共卫生体系各方面的建设与发展，反映了北京市在公共卫生领域的投入与进步，旨在为市民提供全方位的健康保障。

三　病有所医存在的问题与挑战

（一）医疗资源分布不均问题

一是基层医疗机构医疗卫生健康人才能力有待提高、数量有待增加。[①]目前，医疗卫生健康人才在农村和社区等基层医疗机构的就职人数相对较少，边远地区和医疗资源稀缺地区的医疗卫生人才相对稀缺，且这些就职人员学历相对偏低。部分地区存在卫生技术人员职称结构不合理的问题，高级职称人员占比较低，而初级职称人员占比较高。二是公共卫生服务能力有待加强。各类专业公共卫生机构人员配备标准需要完善、监测预警体系需要健全、重大疫情防控能力需要加强。[②] 此外，医疗卫生机构人员的职责需要进一步明确，公共卫生应急管理系统有待加强和完善。三是城乡基层医疗卫生服务能力需要加强。[③] 各级城乡健康管理水平较低、中医药服务能力相对薄

---

① 陈健敏、冯宝珠、林诗晗：《德国"双元制"教育对我国基层医疗卫生机构发展的启示》，《牡丹江医学院学报》2024 年第 6 期。

② 蔡伟等：《北京市某地市级疾病预防控制机构突发公共卫生事件应急能力调查分析》，《预防医学情报杂志》2018 年第 4 期。

③ 陈健敏、冯宝珠、林诗晗：《德国"双元制"教育对我国基层医疗卫生机构发展的启示》，《牡丹江医学院学报》2024 年第 6 期。

弱，乡镇卫生院二级以下常规手术能力需要加强，基层医疗条件、医疗设备、服务环境都需要优化。四是县域内县级医院需加强建设。[①] 三级公立医院对口支援县级医院政策还不完善、县级医院的临床专科和管理能力建设有待加强、县级医院的服务能力也有待加强。例如，针对一些重大疾病如尿毒症、心血管疾病的诊断治疗能力较弱。五是接续性服务供给需要加强。接续性服务供给是指医疗服务的连贯性和协调性，即患者在整个医疗过程中，无论是从家庭到医院，还是从医院返回家中，或是从一个医疗机构转到另一个医疗机构，都需要得到无缝对接的医疗服务。老年护理、残疾人护理、母婴护理、社区护理及营养支持等接续服务能力有待提高。

（二）分级诊疗问题

一是家庭医生制度需要完善，家庭医生制度在一些三线、四线城市刚实施不久，许多程序尚不健全，[②] 需要在实践中不断探索和完善。二是城市医疗联合体需要加强建设，[③] 由于人口老龄化加剧和新型城镇化推进，医疗机构布局目前尚不合理，市级医院、区级医院和社区卫生服务机构等医疗水平参差不齐。三是县域医共体需要建设，在农村地区，县、乡、镇、村级的医疗机构医疗水平参差不齐，[④] 各地医疗卫生人才流动相对缓慢，往往出现一点极强、其他点薄弱的情况。四是防治结合能力需要加强，如在老年人、孕产妇、学生、婴幼儿等群体中，预防和有效治疗疾病的结合能力有待加强。五是医养结合能力需要加强，部分养老机构和医疗机构结合能力不足，有些医养机构可容纳患者少而且费用相对较高，对于康复疗养、护理和老年医学等领域贡献资源相对较少。

① 贾鹏：《我国基本公共卫生服务均等化的实施现状与存在问题》，《中国农村卫生》2020 年第 6 期。
② 辜浩峰、徐朝松：《构架"签而有约"的家庭医生制度》，《中国农村卫生》2024 年第 1 期。
③ 高波等：《基于医防融合"公共卫生+"医共体的构建与探索》，《中国公共卫生管理》2021 年第 3 期。
④ 郝亚光等：《专题研讨：我国城乡公共服务设施建设现状、问题及对策建议》，《国家治理》2024 年第 3 期。

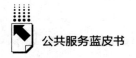

（三）医疗服务质量问题

一是医疗服务水平需要提高，医疗质量安全管理制度和医疗质量安全核心制度等都需要规范和加强。二是医疗卫生技术水平需要提高，这对应对一些重大公共卫生事件起到至关重要的作用。三是重大传染病和重大疾病等相关疫苗的研发能力、技术检测和新药治疗能力需要加强，其相关专业人才也需要积极培养。

（四）管理责任问题

一是现代医院管理制度需要健全，公立医院议事决策制度需要健全，公立医院的绩效考核制度需要完善。[①] 二是专业公共卫生机构管理机制需要完善，如在推进公共卫生服务体系改革的过程中疾病预防控制机构职能需要优化，岗位需要分级分类管理。

（五）深化机制改革问题

一是政府投入机制需要完善，[②] 对医疗机构的经费投入力度需要加大，区域卫生规划和医疗机构设置规划方面的医疗卫生资源配置需要进一步规范。二是医疗服务购买机制需要健全，如各个医疗机构的医疗服务价格需要明确和公开，"互联网+医疗服务"的收费政策需要完善。三是编制和人事制度需要完善，如公立医疗卫生机构人员编制标准需要明确，基层医务人员招聘标准需要公开、公正、公平，考核评估医疗卫生人员需要将道德和专业技术相结合。四是信息技术支撑作用需要加强，[③] 需要发展"互联网+医疗健康"，如互联网、区块链、物联网、人工智能、云计算、大数据

---

① 欧晓理：《我国基本公共服务体系建设的现状、问题和思考》，《社会治理》2019年第7期。
② 吴楠：《医改新形势下完善政府医疗卫生投入保障机制的探讨》，《中国卫生产业》2019年第27期。
③ 纪执露、韩璐、杜冉：《"互联网+医疗"背景下医院患者服务体系创新研究》，《现代营销（下旬刊）》2024年第11期。

等在医疗卫生领域的应用需要加强。五是健康医疗大数据共享交换与保障体系建设需要加强，需要建立健全跨部门、跨机构公共卫生数据共享调度机制和智慧化预警多点触发机制。

四　对策和建议

2023年3月，中共中央办公厅、国务院办公厅印发《关于进一步完善医疗卫生服务体系的意见》，为推动全面建立中国特色优质高效的医疗卫生服务体系，提供全方位全周期健康服务，提出了以下几方面意见：优化资源配置，加强人才队伍建设，推进能力现代化；加强分工合作，促进分级诊疗，推进体系整合化；提高服务质量，改善服务体验，推进服务优质化；加强科学管理，压实责任，推进管理精细化；深化体制机制改革，提升动力，推进治理科学化等具体措施。本报告主要从优化医疗资源配置、完善分级诊疗制度、提升服务质量、落实管理责任和深化机制改革五方面提出病有所医的对策和建议，以期更好地完善医疗卫生公共服务体系。

（一）优化医疗资源配置

医疗机构必须准备好充足的医疗资源，保障民众获得医疗资源的机会平等，避免出现资源分配不公平现象，影响患者的诊疗获得感和幸福感。因此，优化医疗资源配置对人民生命健康尤为重要，主要表现在以下方面。一是人才资源优化，加强城市与农村医疗卫生人员交流，提高边远地区和医疗资源稀缺地区卫生健康人员福利待遇，提升卫生技术人员学历，培养医学领域紧缺型专业人才，培养医学和公共卫生复合型人才。二是公共卫生机构资源优化，健全各类专业公共卫生机构资源配备机制。三是提高城乡健康管理和中医药服务能力，加强各级医疗机构人员诊疗的流动，定期培训乡镇卫生院人员，并将培训成绩纳入卫生医疗绩效考核内容。四是提高县级医院的临床专科能力和管理能力，完善三级公立医院对口支援县级医院机制，加强针对一些重大疾病如尿毒症、心血管疾病医护人员培训，提升诊疗和治理能

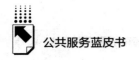

力。五是完善医养结合体系，增加医养机构，扩大老年护理、残疾人护理、母婴护理、社区护理及营养支持等服务供给。

（二）完善分级诊疗制度

随着我国医疗卫生事业的不断发展，医疗机构面临着适应社会需求和服务变化的重大课题。首先，为了确保医生和患者及其家属享有基本的诊疗权益，医疗机构需要选择一种灵活且能够适应社会需求和服务发展变化的诊疗流程制度。这种制度不仅要保障医疗服务质量，还应体现公平、透明的原则，让每一个接受治疗的患者都感受到尊重与关怀。因此，医疗机构应该调整现有的就医流程，引导医护人员坚持医疗最优化原则，尽可能地选用最适合患者的医疗技术，确保每一项诊疗决策都以患者健康为中心。为需要长期到医院进行诊疗的慢性病或重症患者提供互联网医疗在线咨询，使他们能够随时随地获得专业医生的指导和支持。其次，门诊服务台作为患者进入医院的第一站，负责解释诊疗流程、指引科室位置，还要协助患者完成问诊、检查、取药等各项流程，具有至关重要的作用。大型综合性医院可在有条件的情况下推广智能 AR 导诊系统，借助 AR 技术，帮助患者轻松找到诊室、卫生间等关键地点，避免"走迷宫"式的困扰。再次，国家卫生健康委提出加快建设分级诊疗体系，推进"四个延伸"，即围绕大病不出省，推动优质医疗资源向中西部、东北地区及省域内人口较多的地区延伸；围绕一般病在市县解决，推动城市优质医疗资源向县级医院延伸；围绕头疼脑热在基层解决，推动上级医疗人才和服务向城乡基层延伸；围绕群众看病就医中的转诊、重复检查检验等问题，推动规范转诊、检查检验结果互认共享和连续性服务，区域内医疗卫生服务互相延伸，上下联动协作。这不仅有助于优化现有医疗资源配置，也是实现医疗资源均衡化的重要步骤。此外，落实家庭医生责任制度是深化医药卫生体制改革的重要组成部分。加强大型医疗机构对基层医疗卫生机构的人才和技术支持，落实签约居民在就医、转诊、用药、医保等方面的差异化政策，逐步形成家庭医生首诊、转诊和下转接诊的服务模式，这不仅有助于缓解大医院的压力，而且能提升基层医疗卫生服务的能

130

力和质量，真正实现"小病在社区，大病进医院"。最后，医疗机构还应注重细节服务的改进。如，多点位设置自助设备，提供预约挂号、缴费、自助开单、清单查询、检验报告和发票打印等服务，大幅缩短了患者诊疗等待时间；住院病区制定合理的陪床规定，安排专业医护人员照顾患者，确保患者能够在安心舒适的环境中接受治疗。这些措施共同构成了一个全面而细致的服务体系，旨在为每一位患者提供从入院到出院全程无忧的医疗体验。

（三）提升服务质量

首先，加强医护人员培训，定期举办培训课程，提升医护人员的专业技能水平和服务意识，更新临床诊疗指南和技术标准，确保医护人员掌握最新医疗知识。其次，提高医疗服务效率和可及性，一是推行线上预约挂号，建立和完善线上预约挂号系统，减少患者排队等候时间，提高就医便利性；二是发展远程医疗服务，通过视频会诊、在线咨询等方式，使偏远地区居民能够享受优质医疗资源，缓解地域性医疗资源不足的问题；三是提高急诊响应速度，确保急症患者能够快速得到救治。再次，加强健康管理，利用互联网技术进行健康管理，为居民提供个性化的健康咨询和疾病预防服务。通过健康监测设备、移动应用等手段，居民可以实时监测自己的健康状况，获得个性化的健康建议。最后，建立质量控制体系，建立从入院到出院的全程质量控制系统，强化医疗技术把关制度，如三级医师负责制、会诊制度等，优化患者就医体验，改善就医环境，提供更加人性化的医疗卫生服务设施。

（四）落实管理责任

首先，建立健全管理制度，明确各职位职责划分，包括工作任务、目标以及期望成果；完善内部监督机制，设立独立的监督机构定期检查和评估医院内部各项工作的执行情况；建立问责机制，明确责任追究方式，加强沟通与反馈，及时发现、解决问题。其次，深化医患沟通，改善紧张的医患关系。医护人员在诊疗过程中应耐心向患者详细解释其健康状况，解答其疑问，帮助患者了解自身身体情况及各项检查，普及医学知识。医生需换位思

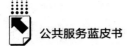

考，考虑患者的担忧，消除其思想负担，并尊重患者的知情权，履行告知义务，确保患者充分了解相关信息。通过改善服务态度，加强职业道德教育，提倡耐心细致的服务理念，增进医患之间的信任与理解。再次，实施绩效考核，设定科学合理的评价指标，围绕医疗质量、患者满意度等方面构建一套全面、客观的评价体系；实施奖惩机制，对于表现优秀的团队和个人予以表彰奖励，反之，则采取相应的惩罚措施，激励全体医疗卫生服务人员不断提升服务水平。最后，坚决落实党的全面领导，坚持党统一指挥，由党管理一切。落实医护人员的绩效考核制度，做到公平、公正、公开，规范面向社会提供的公共卫生技术服务，实行岗位分级和分类管理。

（五）深化机制改革

首先，针对服务要素、质量和安全、公共卫生、机构运行、从业人员、服务行为、医疗费用、行业秩序和健康产业等方面进行改革。其次，加大监督检查、执纪执法力度，依法规范社会办医疗机构执业行为，维护公立医疗卫生机构公益性。加强法治建设，推进相关领域法律法规制定和修订工作，① 健全依法联合惩戒体系，强化责任追究和联动问责。再次，加强中医药作用，培养中医药人才，传承中医药传统。此外，完善"互联网+医疗服务"、上门提供医疗服务等收费政策。最后，推进医保支付方式改革，完善多元复合式医保支付方式。总而言之，深化医疗卫生机制改革是全面的、系统的、各部门相互协调配合的医疗改革，旨在更好地为人民的生命健康服务。

病有所医深深植根于人民群众对美好生活的向往之中，它不仅是人民群众追求健康生活的基本要求，也是构建社会主义和谐社会的重要基石。尽早实现病有所医目标，可使人民群众享有更加优质、高效、便捷的医疗卫生服务，为构建健康中国，推进全民健康，实现中华民族伟大复兴的中国梦贡献力量。

---

① 《国家卫健委：加快建设分级诊疗体系　推进"四个延伸"》，央视新闻网站，2024 年 8 月 30 日，http：//ysxw. cctv. cn/article. html?item_id=2979521152789254250。

B.6
老有所养研究报告

汪浩莹*

摘　要： 中国正面临日益严重的人口老龄化问题，65 岁及以上人口比例不断提高，且这一趋势还在持续。"十四五"规划明确提出健全基本养老服务体系，以满足老年人多样化和高质量的健康养老需求。为深入了解老有所养领域公共服务现状，本报告对北京市、上海市、武汉市、西安市、郑州市、成都市、西宁市 7 座城市进行了深入分析。这些城市在制度建设、养老保险覆盖、养老服务及健康管理服务等方面都取得了积极进展。这表明，中国正在积极应对人口老龄化的挑战，通过政策引导和社会参与，努力构建一个更加完善的养老服务体系，确保老年人能够获得更好的养老服务和健康保障。

关键词： 老有所养　养老保险　养老服务　健康管理服务

一　引言

老有所养已成为社会发展的重要议题。国家统计局数据显示，截至 2023 年末，中国 65 岁及以上人口已达 21676 万人，占总人口的比例进一步上升至 15.4%,[①] 再创历史新高。而且，自 2000 年 65 岁及以上人口占总人口的比例达 7%、中国迈入老龄化社会以来，人口老龄化趋势持续深化，且有加速迹象。这一人口结构的变化对家庭、社会乃至国家层面的养老服务体

---

* 汪浩莹，中国社会科学院大学政府管理学院硕士研究生，主要研究方向为公共管理。
[①] 国家统计局编《中国统计年鉴 2024》，中国统计出版社，2024。

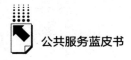

系提出了更高要求。

自党的十八大以来，积极应对人口老龄化问题，走出一条中国特色的健康老龄化道路，构建老年友好型社会，成为我国现阶段必须解决的理论和现实问题。党中央和各级政府高度重视养老服务，将老年人的生活保障作为增进人民福祉的重要一环，落实以人民为中心的发展思想。正如习近平总书记所指出的，"让老年人老有所养、生活幸福、健康长寿是我们的共同愿望"①，这体现了党和国家对老年群体的深切关怀和坚定承诺。《"十四五"国家老龄事业发展和养老服务体系规划》强调不断扩大养老服务供给，构建一个覆盖城乡、惠及全民、均衡合理、优质高效的养老服务体系，以满足老年人日益增长的多层次、高品质健康养老需求。

（一）老有所养的主要内容

2021年3月30日发布的《国家基本公共服务标准（2021年版）》明确了老有所养服务项目，主要包括养老助老服务和养老保险服务两大方面。随着社会发展和老年人需求的变化，国家发展改革委等部门于2023年7月30日发布了《国家基本公共服务标准（2023年版）》，对老有所养服务内容进行了完善，旨在通过加强居家社区养老服务、提升机构养老服务质量、推动医养结合服务，以及完善社会保障体系，来满足老年人的养老需求。

具体来说，老有所养的内容包括：一是加强居家社区养老服务，老年人可以在自己熟悉的环境中获得必要的照护和支持，享受定期的健康检查、健康指导和中医体质辨识等服务；二是提升机构养老服务质量，确保特困人员和经济困难老年人能够得到专业的养老服务、护理补贴及高龄津贴，从而保障他们的基本生活需求；三是推动医养结合服务，为老年人提供一体化的健康和养老服务，确保他们能够得到及时和适宜的医疗照护；四是完善社会保

---

① 《习近平在上海考察时强调　坚定改革开放再出发信心和决心　加快提升城市能级和核心竞争力》，《人民日报》2018年11月8日，第1版。

障体系，提高老年人的社会保障水平，按时足额发放养老金，提供稳定的养老保险服务。

（二）老有所养主要量化指标

本报告选取的老有所养指标主要涵盖了养老保障、养老服务和健康管理服务三个关键领域（见表1）。在养老保障方面，重点关注职工养老保险、城乡居民养老保险、老年人补贴津贴的覆盖情况，确保他们获得必要的经济支持。在养老服务方面，关注社区养老服务中心数量、养老助餐点数量、养老机构数量与床位数量，这些服务的普及程度和质量直接影响老年人的日常生活和幸福感。在健康管理服务方面，重点关注老年医疗机构的建设和老年人口健康管理人数，以确保老年人能够获得适宜的医疗服务和健康关怀。整体而言，这些指标共同为老年人在物质、健康和社会参与方面提供全面的支持，反映出社会对老年人福祉的重视和承诺。

表1　老有所养主要量化指标

一级指标	二级指标	一级指标	二级指标
养老保障	职工养老保险	养老服务	养老助餐点数量
	城乡居民养老保险		养老机构数量、床位数量
	老年人补贴津贴	健康管理服务	老年医疗机构
养老服务	社区养老服务中心数量		老年人口健康管理人数

二　代表性城市老有所养概况

本报告选择了7座覆盖我国东部、中部、西部地区，且具有鲜明地域特色和代表性的城市，考察老有所养这一公共服务在我国的状况和成效。东部地区城市选取北京市、上海市，中部地区城市选取武汉市、郑州市，西部地区城市选取成都市、西安市、西宁市。通过对这7座城市的深入研究，本报告总结不同地区在老有所养公共服务实施中的具体情况和特点，包括基本养老保险的覆盖范围、养老服务的质量以及老年人的健康管理服务水平等，分析各城市在老有所养方面取得的成绩，为我国养老服务体系的完善和发展提供有益的参考和启示，确保每一位老年人都能享受应有的关怀和支持。

（一）北京市

2019~2023年，北京市60岁及以上的老年人口从371.3万人增至494.8万人，占常住总人口的比重从17.2%上升至22.6%，老年人口数量持续增加。同时，65岁及以上老年人口数量也持续增加（见表2）。这一变化对养老服务体系提出了更高要求，亟须增加养老服务供给，并加强老年健康支撑体系建设，以应对老龄化带来的挑战。

表2　2019~2023年北京市老年人口数量及其占常住总人口的比重

单位：万人，%

年份	常住总人口	60岁及以上	比重	65岁及以上	比重
2019	2153.6	371.3	17.2	246.0	11.4
2020	2189.0	429.9	19.6	291.2	13.3
2021	2188.6	441.6	20.2	311.6	14.2
2022	2184.3	465.1	21.3	330.1	15.1
2023	2185.8	494.8	22.6	346.9	15.9

资料来源：2020~2024年《北京市统计年鉴》，2019~2023年北京市国民经济和社会发展统计公报。

1. 健全老有所养制度

近年来，北京市制定和修改了养老服务体系相关政策。2019年，北京市相关部门联合印发《北京市老年人养老服务补贴津贴管理实施办法》，旨在完善老年人养老服务补贴津贴制度，提高老年人消费能力，推进养老服务发展。2021年，北京市出台《北京市养老服务专项规划（2021年—2035年）》，聚焦加强居家养老服务，提出增加家庭照护床位、推进居家适老改造工程等措施，并预计到 2035 年，全市养老床位总数达到 21.6 万张。2023 年，北京市人民政府办公厅印发《关于完善北京市养老服务体系的实施意见》，明确加强养老服务体系统筹布局、优化居家社区养老服务供给体系等五个方面的重点任务，以构建具有首都特色的养老服务供给体系。2023 年 12 月 5 日，北京市民政局等单位联合发布《北京市居家养老服务网络建设工作方案》，提出加强居家养老服务设施建设、完善三级居家养老服务网络、提升居家养老服务效能等重点任务。2024 年 6 月 26 日，北京市人力资源和社会保障局、北京市财政局发布《关于 2024 年调整本市退休人员基本养老金的通知》，制定 2024 年退休人员基本养老金的调整方案，包括增加定额、按缴费年限调整等办法。这些政策文件体现了北京市在积极应对人口老龄化、保障老年人基本生活和健康需求方面的努力，旨在构建更加完善的养老服务体系。

2. 提升老年人社会保障水平

2019~2023 年，北京市职工基本养老保险参保人数从 1651.6 万人增加到 1801.5 万人，参保人数稳步增加；城乡居民基本养老保险参保人数从 2019 年的 204.7 万人减少到 2023 年的 180.3 万人；职工基本养老保险和城乡居民基本养老保险参保总人数稳定增长，从 2019 年的 1856.3 万人增加到 2023 年的 1981.8 万人（见表 3），这一趋势反映了北京市在扩大基本养老保险覆盖范围方面取得了积极进展。此外，截至 2022 年底，北京市还加快推进长期护理保险全市试点工作，积极推动长期护理保险试点工作与老年医疗护理服务相结合，石景山区长期护理保险试点覆盖 46.19 万人，为符合护理条件的 3724 名重度失能人员提供服务。[①]《北京市长期护理保险制度扩大试点实施意见》已面向社会公开征求意见，完成重大决策风险评估。北京市医疗保障局已按照相关政策要求，启动长期护理保险信息系统建设。

---

① 《北京市老龄事业发展报告（2023）》，北京市卫生健康委员会网站，2024 年 12 月 17 日，https：//wjw.beijing.gov.cn/wjwh/ztzl/lnr/lljkzc/lllnfzbg/202412/P020241217364811247626.pdf。

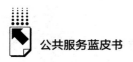

表3 2019~2023年北京市基本养老保险参保人数

单位：万人

年份	职工基本养老保险	城乡居民基本养老保险
2019	1651.6	204.7
2020	1680.0	200.5
2021	1725.1	191.0
2022	1764.2	187.6
2023	1801.5	180.3

资料来源：2019~2023年北京市国民经济和社会发展统计公报。

3. 完善养老服务体系

2019~2023年，北京市在养老服务设施建设方面取得了显著成绩。养老机构数量从536个增加到571个，与此同时，社区养老服务驿站的数量呈现更显著的增加态势，从2019年的1003个增加到2023年的1498个（见表4），这表明社区养老服务网络的覆盖面扩大、可及性得到了显著提升。除此之外，2019~2023年，北京市在老年健康管理服务方面取得了显著成绩。截至2023年底，北京市基层医疗卫生机构已为老年人建立健康档案461.40万份，实现65岁及以上老年人健康管理219.10万人（见表5）。

表4 2019~2023年北京市养老机构和社区养老服务驿站数量

单位：个

年份	养老机构	社区养老服务驿站
2019	536	1003
2020	544	1005
2021	579	1112
2022	578	1429
2023	571	1498

资料来源：2019~2023年北京市国民经济和社会发展统计公报，2019~2023年北京市老龄事业发展报告。

表5　2019~2023年北京市老年健康管理服务情况

单位：万份，万人

年份	老年人健康档案	健康管理65岁及以上老年人
2019	351.60	160.80
2020	218.83	167.79
2021	391.00	180.30
2022	417.80	185.60
2023	461.40	219.10

资料来源：2019~2023年北京市国民经济和社会发展统计公报，2019~2023年北京市老龄事业发展报告。

（二）上海市

2019~2023年，上海市的老龄化问题持续加剧。2019年，60岁及以上老年人口数量为518.12万人，占户籍总人口的35.2%；65岁及以上老年人口数量为361.66万人，占比为24.6%。2023年，60岁及以上老年人口数量增加到568.05万人，占户籍总人口的比重上升至37.4%；65岁及以上老年人口数量增加到437.92万人，占比达到28.8%（见表6）。

表6　2019~2023年上海市老年人口数量及其占户籍总人口的比重

单位：万人，%

年份	户籍总人口	60岁及以上	比重	65岁及以上	比重
2019	1471.16	518.12	35.2	361.66	24.6
2020	1478.09	533.49	36.1	382.45	25.9
2021	1495.34	542.22	36.3	402.37	26.9
2022	1505.19	553.66	36.8	424.40	28.2
2023	1519.47	568.05	37.4	437.92	28.8

资料来源：2019~2023年《上海统计年鉴》、2019~2023年上海市老年人口和老龄事业监测统计信息。

1. 健全老有所养制度

近年来，上海市积极应对人口老龄化，为提升老年人的生活质量和幸福感，出台了一系列政策文件。2019年，上海市出台《上海市深化养老服务实施方案（2019—2022 年）》，明确到 2022 年实现社区嵌入式养老服务方便可及、机构养老服务更加专业、家庭照料能力明显提升等目标。2021 年，上海市发布《上海市老龄事业发展"十四五"规划》，强调进一步健全老龄事业发展制度体系，提出构建老年友好型社会的总体目标。2022 年，上海市印发《上海市养老服务设施布局专项规划（2022—2035 年）》，明确全市养老服务设施的空间布局和配置标准。2024 年，上海市民政局、上海市财政局印发《上海市养老服务补贴管理办法》，规范养老服务补贴制度管理，加强与长期护理保险制度的衔接。此外，上海市还发布《上海市基本养老服务清单（2024 年版）》，明确 8 类 24 个基本养老服务项目。这些政策文件体现了上海市在完善养老服务体系、提升养老服务质量和保障老年人基本生活方面所做的积极努力。

2. 提升老年人社会保障水平

2019~2023 年，上海市职工基本养老保险参保人数呈现逐年增加的趋势，从 1589.57 万人增至 1689.36 万人；城乡居民基本养老保险参保人数从 77.10 万人减少至 71.76 万人（见表 7），综合来看，基本养老保险总体参保人数增加，这一增长反映了上海市在扩大职工基本养老保险覆盖范围方面取得了积极进展。

表 7　2019~2023 年上海市基本养老保险参保人数

单位：万人

年份	职工基本养老保险	城乡居民基本养老保险
2019	1589.57	77.10
2020	1616.67	76.19
2021	1654.36	74.42
2022	1659.38	73.14
2023	1689.36	71.76

资料来源：2019~2023 年上海市国民经济和社会发展统计公报。

3. 完善养老服务体系

近年来，上海市养老服务体系实现了全面的发展。在机构养老服务方面，养老床位数从 2018 年的 14.42 万张稳步增至 2022 年的 16.36 万张,与 60 岁及以上老年人口数量的增长速度相匹配,确保了养老床位占 60 岁及以上老年人口的比重基本稳定在 2.9%~3.0%（见表 8）。2018~2022 年,居家养老服务机构数量逐年增加,满足了老年人多样化的养老服务需求（见表 9）。2019~2023 年,养老助餐服务场所数量持续增加,从 2019 年的 1020 个增加到 2023 年的 1926 个（见表 10）,这不仅反映了助餐服务的普及,也体现了上海市对老年人基本生活需求的重视,还反映了老年人口对便捷、健康饮食需求的增长。

表 8　2018~2022 年上海市机构养老服务情况

年份	养老机构数(家)	养老床位数(万张)	新增养老床位数(万张)	养老床位占 60 岁及以上老年人口的比重(%)
2018	712	14.42	1.06	2.9
2019	724	15.16	0.95	2.9
2020	729	15.70	0.76	2.9
2021	730	15.86	0.57	2.9
2022	729	16.36	0.67	3.0

资料来源：2019~2023 年《上海统计年鉴》。

表 9　2018~2022 年上海市居家养老服务（社区老年人日间服务机构）情况

年份	机构数(家)	月均服务人数(万人)	获得政府补贴的老年人床位(万张)
2018	641	2.50	8.20
2019	720	2.70	8.00
2020	758	1.50	7.48
2021	831	1.05	7.91
2022	825	1.54	7.40

资料来源：2019~2023 年《上海统计年鉴》。

4. 老年健康管理服务

2019~2023 年,老年医疗机构数量从 55 家增加到 103 家,老年护理床位数从 1.61 万张增加到 2.91 万张（见表 11）,反映出老年人对医疗服务需求的快速增长和政府对老年医疗资源的重视。

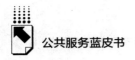

表 10   2019～2023 年上海市养老助餐服务场所数量

单位：个

年份	老年助餐服务场所	年份	老年助餐服务场所
2019	1020	2022	1608
2020	1232	2023	1926
2021	1433		

资料来源：2020～2024 年《上海统计年鉴》，2019～2023 年上海市老年人口和老龄事业监测统计信息。

表 11   2019～2023 年上海市老年医疗机构和老年护理床位数量

单位：家，万张

年份	老年医疗机构数（老年医院、老年护理院）	老年护理床位数
2019	55	1.61
2020	67	1.96
2021	86	2.42
2022	96	2.66
2023	103	2.91

资料来源：2020～2024 年《上海统计年鉴》，2019～2023 年上海市老年人口和老龄事业监测统计信息。

65 岁及以上老年人口的健康管理人数显著增加，从 2019 年的 180.52 万人增至 2023 年的 356.06 万人，其占同年龄组人口的比重从 49.9%提升到 81.3%（见表 12），这表明老年人健康管理服务覆盖面在不断扩大，老年人对健康服务的需求也在增长。

表 12   2019～2023 年上海市老年健康管理服务情况

单位：万人，%

年份	健康管理 65 岁及以上老年人	占同年龄组人口比重
2019	180.52	49.9
2020	248.44	65.0
2021	266.86	66.3
2022	299.44	70.6
2023	356.06	81.3

资料来源：2020～2024 年《上海统计年鉴》，2019～2023 年上海市老年人口和老龄事业监测统计信息。

（三）武汉市

截至 2020 年 11 月 1 日，武汉市 60 岁及以上老年人口为 212.4 万人，占常住人口的比重为 17.23%，其中 65 岁及以上老年人口为 145.6 万人，占比为 11.81%。与 2010 年第六次全国人口普查相比，60 岁及以上老年人口的比重提高 4.55 个百分点，其中 65 岁及以上老年人口的比重提高 3.68 个百分点。[①] 老年人口总量大，老龄化程度不断加深，人口老龄化成为武汉市社会发展和社会治理层面的基本市情。

1. 健全老有所养制度

2021 年 5 月，武汉市人民政府出台《市人民政府关于加快推进养老服务高质量发展的实施意见》，旨在满足老年人多样化、多层次养老服务需求，计划到 2022 年实现基本养老服务应保尽保，打造"武汉养老样板"。2021 年 9 月，武汉市印发《武汉市居家和社区基本养老服务提升行动项目实施方案》，聚焦提升居家和社区养老服务，计划到 2022 年 2 月底前，全市家庭养老床位不少于 5300 张，服务人数不少于 11000 人。2021 年 12 月，国务院发布《"十四五"国家老龄事业发展和养老服务体系规划》，为全国"十四五"老龄事业和养老服务体系发展提供了指导和规划。根据国家规划和相关要求，2022 年，武汉市印发《武汉市促进养老托育服务高质量发展实施方案》，提出提升家庭照护能力、强化居家社区服务、深化医养有机结合等多项措施，以促进养老托育服务高质量发展。2023 年 9 月，武汉市人民政府办公厅印发《关于推进基本养老服务体系建设的实施方案》，进一步明确到 2025 年，全市基本养老服务供给、服务保障、服务监管等机制更加健全，可提供基本养老服务的养老床位达到 5.2 万张以上。这些政策文件体现了武汉市在积极应对人口老龄化、提升老年人生活品质方面的战略规划和政策导向。

[①] 《武汉市第七次全国人口普查公报》，武汉市统计局网站，2021 年 9 月 16 日，https://tjj.wuhan.gov.cn/ztzl_49/pczl/202109/t20210916_1779157.shtml。

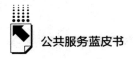

2. 提升老年人社会保障水平

武汉市职工基本养老保险参保人数从 2019 年的 482.30 万人逐年增加至 2023 年的 690.91 万人，城乡居民基本基本养老保险参保人数从 2020 年的 137.62 万人增加至 2022 年的 141.05 万人（见表 13），综合来看，武汉市基本养老保险参保人数和覆盖率均呈现上升趋势。

表 13　2019～2023 年武汉市基本养老保险参保人数

单位：万人

年份	职工基本养老保险	城乡居民基本养老保险
2019	482.30	—
2020	531.03	137.62
2021	571.19	140.00
2022	648.65	141.05
2023	690.91	—

注："—"表示未查询到公开数据，本报告余同，此后不赘。
资料来源：2019～2023 年武汉市国民经济和社会发展统计公报。

3. 完善养老服务体系

为应对老年人口增长和养老服务需求增加现状，武汉市持续推进新改扩建社区养老服务设施工作。2019～2023 年，武汉市新改扩建社区养老服务设施数量呈现持续增加的趋势，新改扩建社区养老服务设施分别为 830 个、165 个、2834 个、3075 个和 3156 个（见表 14），社区养老服务设施不断改善、数量持续增加。

表 14　2019～2023 年武汉市新改扩建社区养老服务设施数量

单位：个

年份	新改扩建社区养老服务设施
2019	830
2020	165
2021	2834
2022	3075
2023	3156

资料来源：2019～2023 年武汉市国民经济和社会发展统计公报。

（四）郑州市

截至 2023 年末，郑州市 60 岁及以上老年人口数量为 184.6 万人，占总人口的 14.2%，65 岁及以上老年人口为 130.9 万人，占比为 10.1%。[1] 与 2020 年第七次全国人口普查相比，60 岁及以上老年人口的比重提高 1.36 个百分点，65 岁及以上老年人口的比重提高 1.12 个百分点，[2] 人口老龄化趋势显著。

1. 加强老有所养制度建设

2023 年 2 月，郑州市发布了《郑州市"十四五"养老服务发展规划》，明确了未来五年养老服务发展的原则、目标、主要任务和保障措施，旨在构建结构合理、功能完备、规模适度、覆盖城乡的基本养老服务体系。2023 年 2 月，郑州市人民政府印发了《郑州市积极应对人口老龄化重点联系城市建设工作方案》，提出了加强政策创新、加大奖补扶持、加快发展养老服务的措施，以建设国家中心城市为契机，推进养老服务体系建设。2023 年 12 月，郑州市人民政府办公厅发布了《郑州市基本养老服务清单（2023版）》，进一步明确了基本养老服务的服务对象、服务内容和服务标准，要求到 2025 年，基本养老服务制度体系基本健全。这些政策文件体现了郑州市在积极应对人口老龄化、提升老年人生活品质方面的战略规划和政策导向。

2. 提升老年人社会保障水平

2019~2023 年，郑州市基本养老保险参保人数呈现增加趋势。职工基本养老保险参保人数从 491.80 万人增至 648.33 万人；城乡居民基本养老保险参保人数从 227.64 万人增至 284.14 万人（见表 15），虽然少于职工基本养老保险参保人数，但也总体显示出逐年增加的趋势。

---

① 《2023 年郑州市国民经济和社会发展统计公报》，郑州市统计局网站，2024 年 4 月 7 日，https：//tjj. zhengzhou. gov. cn/tjgb/8324080. jhtml。

② 《郑州市第七次全国人口普查公报（第三号）》，郑州市统计局网站，2021 年 5 月 15 日，https：//tjj. zhengzhou. gov. cn/tjgb/5012689. jhtml。

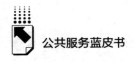
表 15　2019～2023 年郑州市基本养老保险参保人数

单位：万人

年份	职工基本养老保险	城乡居民基本养老保险
2019	491.80	227.64
2020	568.30	233.83
2021	603.90	233.82
2022	627.55	275.44
2023	648.33	284.14

资料来源：2019～2023 年郑州市国民经济和社会发展统计公报，2019～2023 年郑州市社会保险参保情况。

（五）成都市

截至 2022 年末，成都市户籍人口为 1571.57 万人，比 2021 年增加 15.39 万人，增长 0.99%。其中，老年人口（60 岁及以上）为 324.24 万人，占户籍总人口的 20.63%，比 2021 年增加 3.44 万人，增长了 1.07%。70 岁及以上老年人口为 173.48 万人，占老年人口的 53.50%，较上年增长 1.69%。[①] 这表明，成都市的老龄人口比例不断上升，给养老服务体系带来了新的挑战。

1. 加强老有所养制度建设

2021 年 11 月，成都市发布《成都市"十四五"养老服务业发展规划》，明确"十四五"期间养老服务业发展的政策体系、产业定位、重点任务和发展方向，旨在构建与成都市国民经济和社会发展相协调的养老服务体系。2022 年 5 月，成都市人民政府办公厅印发《关于加快推进养老服务发展若干措施》，提出优化居家社区养老服务体系、构建普惠优质机构养老服务体系、拓展健康老龄生活服务体系、完善养老服务多元化发展体系等多方面的措施。这些政策文件体现了成都市在积极应对人口老龄化、提升老年人生活品质方面的战略规划和政策导向。

2. 提升老年人社会保障水平

2019～2023 年，成都市职工基本养老保险参保人数呈现稳定增加的趋

---

① 《成都市 2022 年老年人口信息和老龄事业发展状况报告》，《成都日报》2023 年 9 月 6 日，第 5 版。

势，参保人数从 887.4 万人增加到 1433.3 万人，城乡居民基本养老保险从 2020 年的 325.3 万人减少至 2023 年的 308.6 万人（见表 16），但总体基本养老保险参保人数逐年增加，反映了成都市在扩大基本养老保险覆盖范围方面取得了积极进展。

表 16　2019~2023 年成都市基本养老保险参保人数

单位：万人

年份	职工基本养老保险	城乡居民基本养老保险
2019	887.4	—
2020	960.8	325.3
2021	1209.8	313.1
2022	1386.2	312.8
2023	1433.3	308.6

资料来源：2019~2023 年成都市国民经济和社会发展统计公报。

3. 完善养老服务体系

成都市养老机构、床位在数量上呈现一定的波动趋势。2019 年，养老机构的数量为 2248 家，拥有床位 31721 张，年末收养老年人数为 7348 人。到了 2022 年，养老机构数量有所增加，达到 2579 家，养老床位数减少到 20891 张，年末收养老年人数也减少到 3692 人（见表 17）。

表 17　2018~2022 年成都市养老机构、床位和年末收养老年人数量

年份	养老机构数（家）	床位数（张）	年末收养老年人数（人）
2018	2237	34902	20256
2019	2248	31721	7348
2020	2489	—	—
2021	2735	32691	8479
2022	2579	20891	3692

资料来源：2019~2023 年《成都统计年鉴》。

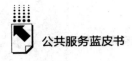

4. 老年健康管理服务

2019~2023 年，成都市在医养结合服务方面取得了显著的发展，不仅机构数量和床位数有所增加，服务人员数量也相应增加（见表18）。同时，养老机构与医疗机构紧密合作，为老年人提供了更加完善的健康服务和医养结合服务，体现了成都市在积极应对人口老龄化、推动养老服务高质量发展方面的努力和成果。

表 18　2019~2023 年成都市老年健康管理服务情况

年份	医养结合机构数量（家）	床位数（张）	服务人员数量（人）
2019	93	20671	9251
2020	108	30332	14615
2021	114	30912	14061
2022	125	29057	12759
2023	120	29790	12437

资料来源：2019~2023 年成都市国民经济和社会发展统计公报。

（六）西安市

2020 年，西安市 60 岁及以上老年人口占常住人口的比重为 16.02%，65 岁及以上老年人口占常住人口的比重为 10.90%。这表明西安市的老龄化趋势在 2020 年已经相当明显。①

1. 加强老有所养制度建设

2021 年 10 月，西安市卫生健康委和西安市发展改革委联合印发《西安市"十四五"老龄事业发展规划》，提出"十四五"时期老龄事业的发展目标，包括社会保障体系日趋完善、老年服务体系基本建立、养老服务体系更加健全、养老产业实现创新发展、老龄社会环境持续优化、老龄事业保障持续增加。西安市卫生健康委、西安市发展改革委对《西安市"十四五"老

① 《第七次全国人口普查公报（第五号）》，国家统计局网站，2021 年 5 月 11 日，https：//www.stats.gov.cn/sj/tjgb/rkpcgb/qgrkpcgb/202302/t20230206_ 1902005.html。

龄事业发展规划》进行了政策解读，进一步明确了规划的编制背景、发展目标及主要内容，强调推动养老事业产业协同发展，满足人民日益增长的养老需要。2023年1月，西安市养老服务工作领导小组办公室发布《西安市"十四五"养老服务体系专项规划》，提出了养老服务床位总量、特困人员集中供养率、社区养老服务设施覆盖率等具体的发展指标，并明确了发展目标和主要任务，主要任务包括建立健全基本养老服务体系、推动居家社区机构协调发展、加强农村养老服务有效供给、推进医养结合康养融合发展等。这些政策文件体现了西安市在积极应对人口老龄化、提升老年人生活品质方面的战略规划和政策导向。

2. 提升老年人社会保障水平

西安市职工基本养老保险和城乡居民基本养老保险的参保人数均呈现增加趋势。2019~2023年，职工基本养老保险参保人数从442.69万人增加到631.63万人，城乡居民基本养老保险参保人数从276.35万人增加到325.18万人（见表19）。总体来看，西安市基本养老保险参保人数的增加反映了西安市社会保障体系的逐步完善。

表19 2019~2023年西安市基本养老保险参保人数

单位：万人

年份	职工基本养老保险	城乡居民基本养老保险
2019	442.69	276.35
2020	486.93	282.05
2021	528.42	285.70
2022	590.88	330.35
2023	631.63	325.18

资料来源：2019~2023年西安市国民经济和社会发展统计公报。

3. 完善养老服务体系

西安市养老服务机构数量从2020年的168家增加到2023年的184家，床位数从2020年的2.90万张增加到2023年的2.96万张（见表20），这表明西安市在养老服务设施建设方面持续投入，以满足日益增长的养老服务需求。

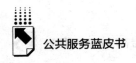

表20　2020~2023年西安市养老服务机构、床位和年末收养老年人数量

年份	养老服务机构数(家)	床位数(万张)	年末收养老年人数(万人)
2020	168	2.90	1.20
2021	143	2.86	1.15
2022	145	2.91	1.08
2023	184	2.96	1.11

资料来源：2020~2023年西安市国民经济和社会发展统计公报。

（七）西宁市

西宁市的老龄人口数据显示，尽管常住总人口在2020~2022年保持相对稳定，但60岁及以上老年人口的比重呈现上升趋势，从2020年的14.35%提升到2022年的16.80%，[①] 老龄化趋势显著。

1. 健全老有所养制度

2020年11月，为推进全市养老服务高质量可持续发展，满足老年人多样化、多层次养老服务需求，西宁市人民政府办公室印发《西宁市促进养老服务发展若干措施》，提出了优化基本养老服务供给、促进养老服务基础设施建设、健全养老服务基本制度、创新养老服务体制机制、构建养老服务监管体系、优化养老服务发展环境等6个方面的22项具体措施。2021年2月，有关部门对《西宁市促进养老服务发展若干措施》进行了政策解读，进一步明确了措施的出台背景、主要内容及政策亮点。2023年11月，西宁市民政局报道了西宁市在养老服务方面的成就，建成各类养老服务设施764个，实现了县区级养老服务示范基地、城区街道综合养老服务中心、社区养老服务设施的全覆盖，形成"15分钟为老服务圈"，并介绍了西宁市在养老

[①] 《西宁市第七次全国人口普查公报（第四号）》，西宁市人民政府网站，2021年6月18日，https：//www.xining.gov.cn/zwgk/fdzdgknr/tjgb/202106/P020210623629152739952.pdf。

服务方面的具体做法和取得的成效。① 这些措施聚焦满足群众需求、破解发展瓶颈、优化发展环境、提升服务质量等方面，并提出了具体的发展目标和实施计划。

2. 提升老年人社会保障水平

西宁市职工基本养老保险参保人数从 2019 年的 65.17 万人增加到 2023年的 85.54 万人（见表 21），职工基本养老保险覆盖范围不断扩大，参保人数逐年增加。与此同时，城乡居民基本养老保险参保人数虽略有波动，但总体保持稳定。

表 21　2019~2023 年西宁市基本养老保险参保人数

单位：万人

年份	职工基本养老保险	城乡居民基本养老保险
2019	65.17	—
2020	67.15	70.54
2021	73.16	70.55
2022	77.77	71.13
2023	85.54	70.60

资料来源：2019~2023 年西宁市国民经济和社会发展统计公报。

三　研究结论

从上述分析可以看出，为应对老龄化趋势，我国各个城市在基本养老保险的覆盖范围、养老服务的质量以及老年人的健康管理服务水平等方面取得了一定的成绩。

东部地区城市经济发展水平较高，其基本养老保险体系覆盖人群广

---

① 《西宁市民政局：实施"五项"工程 助力养老服务提质增效》，青海省民政厅网站，2024年 4 月 28 日，https://mzt.qinghai.gov.cn/html/show-11320.html。

泛，包括城镇各类企业及其职工、企业化管理的事业单位及其职工、城镇个体工商户和灵活就业人员。东部地区城市通过实施全民参保计划，不断扩大基本养老保险覆盖范围。如，北京市建立和完善相关保险、福利、救助相衔接的长期照护保障制度，并推动建立全市统一的长期护理保险制度。东部地区城市养老服务质量也在不断提升。如，上海市在养老服务标准化建设方面取得了显著成效，建立了养老服务标准化工作体系，出台了多项国家标准和行业标准，推动养老服务机构在管理服务标准化的基础上，不断走上品牌化、连锁化发展道路，照护质量稳步提升。此外，北京市和上海市积极推进65岁及以上老年人的健康管理服务，包括免费体检、家庭医生签约和医养结合服务。

中部地区城市如武汉市和郑州市，也在积极推进基本养老保险的覆盖工作。这些城市的基本养老保险制度主要覆盖城镇各类企业职工、灵活就业人员等。中部地区城市在养老服务质量方面，通过建立养老服务标准化技术组织，推动养老服务质量提升。例如，武汉市通过县域养老服务体系创新试点，探索县域范围内农村失能老年人照护"一揽子"解决方案，加快补齐农村养老服务短板。郑州市发布了《郑州市基本养老服务清单（2023版）》，明确了基本养老服务的服务对象、服务项目、服务内容、服务标准、支出责任、服务类型和责任单位，全方位为老年人提供基础性、普惠性、兜底性服务。

西部地区城市如成都市、西安市和西宁市，积极应对老龄化趋势，通过实施一系列政策和措施，不断推进基本养老保险覆盖范围扩大和养老服务质量提升。在养老服务质量方面，成都市通过普惠养老专项行动，提升养老服务质量。西安市也探索建立基本养老服务清单随经济社会发展水平动态调整的长效机制，根据经济社会发展情况和老年人实际需求，调整服务内容和服务标准。西宁市则通过实施"六项"工程助力养老服务再升级，旨在构建"全市统筹、覆盖城乡、普惠优质、专业高效"的养老服务体系。通过这些政策和行动，西部地区城市在应对老龄化挑战方面取得了积极进展，为老年人提供了更加全面和高质量的养老服务。

四 我国老有所养面临的问题及挑战

（一）养老保障资金匮乏问题

《中国养老金精算报告 2019—2050》（以下简称《报告》）揭示了我国养老金制度面临的严峻挑战。《报告》预测，随着人口老龄化的加剧，养老金支付压力将持续增大。具体来说，2019 年大约每 2 名养老保险缴费者需要赡养 1 名离退休者，而到了 2050 年，这一比例预计达到 1∶1，即 1 名养老保险缴费者需要赡养 1 名离退休者，这意味着养老金制度的财务压力将显著增大。《报告》还指出，我国城镇职工基本养老保险资金的当期结余预计在 2028 年首次出现赤字，并且赤字规模将不断扩大，到 2050 年可能达到 -11.28 万亿元。与此同时，累计结余资金预计在 2027 年达到峰值，之后迅速下降，并在 2035 年耗尽。尤其是在"未富先老"的背景下，养老资金匮乏问题迫在眉睫。尽管面临挑战，但通过合理的政策调整和制度改革，我国有望缓解养老金支付压力，保障老年人的基本生活需求。

（二）城乡养老资源不均衡问题

面对日益严峻的老龄化趋势，城乡之间在养老资源方面的差异日益凸显。首先，城乡在社会救助水平上存在显著差异，农村地区特困老人救助供养人数的比例相对较高，但是城市最低生活保障额度普遍高于农村，这导致依赖低保的农村老年人的基本生活保障相对较弱。其次，城乡居民基本养老保险的缴费档次和保障水平普遍偏低，这使得农村老年人的养老金收入难以维持基本生活。最后，养老服务设施的数量和质量在城乡间配置上也存在失衡。城市养老机构市场较大，服务类型多样，能够提供医养结合、心理咨询、文化娱乐等服务；而农村养老机构不仅数量少，且服务质量不高、运营能力不足，以供养特困人员的敬老院为主，难以满足老年人的多元化养老需求。

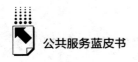

（三）人口老龄化加剧老年健康问题

习近平总书记在福建调研医改惠民情况时指出，"健康是1，其他是后面的0，没有1，再多的0也没有意义"。① 随着社会经济发展和医疗技术的进步，我国人均预期寿命已达77岁，但健康预期寿命仅为68岁，这意味着老年人在生命的最后近10年里，往往处于带病生存状态。老年失能问题是老年健康问题的重中之重。当前，我国老年失能问题呈现以下几点特征。第一，老年失能率随年龄增长快速上升。据测算，我国低龄老人失能率为4%，中龄老人失能率由6%逐渐提升至15%，高龄老人失能率在20%以上，老年人口年龄每增加5岁，失能率提高1.12倍。第二，城市老年人失能率明显高于农村老年人。主要原因是城市老年人体力劳动时间较少，且医疗水平较高增加了其带病生存时间。第三，女性失能率高于男性，主要原因是女性死亡率较男性低，女性老年人预期余寿较长，因此更多老年人处于失能状态。

（四）专业人才缺失问题

截至2023年，我国在养老服务人才方面面临一些挑战。根据人民网研究院的调研报告，我国失能失智老年群体约有4500万人，而持证的养老护理人员只有50万人，养老护理人员缺口进一步扩大。另外，中国老龄科学研究中心等机构发布的《养老服务人才状况调查报告（2022）》显示，271家养老服务机构中，七成以上存在人力资源供应不足的问题，六成以上存在人员专业化程度低和流动性强的问题。此外，养老护理人员队伍普遍面临规模小、流动性强、专业技能水平较低的问题。由于养老服务行业劳动强度大、薪酬水平不高，部分具备专业护理知识的年轻从业人员离职率较高，团队稳定性难以维持。

---

① 《习近平：健康是幸福生活最重要的指标》，人民网，2021年3月24日，http://jhsjk.people.cn/article/32059377。

五 对策建议

（一）增强养老保险体系的可持续性

解决养老金缺口的问题需要政府、企业、个人、金融市场的共同参与。政府要全国统筹，平衡不同地区之间的养老金负担。同时，应通过政策激励和税收优惠，鼓励企业和个人参与企业年金和个人养老金计划，以促进多层次养老保险体系的构建。在提高养老金投资效率方面，政府可以放宽养老金的投资限制，允许养老金投资更广泛的资产类别，以提高投资回报率，增加养老金的增值潜力；金融市场需积极参与，通过提供多样化的金融产品和服务，帮助养老金实现资产的保值增值；个人也需要增强对养老金规划的意识，通过参与企业年金和个人养老金计划，为自己的退休生活提供额外的保障。

（二）优化城乡养老资源配置

一是统筹城乡低保制度，优化养老保险缴费档次设置，并适当提高城乡基础养老金发放标准。同时，需要统一设定城市和农村低保金额下限，并根据不同群体类别在城乡同一保障水平下设置差异化待遇。二是多元主体协同供给养老资源，包括政府、市场和家庭。市、县、乡、村四级联动，明确不同主体的责任，以制度形式严格落实并进行考核监督。三是促进城乡养老资源自由流动，实现优势互补，缓解二元发展差异。以城带农，发挥城市养老资源的质量优势和人才优势，对标帮扶农村养老机构；以农哺城，创新农村养老服务发展机制，利用自然资源创建旅居养老模式，吸纳城市老年人前往农村养老，提升城乡养老资源的利用水平。

（三）完善失能老人保障体系

一是强化"居家+社区"在城镇养老中的基础性作用，打造"紧密医养

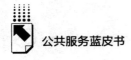

结合服务"闭环健康管理模式,巩固居家养老基础地位,优化针对居家养老群体的社区支持环境。二是推进"为老适老"智慧化社区环境改造,打破养老"数据孤岛"。建立老年人口数据库、养老服务网和智慧养老服务云平台,在老年家庭内部设置应急救援呼叫设备,聚合家庭、市场、社会和政府多方力量,以科技赋能居家和社区养老环境。三是推进"互联网+医养结合",利用互联网技术推动医疗与养老服务信息的互联互通,开展远程诊疗和慢性病管理,提升老年人医疗服务的可及性。鼓励多元主体参与社会支持养老服务,支持家庭和社区参与老年人照护,开展城乡助老志愿服务和互助养老服务,鼓励社会力量参与失能老年人照护。

(四)强化专业人才队伍建设

坚持以人为本的服务宗旨,构建多层次、高质量、专业化的养老人才结构体系。一是加强从业人员的专业培训和考核,遵循"以人才储备为目的,以专业培训为基底"的发展方向,推动相关机构和职业院校开设与居家养老服务相关的专业课程,既注重理论知识的系统化教学,也强调专业技能的实践操作。二是健全人才激励机制。通过建立与工龄、岗位和职称相关联的工资增长机制,确保那些素质高、能力强、专业精的人才能够获得相应的激励性薪资报酬。聚集优秀人才投身养老服务业,激发他们的创新活力和工作热情,从而提升整个行业的服务质量和效率。

B.7
住有所居研究报告

沈冠祺*

摘　要：　住有所居是实现社会公平和促进国家长期稳定发展的基础性保障。中国共产党第二十次全国代表大会明确提出在住有所居上持续用力。为实现住有所居，国家在住房保障方面不断出台新政策，积极改善住房条件、推进保障性住房建设并优化住房市场环境。本报告基于北京市、上海市、武汉市、长沙市、成都市和西宁市 6 座城市的实际情况，分析了在住房保障、住房质量、住房租赁市场和社区建设等 4 个领域存在的住有所居问题，包括保障性住房供需关系结构性失衡、部分地区保障性住房空置率较高、保障性住房资源分配不均等。针对这些问题，本报告提出了完善保障性住房体系、持续推进老旧小区改造的对策，力求在住有所居方面取得实际成效，以进一步提升住有所居政策效果，为住房保障工作提供科学依据和实践指导。

关键词：　住有所居　保障性住房　财政补助　住房市场环境

一　住有所居内涵

住有所居是指解决广大人民群众的住房问题。实现住有所居，必须从我国国情出发，在总结经验的基础上，进一步深化住房制度改革。坚持市场机制和政府调控"两手抓"，特别是强化政府公共服务职能，构建面向高、

---

* 沈冠祺，中国社会科学院大学政府管理学院硕士研究生，主要研究方向为公共管理。

中、低不同收入群体的多层次、差异化住房政策体系，做到"低端有保障，中端有支持，高端有市场"。"低端有保障"主要面向国家和本地规定可以享受基本住房保障的低收入住房困难家庭，通过公租房及租赁补贴等保障其基本住房需求。"中端有支持"主要面向购买商品房有一定困难且符合享受住房优惠政策的"夹心层"居民家庭，包括新就业无房职工和在城镇稳定就业的外来务工人员以及其他符合条件的"夹心层"群体。对于这些需要住房政策支持的群体，政府通过共有产权住房、保障性租赁住房等方式，满足其购、租住房的需求。"高端有市场"主要面向高收入人群，通过商品住房供应，满足其商品住房购、租需求。

二　住有所居服务评价指标

2021年3月30日，国家发展改革委、中央宣传部、教育部、民政部等多个部门联合印发《国家基本公共服务标准（2021年版）》，经过两年多的实践发展，2023年7月30日国家发展改革委等多个部门联合发文《国家基本公共服务标准（2023年版）》。根据《国家基本公共服务标准（2023年版）》，住有所居服务的内容主要有以下变化：调整人均住房面积标准；增加对乡村住房条件的改善措施，特别是在贫困地区和农村的住房保障上，出台相关支持政策；扩大农村危房改造的服务对象范围。在公共租赁住房方面，新增和扩展了公共租赁住房的保障范围，特别是加大对低收入家庭和新市民的住房保障力度，确保更多家庭能够享有公共租赁住房服务；在保障性租赁住房方面，明确了保障性租赁住房的具体标准和服务对象，调整了住房补贴的标准，扩大了补贴的适用范围，进一步加大针对低收入和特困家庭的补贴力度。这些变化共同作用，旨在实现改善居住条件、促进社会公平、保障基本生活的目标。

本报告选取公租房服务、住房改造服务两个一级指标，公租房保障、城镇棚户区住房改造、农村危房改造、老旧小区改造等四个二级指标构建住有所居评价指标体系（见表1）。

表 1　住有所居评价指标体系

一级指标	二级指标
公租房服务	公租房保障
住房改造服务	城镇棚户区住房改造
	农村危房改造
	老旧小区改造

由于每个城市的发展现状存在差异，且每个城市获得的数据指标也存在差异，在评估各城市住有所居服务能力时，本报告将基于上述评价指标体系，根据实际可获得的数据进行具体的评估和分析。通过灵活应用评价指标体系中的各项指标，确保在数据可用性范围内最大限度地反映各城市在住有所居方面的实际情况，从而实现科学、客观的评估。

三　部分城市住有所居服务发展概要

国家和地方政府高度重视住有所居问题。党的十九大以来出台的相关政策主要集中在住房保障、住房质量、住房租赁市场和社区建设等四个领域。这一政策体系明确了从住房供应到居住条件改善的全方位服务标准，为了提高住有所居服务的覆盖率和质量，地方政府积极响应国家政策，根据各地的实际情况制定并实施了一系列地方性政策和措施，措施包括财政补助、住房建设、租赁政策和社区配套设施建设等多个方面，力求在住有所居方面取得实际成效。

（一）北京市

1. 动态调整保障性住房政策

2019 年以来，北京市在房地产市场调控、保障性住房建设、棚户区老旧小区改造方面持续采取措施，以实现稳定住房供给和满足住房需求的发展目标。

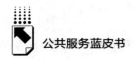

2019 年，北京市发布《北京住房和城乡建设发展白皮书（2019）》，明确保障性住房的定义、申请条件以及管理要求，目的是提高保障性住房的管理水平，增强住房保障的公平性和透明度，确保低收入家庭能够顺利申请和入住保障性住房。[①] 2020 年，北京市出台《关于调整本市市场租房补贴申请条件及补贴标准的通知》，重点增加了公共租赁住房的供应量，优化了分配机制，加强了针对新市民和青年家庭的保障，进一步放宽了本市市场租房补贴申请条件、提高了市场租房补贴标准，鼓励更多符合条件的家庭通过市场租房解决住房问题。[②] 2021 年，北京市出台《关于进一步规范本市新供住宅项目配建公租房、保障性租赁住房工作的通知》，提出保障性住房的具体建设、改建和维护措施，目的是提升保障性住房的建设质量和管理水平，保障居民能够享受到更高标准的居住条件，同时提高住房资源的利用效率。[③] 2022 年，北京市出台《北京市住房租赁条例》，加强对租赁市场的规范管理，推出对长租公寓和保障性租赁住房的支持政策，规范租赁合同和市场秩序。[④] 根据《北京市 2023 年办好重要民生实事项目分工方案》，北京市持续加强保障性住房建设，计划年内建设筹集保障性租赁住房 8 万套（间）、竣工各类保障性住房 9 万套（间），重点满足新市民、青年人等群体住房需求。同时，推进老旧小区改造升级，优化审核分配机制，简化申请流程，并强化工程质量监管，确保住房供给公平可及，切实提升居民居住品质和生活便利性。[⑤]

---

① 《〈北京住房和城乡建设发展白皮书（2019）〉8 月 2 日发布》，北京市人民政府网站，2019 年 8 月 3 日，https：//www.beijing.gov.cn/ywdt/gzdt/201908/t20190803_1827569.html。

② 《〈关于调整本市市场租房补贴申请条件及补贴标准的通知〉印发实施》，北京市住房和城乡建设委员会网站，2020 年 7 月 22 日，https：//zjw.beijing.gov.cn/bjjs/xxgk/xwfb/10834284/index.shtml。

③ 《北京市住房和城乡建设委员会 北京市发展和改革委员会 北京市财政局 北京市规划和自然资源委员会关于进一步规范本市新供住宅项目配建公租房、保障性租赁住房工作的通知》，北京市人民政府网站，2021 年 12 月 27 日，https：//www.beijing.gov.cn/zhengce/zhengcefagui/202112/t20211227_2573390.html。

④ 《北京市住房租赁条例》，北京市法规规章规范性文件数据库，2022 年 5 月 25 日，https：//www.beijing.gov.cn/zhengce/dfxfg/202208/t20220823_2797935.html。

⑤ 《北京市人民政府办公厅关于印发〈北京市 2023 年办好重要民生实事项目分工方案〉的通知》，北京市人民政府网站，2023 年 1 月 20 日，https：//www.beijing.gov.cn/zhengce/zhengcefagui/202301/t20230120_2906798.html。

2. 保障性住房建设、老旧小区改造、棚户区改造情况

2019~2023 年，北京市政策性住房的建设和竣工总量不断增加，住房供应持续扩大。保障性租赁住房的建设量在 2022 年达到了 15.15 万套，显示出政府对租赁市场的重视和支持。棚户区改造虽然在 2022 年有所放缓，但累计完成改造的 2657 户确实改善了部分老旧小区的居住环境。集中供地政策也在不断调整，2022 年供应住宅用地完成 81.3%，有力地支持了保障性住房的建设（见表 2）。总体来看，这些措施的实施效果不仅达到了市场预期，还通过增加保障性住房供应和改造旧有住房，显著改善了居民的居住环境、提高了其居住幸福感。

表 2　2019~2023 年北京市公共住房建设和改造基本情况

年份	基本情况
2019	○ 棚户区改造累计完成:1.63 万户 ○ 建设筹集政策性租赁住房:5.02 万套 ○ 新开工政策性产权住房:6.68 万套 ○ 分配公租房:1.4 万套 ○ 新增共有产权住房申购项目:15 个、1.23 万套
2020	○ 棚户区改造累计完成:1.07 万户 ○ 建设筹集政策性住房:68279 套 ○ 竣工政策性住房:98201 套 　■ 公租房:20167 套 　■ 定向安置房:59658 套 　■ 共有产权房:6658 套
2021	○ 建设筹集政策性住房:6.1 万套 ○ 竣工政策性住房:8.3 万套 　■ 公租房:2.28 万套 　■ 共有产权房:9781 套 ○ 集中供地推出公租房、保障性租赁住房配建地块:25 宗 ○ 实施集体土地租赁住房项目:51 个
2022	○ 棚户区改造累计完成:2657 户 ○ 建设筹集保障性租赁住房:15.15 万套 ○ 竣工保障性租赁住房:9.28 万套 ○ 四批次集中供地成交:55 宗、244 公顷
2023	○ 建设筹集保障性租赁住房:8.2 万套 ○ 竣工各类保障性住房:9.3 万套

资料来源：2019~2023 年北京市政府工作报告。

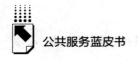

（二）上海市

1. 动态调整保障性住房政策

自 2019 年以来，上海市保障性住房政策经历了多次重要调整。2019年，上海市发布《上海市共有产权保障住房申请、供应实施细则》，加强保障性住房的建设及管理，确保低收入家庭能够顺利入住，并逐年加大保障性住房的建设和分配力度，积极构建适应不同人群的住房保障体系。[①] 2020 年，上海市继续深化保障性住房政策调整，通过优化土地供应，提升政策性住房的建设效率，逐步扩大住房保障覆盖面。此外，随着租赁市场的发展，上海市鼓励发展长租公寓，为年轻人和新市民提供稳定的居住选择，力求满足不同群体的住房需求。2021 年，在"房住不炒"的大背景下，上海市发布新一轮土地供应计划，明确将保障性住房建设作为重点，推动共有产权住房、公共租赁住房和经济适用房的建设，减轻居民的购房压力。2022 年，上海市进一步推出《上海市保障性租赁住房租赁管理办法（试行）》，针对不同家庭的住房需求，优化保障性住房的布局，实行租购并举的住房政策，促进保障性住房的多样化和灵活性。[②] 2024 年，上海市基于"全周期保障"理念，出台《关于进一步完善本市保障性租赁住房规划建设管理的意见》，通过优化服务体系、完善配套设施，进一步提升保障性住房的质量和服务水平，确保保障性住房在稳定市场、促进社会和谐方面发挥更大作用。[③]

2. 保障性住房建设、老旧小区改造、棚户区改造情况

2019~2023 年，上海市不断加大旧区改造力度，持续关注居住环境改

① 《关于印发〈上海市共有产权保障住房申请、供应实施细则〉的通知》，上海市人民政府网站，2019 年 12 月 31 日，https://www.shanghai.gov.cn/gycqbzzfsqgy/20230418/85219923790644f8919b13bfcb3776e5.html。
② 《关于印发〈上海市保障性租赁住房租赁管理办法（试行）〉的通知》，上海市住房和城乡建设管理委员会网站，2022 年 1 月 14 日，https://zjw.sh.gov.cn/gfxwj/20220705/be9dd899a2c2414ab95a97aa0bbce279.html。
③ 《关于进一步完善本市保障性租赁住房规划建设管理的意见》，上海市规划和自然资源局网站，2024 年 8 月 28 日，https://ghzyj.sh.gov.cn/zcwj/cxgh/20240827/d570316cdebe4965a8742bc33d24627e.html。

善。同时，大力推进保障性住房建设，2022 年累计建设筹措 38.5 万套保障性租赁住房，进一步增加住房供应，大部分群体住有所居目标得以实现（见表3）。2021 年，上海市政府积极落实《关于促进本市房地产市场平稳健康发展的意见》，通过完善土地市场管理、严格执行住房限购政策、严格商品住房销售管理、严格规范房地产市场经营秩序等多项措施，有效维护了房地产市场的平稳健康发展。特别是在保障性住房建设方面，市政府加大投入力度，全年保障性住房建设超额完成年度目标，切实解决了新市民、青年人等群体的住房困难问题，为构建租购并举的住房体系奠定了坚实基础。2023 年，上海市启动多个城中村改造项目，进一步支持了城市建设和住房保障。这些措施提升了居民的生活质量，有效稳定了市场预期，实现了住房保障与市场发展的双重目标。

表3   2019~2023 年上海市公共住房建设和改造基本情况

年份	基本情况
2019	○ 旧区改造:55.3 万平方米、2.9 万户 ○ 综合改造老旧住房:1184 万平方米 ○ 房屋修缮保护:104 万平方米 ○ 新增保障房:6.3 万套 ○ 新建和转化租赁房源:10.1 万套
2020	○ 旧区改造:75.3 万平方米 ○ 新增保障房:6.1 万套 ○ 建成乡村振兴示范村:28 个 ○ 农民集中居住:1.41 万户
2021	○ 旧区改造:90.1 万平方米 ○ 启动城中村改造项目:13 个 ○ 建设筹措保障性租赁住房:6.7 万套 ○ 实施集体土地租赁住房项目:51 个
2022	○ 累计建设筹措保障性租赁住房:38.5 万套
2023	○ 旧区改造:12.3 万平方米 ○ 启动城中村改造项目:10 个 ○ 建设筹措保障性租赁住房:8.1 万套

资料来源：2019~2023 年上海市政府工作报告。

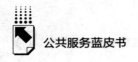

（三）武汉市

1. 动态调整保障性住房政策

自 2019 年以来，武汉市在保障性住房政策方面进行多次重要调整，以提高住房保障水平并优化住房环境。

2019 年，武汉市发布《2019 年武汉市保障性安居工程目标任务》，强化保障性住房的建设和管理，确保低收入家庭和新市民能够获得足够的住房支持，通过加快旧区改造和增加保障性住房供应，积极构建公平的住房保障体系。2020 年，武汉市实施《武汉市公共租赁住房保障办法》，进一步增加各类保障性住房的供应量，特别是在经济适用房和公共租赁房方面，推动房源多样化、落实租购并举政策，满足不同群体的需求。① 2021 年，武汉市着力推进旧区改造项目，完成了大量二级旧里房屋的改造，同时加大保障性租赁住房的建设力度，确保政策的覆盖面和实施效果。2021 年，武汉市出台《市人民政府办公厅关于加快发展保障性租赁住房的意见》，着重解决住房保障服务的短板问题，增加保障性住房的建设筹集数量，优化租赁市场的管理。2022 年，武汉市推出《武汉市人才安居专项规划（2022—2025）》，准确把握经济社会发展和人才之间的关系，加快完善以保障性租赁住房为主体的人才住房保障体系，推动建立多主体供给、多渠道保障、租购并举的住房制度，推动实现人才安居，为市民提供更加稳定和优质的住房保障服务。

2. 保障性住房建设、老旧小区改造、棚户区改造情况

2019~2023 年，武汉市在棚户区改造、保障性住房建设及老旧小区改造方面的政策保持了连续性和稳定性。2019~2023 年，武汉市持续关注棚户区改造，尽管每年的改造数量有所波动，但整体呈现稳定推进的态势，体现了武汉对改善住房条件的持续关注。保障性住房的建设和筹集不断增加，从 2019 年的 2.7 万套增至 2022 年的 6.21 万套，进一步提高保障性住房的供应

---

① 《市人民政府关于印发武汉市公共租赁住房保障办法的通知》，武汉市人民政府网站，2020 年 4 月 11 日，https：//www. wuhan. gov. cn/gwfbpt/szf/whsrmzf/202309/t20230912_2262856. shtml。

能力。此外，老旧小区改造工作也持续推进，从 2019 年的 53 个增加到 2022 年的 428 个（见表 4），显著提升了居民的生活质量，优化了其居住环境。城市更新改造和二次供水设施改造等措施进一步提升了基础设施的现代化水平。这些举措为居民提供了更多的保障性住房，改善了居住环境，提高了生活品质，体现了武汉市在保障住有所居方面的综合成效。

表 4　2019~2023 年武汉市公共住房建设和改造基本情况

年份	基本情况
2019	○ 改造棚户区：3.5 万户 ○ 建成保障性住房：2.7 万套 ○ 大学毕业生保障性住房：41.5 万平方米 ○ 改造老旧小区：53 个
2020	○ 改造棚户区：3.4 万套
2021	○ 建成棚户区改造住房：3.6 万套 ○ 筹集保障性住房：21 万套 ○ 改造老旧小区：455 个，惠及居民 28.36 万户
2022	○ 建设筹集保障性住房：6.21 万套 ○ 建成棚户区改造住房：2.86 万套 ○ 基本公共服务人员住房困难解决：1.3 万名 ○ 改造老旧小区：428 个 ○ 城市更新改造征收面积：404 万平方米
2023	○ 建成棚户区改造住房：3.20 万户 ○ 筹集保障性租赁住房：5.86 万套（间） ○ 无障碍改造：2871 户

资料来源：2019~2023 年武汉市政府工作报告。

（四）长沙市

1. 动态调整保障性住房政策

近年来，长沙市在保障性住房政策方面进行系统调整，旨在提高住房保障水平和优化居住环境。

2019 年，《长沙市人民政府办公厅关于推进公租房货币化保障工作的实施意见》发布，通过进一步深化住房制度改革，促进房地产市场平稳健康发展，积极培育和发展住房租赁市场，加快改善居民住房条件，完善住房保障制度。[①] 2020 年，长沙市坚持政府主导、部门为主、统筹规划、分步解决的总体思路，适当提高住房保障标准，通过发放租赁补贴的方式，补贴租房资金，力争用 2~3 年的时间，分批次多渠道改善长沙市公益性岗位住房困难职工的住房条件。2021 年 3 月，长沙市推出《长沙市人民政府办公厅关于全面推进城市更新工作的实施意见》，提出以全面改造、综合整治、功能改善、拆除重建等方式推动老旧城区改造，明确以完善基础设施等公共服务设施布局为重点，统筹推进城市有机更新，全面改善人居环境、提升城市品质，助力建设宜居、韧性、智慧的长沙。2021 年，长沙市出台《长沙市人民政府办公厅关于加快发展保障性租赁住房的实施意见》，扩大保障性住房供给，改善城市面貌。[②] 2023 年，长沙市发布《长沙市公共租赁住房管理办法》，特别关注无障碍环境建设，满足困难家庭的住房需求。[③] 长沙市政策调整涵盖从保障性住房建设到老旧小区改造的各个方面，旨在全面提升长沙市的住房保障服务质量。

2. 保障性住房建设、老旧小区改造、棚户区改造情况

2019~2023 年，长沙市持续关注老旧小区改造、棚户区改造。同时，不断推进公共租赁住房和人才公寓建设，2019 年新建 9031 套公租房，2021 年公共租赁住房达 10.5 万套，体现了保障性住房供应的稳步增加。此外，长沙市在老旧小区和危旧房屋改造方面也取得了显著进展，2022 年更新改造了 866 栋直管公房，2023 年进一步改造了 508 个城镇老旧小区和 370 栋城镇

① 《长沙市人民政府办公厅关于推进公租房货币化保障工作的实施意见》，长沙市人民政府网站，2019 年 1 月 1 日，http：//www.changsha.gov.cn/zfxxgk/fdzdgknr/zdmsxx/zfbzxx/bzxzfzc/202011/t20201106_9470609.html。
② 《长沙市人民政府办公厅关于加快发展保障性租赁住房的实施意见》，长沙市人民政府网站，2022 年 1 月 13 日，http：//www.changsha.gov.cn/zfxxgk/fdzdgknr/zdmsxx/zfbzxx/bzxzfzc/202207/t20220719_10689638.html。
③ 《长沙市人民政府办公厅关于印发〈长沙市公共租赁住房管理办法〉的通知》，长沙市人民政府网站，2023 年 5 月 5 日，http：//www.changsha.gov.cn/zfxxgk/fdzdgknr/zdmsxx/zfbzxx/bzxzfzc/202307/t20230704_11155619.html。

危旧房屋（见表5）。通过这些措施，武汉市有效改善了居民的生活环境，也确保了保障性住房供应的稳定性和公平性，实现了改善居住条件和满足住房需求的双重目标。

表5　2019~2023年长沙市公共住房建设和改造基本情况

年份	基本情况
2019	○ 改造老旧小区：50个 ○ 改造省级棚户区：5731户 ○ 改造市级棚户区：13758户 ○ 新开工公租房和人才公寓项目：11个 ○ 新建公租房：9031套
2020	○ 筹集租赁房源：57163套
2021	○ 提供公共租赁住房：10.5万套 ○ 改造棚户区：1376.61万平方米
2022	○ 更新改造直管公房：866栋、14.3万平方米、2800户家庭 ○ 清除风险楼盘：33个
2023	○ 改造重点片区：14个 ○ 改造城镇老旧小区：508个 ○ 改造城镇危旧房屋：370栋 ○ 改造棚户区：1690户 ○ 筹集公租房：1123套

资料来源：2019~2023年长沙市政府工作报告。

（五）成都市

1.动态调整保障性住房政策

2019年，成都市发布《成都市人民政府办公厅关于进一步发展和规范住房租赁市场的意见》，进一步健全完善住房保障体系，加大公共租赁住房租赁补贴保障力度，有效解决城镇中低收入住房困难家庭和新市民住房问题。[1] 2020年，成都市出台《成都市人民政府办公厅关于进一步完

[1] 《成都市人民政府办公厅关于进一步发展和规范住房租赁市场的意见成办发〔2019〕38号》，成都市青白江区人民政府网站，2020年1月16日，http://www.qbj.gov.cn/qbjq/c147804/2020-01/16/content_ fcff3485439e42129b6679fc62eb710b.shtml。

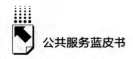
善住房保障体系加快实现住有所居的实施意见》，提出加快租赁市场的建设，提升保障性租赁住房的筹措和建设水平，确保住房保障体系的稳健发展。2021年，成都市发布《成都市人民政府办公厅关于加快发展保障性租赁住房的实施意见》，注重提升住房保障的管理效能，优化资源配置，以提升居民的生活质量。2022年，成都市出台《成都市保障性租赁住房运营管理暂行办法》，在保障性住房建设方面重点解决困难家庭的住房需求。① 推进城市更新项目，改善城市环境和居住条件。2023年，成都市加快推进保障性住房建设、老旧小区改造和城市更新。全年新建保障性住房超3万套，重点布局天府新区、高新区等产业区域，保障性租赁住房占比超80%；改造老旧小区500余个，惠及3.5万户居民。特别关注无障碍环境建设，解决困难残疾人家庭的住房需求，全面提升住房保障服务水平和质量。②

2. 保障性住房建设、老旧小区改造、棚户区改造情况

2019~2023年，成都市人才公寓和保障性租赁住房的筹集数量显著增加，人才公寓筹集从2021年的2.3万套增加到2022年的9.9万套，保障性租赁住房从2021年的6.6万套（间）增至2022年的57.5万套（间）。此外，城中村改造和老旧小区改造工作也取得了显著成效，城中村改造从2019年的1.68万户增加到2022年的5.0万户，老旧院落改造从2019年的53个增至2023年的616个（见表6）。成都市不仅有效改善了城市的居住环境，还通过增加保障性住房供应和改造老旧小区，为居民提供了更为优质的生活条件。

---

① 《成都市人民政府办公厅关于印发成都市保障性租赁住房运营管理暂行办法的通知》，成都市人民政府网站，2022年12月21日，https：//www.chengdu.gov.cn/gkml/cdsrmzfbgt/qtwj/1646400540596269056.shtml。

② 《成都市人民政府办公厅关于加快发展保障性租赁住房的实施意见》，成都市人民政府网站，2021年8月20日，https：//www.chengdu.gov.cn/gkml/cdsrmzfbgt/xzgfxwj/1635126017871847424.shtml。

表6 2019~2023 年成都市公共住房建设和改造基本情况

年份	基本情况
2019	○ 改造老旧院落:53 个 ○ 改造城中村:1.68 万户 ○ 公租房租赁补贴和保障性住房配套住房面积:1362 万平方米
2020	○ 动态配租公租房:7491 户 ○ 发放租赁补贴:1.1 万户
2021	○ 新筹集人才公寓:2.3 万套 ○ 新筹集保障性租赁住房:6.6 万套(间) ○ 改造老旧小区:313 个 ○ 改造棚户区:3972 户 ○ 改造城中村:1970 户
2022	○ 改造棚户区:3.3 万户 ○ 改造城中村:5.0 万户 ○ 改造老旧院落:1816 个 ○ 筹集人才公寓:9.9 万套 ○ 新增保障性住房:57.5 万套(间)
2023	○ 改造社区微更新项目:345 个 ○ 改造老旧院落:616 个 ○ 改造城中村:3236 户 ○ 改造棚户区:3.15 万户 ○ 筹集保障性租赁住房:6.1 万套(间)

资料来源:2019~2023 年成都市政府工作报告。

(六)西宁市

1. 动态调整保障性住房政策

近年来,西宁市在保障性住房政策方面进行了系统调整。2019 年,西宁市制定《西宁市经济适用住房管理办法》,强调经济适用住房建设、供应和管理坚持政府主导,统一规划、合理布局、综合开发、配套建设、规范运作的基本原则。[①] 2020~2021 年,西宁市持续推进保障性住房建设,

---

[①] 《西宁市人民政府办公室关于印发西宁市经济适用住房管理办法的通知(宁政办〔2019〕58号)》,西宁市人民政府,2019 年 4 月 22 日,https://www.xining.gov.cn/zwgk/fdzdgknr/zcwj/szfbgswj/202012/t20201217_141810.html。

重点解决中低收入家庭住房困难。2022 年，西宁市出台《西宁市保障性租赁住房建设管理实施方案》，优化住房资源配置，改善城市面貌。[①] 2023 年，西宁市推出《西宁市保障性租赁住房管理办法（暂行）》，重点关注无障碍环境建设，解决特殊人群的住房困难，进一步提高住房保障水平，促进城市可持续发展。[②]

2. 保障性住房建设、老旧小区改造、棚户区改造情况

2019～2023 年，西宁市在住房保障和城市基础设施改造方面取得显著成效。在棚户区改造方面，西宁市的开工和建成数量增加。保障性住房的筹集数量也逐步增加，从 2019 年的 2250 套增加到 2023 年的 2900 套，为更多居民提供了保障性住房。老旧小区的改造同样取得了显著成效，从 2019 年的 1.55 万套增加到 2023 年的 2.7 万套（见表 7）。居民居住环境持续得到改善。

表 7 2019～2023 年西宁市公共住房建设和改造基本情况

年份	基本情况
2019	○ 改造农村危旧房:1399 户 ○ 综合改造老旧小区:1.55 万套 ○ 开工建设城镇棚户区:2924 套 ○ 建成城镇棚户区:14704 套 ○ 城镇棚户区实际入住:5222 套 ○ 筹集保障性住房:2250 套
2020	○ 开工建设城镇棚户区:4192 套 ○ 改造老旧住宅小区:21337 套
2021	○ 建设保障性住房:4300 套 ○ 改造老旧小区:89 个

---

① 《西宁市人民政府办公室关于印发西宁市保障性租赁住房建设管理实施方案的通知》，西宁市人民政府网站，2022 年 1 月 25 日，https：//www. xining. gov. cn/zwgk/fdzdgknr/zcwj/szfbgswj/202204/t20220411_168050. html。

② 《西宁市人民政府关于印发西宁市保障性租赁住房管理办法（暂行）的通知》，西宁市人民政府网站，2023 年 12 月 20 日，https：//www. xining. gov. cn/zwgk/fdzdgknr/zcwj/szfwj_35/202401/P020240123398655167879. pdf。

年份	基本情况
2022	○ 改造老旧小区:3 万余套 ○ 筹集保障性住房:2000 套
2023	○ 改造老旧小区:2.7 万套 ○ 筹集保障性住房:2900 套 ○ 交付保交楼项目:1.3 万套

资料来源:2019~2023 年西宁市政府工作报告。

四　保障性住房发展存在的问题与挑战

随着我国经济社会的快速发展和民生保障力度的持续加大,保障性住房建设和供给、老旧小区和棚户区改造取得了较大的进展。但由于我国仍处于社会主义初级阶段,人口基数大,保障性住房建设、老旧小区改造等工作量大面广,住有所居服务仍存在一定的短板弱项,还有待进一步完善。

(一)保障性住房供需关系结构性失衡

部分地区保障性住房的供需关系出现了结构性失衡现象,在规划过程中往往过于关注居民的收入,而忽视了当地的生活成本,导致保障性住房难以满足主要受惠群体的需求。目前,许多地方保障性住房的准入条件相对较高、限制较多,保障性住房主要面向本地户籍的低收入家庭,非本地户籍常住居民以及临时面临住房困难的人群难以得到相应的保障。事实上,城市居民住房困难的原因多种多样,分配保障性住房时容易忽略以下三类人群:一是收入与实际购房能力不匹配的居民,他们可能因为家庭固定支出较大而陷入阶段性贫困,其收入虽然在最低标准之上,但因实际现金储备有限,往往无法承担商品房的购置费用;二是城市流动人口,我国大规模人口流动现象普遍,这些流动人口因难以满足许多城市的居住年限要求而面临较大的住房压力;三是城市中的"夹心层"居民,许多城市的商品房价格高昂,与保

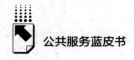

障性住房的价格差距较大，"夹心层"居民既买不起商品房，又无法享受到保障性住房的优惠。

（二）部分地区保障性住房空置率较高

部分地区保障性住房的规划和配套仅满足基本的居住需求，却忽视了受保障对象的生活需求，导致部分保障性住房空置率较高。由于保障性住房不会给地方政府带来土地出让金收益，因此许多地方选择在土地价格较低的郊区建设保障性住房。然而，这些地区交通不便、基础设施不完善、公共服务供给滞后，大大影响受保障对象的申请意愿，进而造成保障性住房的闲置。对于已经入住的受保障对象来说，虽然居住成本降低，但其他生活成本却有所提高，整体支出没有明显减少，容易引发他们弃住和违规出租保障性住房的行为。此外，许多地方为了推进保障性住房建设，推出了商品住房项目配建保障性住房的政策，这虽然缓解了地方政府的资金压力，但也带来了新问题，房地产开发商为了降低成本，降低建设标准，导致保障性住房在户型设计、容积率、小区绿化和物业管理等方面存在不足，居住品质较低，也加剧了保障性住房的空置现象。

（三）保障性住房资源分配不均

在保障性住房的资源分配上，地区间的不平衡现象明显。大城市和发达地区相较于中小城市和欠发达地区，获得的保障性住房资源明显更多，这不仅造成资源浪费，同时也加剧了不同地区间的住房不平等问题。总之，应加强保障性住房分配上的有效监管。

五　对策与建议

（一）完善保障性住房体系

1.建立配租型与配售型保障性住房衔接机制

优化配租型和配售型保障性住房的供给比例，建立配租型与配售型保障性住房衔接机制。相比于配售型保障性住房，配租型保障性住房具有更大的灵活性。它既可以通过租金补贴或折扣来满足收入较低和购房资金不足的家庭的需求，也能满足多样化的阶段性住房困难人群的需求。因此，应将配租型保障性住房作为满足居民住房需求的基础保障，扩大其覆盖范围，确保所有无力购买商品房的群体都能受益。随着财产积累和收入水平的提高，配租型保障性住房的居住人群在购买力提升后，可以转而购买配售型保障性住房或商品房。各地政府应开展详细的调研，科学确定配租型和配售型保障性住房的建设比例，建立两者之间的衔接机制，以动态调整整个保障性住房体系，满足不同人群的住房需求。

2. 优化保障性住房的区域布局

进一步优化保障性住房的区域布局，提升居住品质，降低空置率，将保障性住房的建设规划与当地的产业发展规划相结合。通过产业赋能，优化保障性住房目标人群的职业发展路径，将保障性住房满足居民兜底性居住需求的能力与受保障居民收入提升预期相结合，从而进一步增进民生福祉。在配租型和配售型保障性住房的设计上实现差异化也很重要，根据不同目标人群在生活、教育、医疗和交通等方面的需求，提供更加符合实际的设计，以满足各类受保障人群的不同需求。此外，还需要对保障性住房的使用情况进行动态跟踪，适时调整使用率不高的保障性住房项目的内部结构或外部配套设施。根据配租型和配售型保障性住房需求的变化，调整区域布局，以更好地服务各类受保障人群。

3. 建立健全监管机制

政府需持续推动住房市场的公平竞争，建立健全住房市场监管机制，防止出现市场垄断和不公平竞争现象，确保住房资源合理分配，坚持推进"保交楼"政策。注重区域协调发展，避免住房保障资源过度集中在大城市。地方政府应根据本地实际情况，制定符合地方特色的住房保障政策，实现区域间的平衡发展。按照明确的分配制度，做到全过程公平、公正，引入第三方监督机制，对保障性住房的分配流程进行规范，加强对住房与配发流程的监管。

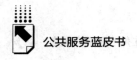
（二）持续推进老旧小区改造

地方政府应着手开展对老旧小区的全面调研与评估，了解小区的建筑状况、基础设施情况、居民需求及问题。根据调研结果，分阶段实施老旧小区改造。优先制定长期规划，改造存在重大安全隐患和亟须改善的区域，逐步推进其他区域的改造。在规划阶段，积极听取居民、社区和专业机构的意见，确保改造方案符合实际需求，提升改造效果。充分利用社区居民的意见和建议，形成共识，以提高改造的接受度和支持度。同时，政府应加大对老旧小区改造的财政支持力度，设立专项资金用于改造项目。此外，还应探索多元化融资渠道，可以通过公私合营、企业捐赠等方式，增加资金来源，减轻政府财政压力。在资金使用监管方面，建立健全资金使用监管机制，确保改造资金的使用透明、规范。定期对资金使用情况进行审计和评估，防止资金浪费和腐败现象，确保每一笔资金都用于实际需要的改造工作。在社区管理与服务方面，成立专门的社区管理机构，提供专业的管理人员、服务团队负责老旧小区的改造与维护。在改造过程中，提供必要的居民服务，如搬迁安置、生活配套等，减少改造对居民生活的影响。加强与居民的沟通，及时解决在改造过程中遇到的问题。通过设立意见反馈机制、组织居民座谈会等方式，让居民参与改造决策和实施，提升满意度和参与感。

参考文献

陈杰：《让全体人民住有所居、居有所安》，《人民论坛》2024年第5期。

李晓红：《住房保障体系逐步完善　让更多市民住有所居》，《中国经济时报》2024年1月22日。

廖睿灵：《新一轮保障性住房规划建设启动——配租+配售，让更多市民住有所居》，《人民日报》（海外版）2024年1月16日。

李汉文、张华锋：《共同富裕视域下住房公积金制度相关问题应对》，《会计之友》2023年第24期。

陈椰明：《破解难题让优秀人才住有所居——浅谈黄浦区长租房发展》，《上海房地》2023 年第 5 期。

田祖国、赵疆：《习近平关于住房制度重要论述的科学内涵、理论渊源与时代意蕴》，《湖南大学学报》（社会科学版）2022 年第 3 期。

邱琳妲、刘璐：《公积金支持保障性租赁住房建设：一个创新理论框架》，《经济与管理》2024 年第 4 期。

白彦军、邹士年：《积极推动保障性住房高质量发展》，《宏观经济管理》2024 年第 5 期。

B.8
弱有所扶研究报告

卞红卫 范 浩*

摘 要: 弱有所扶是民生保障的重要内容和关键议题,关乎弱势群体的幸福冷暖,关乎社会公平正义,是治国安邦的大问题,更是社会主义的本质要求、高质量发展的题中之义。本报告系统梳理了我国弱有所扶的概念、标准体系、发展现状,选取北京市、上海市、武汉市、郑州市、西安市、成都市等东部、中部、西部地区 6 座城市为典型样本,运用数据分析法系统分析弱有所扶的基本特征,从中得出目前我国弱有所扶存在区域、城乡差异大,救助方式和主体相对单一,服务统筹合力有待提升,救助对象识别水平仍需提升,老龄化加大老年群体救助压力等短板弱项,并针对性提出持续深化社会保障体系改革,健全社会救助法治体系,完善社会救助体制机制,拓展社会救助服务内涵,构建多元帮扶格局,强化弱有所扶区域协调发展等对策建议,以期推动弱有所扶保障体系建设更加健全完善,切实做到弱有所扶、困有所助、难有所帮,以更好发挥其"稳定器""安全网"作用。

关键词: 弱有所扶 社会保障 社会救助 社会公平

一 引言

弱势群体一直伴随着经济和社会的发展而存在。扶弱济困、博施于众,

---

* 卞红卫,新疆社会科学院副研究员,主要研究方向为中国特色社会主义;范浩,新疆社会科学院历史研究院助理研究员,主要研究方向为边疆治理。

自古以来就是中华民族的传统美德，历代中央王朝曾通过设立福田院、居养院、安济坊、养济院、育婴堂、栖流所等，[①] 为"鳏寡孤独废疾"等弱势群体提供必要的援助和保护，以维持其基本生存。对弱势群体予以关心与扶助，不仅是衡量社会文明程度的重要标尺，更是社会主义制度的本质要求，是高质量发展的题中之义，关乎社会的和谐稳定与发展。新中国成立以来，党和政府高度重视基本民生保障和社会救助工作，始终坚持人民至上，用心用情用力推进社会救助事业不断发展。特别是党的十八大以来，习近平总书记对社会救助做出一系列重要论述，党和政府完整准确全面贯彻习近平总书记提出的关于社会救助的一系列新思想、新论断、新要求，把社会救助体系建设摆在更加突出的位置，全面深化社会救助制度改革，兜住兜牢民生底线；特别是把贫困人口脱贫作为全面建成小康社会的底线任务和标志性指标，把农村社会救助纳入乡村振兴战略统筹谋划，进一步推动我国社会救助事业高质量发展，基本形成了覆盖全面、分层分类、城乡统筹、综合高效的社会救助格局，弱有所扶事业取得历史性成就、发生历史性变革。

（一）弱有所扶概念的提出及意义

弱有所扶是习近平总书记在党的十九大报告中提出的重要民生保障原则。习近平总书记指出，"必须多谋民生之利、多解民生之忧，在发展中补齐民生短板、促进社会公平正义，在幼有所育、学有所教、劳有所得、病有所医、老有所养、住有所居、弱有所扶上不断取得新进展"。[②] 与党的十八大报告相比，弱有所扶是党的十九大报告关于民生保障的新提法、新要求、新原则。此后，党的十九届四中全会进一步提出"统筹完善社会救助、社会福利、慈善事业、优抚安置等制度"的新要求。2020 年 8 月，中共中央办公厅、国务院办公厅印发《关于改革完善社会救助制度的意见》，明确建

---

① 《中国何以在新历史条件下实现弱有所扶？》，江苏社科规划网，2018 年 4 月 18 日，http：//jspopss. jschina. com. cn/shekedongtai/shekexinwen/201804/t20180418_5304954. shtml。
② 习近平：《决胜全面建成小康社会　夺取新时代中国特色社会主义伟大胜利》，人民出版社，2017。

立健全分层分类社会救助体系的重点任务，强调构建综合救助格局、打造多层次救助体系、创新社会救助方式以及促进城乡统筹发展。① 2021 年 12月，国家发展改革委等部门发布的《"十四五"公共服务规划》进一步重申了弱有所扶的重要性，明确了弱有所扶的服务对象、服务内容和服务标准，为做好弱有所扶工作指明了路径、明确了方向。② 2023 年 9 月，《民政部关于加强政府救助与慈善帮扶有效衔接的指导意见》印发，从完善政府救助和慈善帮扶衔接工作机制、加强政府救助和慈善帮扶信息互通共享、创新公益慈善力量参与社会救助途径方法、落实公益慈善力量参与社会救助激励支持举措等方面，对引导动员公益慈善力量积极参与社会救助工作做出部署。③ 2023 年 10 月，国务院办公厅转发了民政部等部门《关于加强低收入人口动态监测做好分层分类社会救助工作的意见》，从合理确定低收入人口范围、加强低收入人口动态监测、做好分层分类社会救助工作等方面明确了重点任务和具体举措。④ 实践表明，我们党持续推进弱有所扶事业是一以贯之的，其理论与实践也是与时俱进的，在习近平新时代中国特色社会主义思想的指引下，兜底保障网不断织得更密、编得更牢。

天地之大，黎元为本；悠悠万事，民生为要。扶弱济困，是中华民族代代相传的美德；实现弱有所扶，也是党和政府的庄严承诺。弱有所扶不仅传承了中华民族优良传统，而且是我们党全心全意为人民服务根本宗旨和中国特色社会主义制度优越性的集中体现，是落实以人民为中心的发展思想、改善人民生活品质的民心事业，是扎实推进共同富裕、

---

① 《中共中央办公厅　国务院办公厅印发〈关于改革完善社会救助制度的意见〉》，中国政府网，2020 年 8 月 25 日，https：//www.gov.cn/gongbao/content/2020/content_5541475.htm。

② 《关于印发〈"十四五"公共服务规划〉的通知》，中国政府网，2021 年 12 月 28 日，https：//www.gov.cn/zhengce/zhengceku/2022-01/10/content_5667482.htm。

③ 《民政部关于加强政府救助与慈善帮扶有效衔接的指导意见》，中国政府网，2023 年 9 月 4日，https：//www.gov.cn/zhengce/zhengceku/202309/content_6902442.htm。

④ 《国务院办公厅转发民政部等单位〈关于加强低收入人口动态监测做好分层分类社会救助工作的意见〉的通知》，中国政府网，2023 年 10 月 19 日，https：//www.gov.cn/zhengce/zhengceku/202310/content_6911066.htm。

厚植民生福祉的必然要求，是推动巩固拓展脱贫攻坚成果同乡村振兴有效衔接的重要举措，对于促进人的全面发展和社会全面进步、推进中国式现代化、实现中华民族伟大复兴具有十分重要的现实意义和深远的历史意义。

（二）弱有所扶服务的主要内容

弱有所扶中的"弱"主要是指社会中各类处于生活窘迫状况和发展困境的群体。尽管目前我国消除了绝对贫困，但由于人的个体差异和社会经济发展的不平衡性，我国仍然存在一定数量的弱势群体。习近平总书记指出，"我们搞社会主义就是要让人民群众过上幸福美好的生活，全面建成小康社会一个民族、一个家庭、一个人都不能少"。① 弱有所扶旨在通过以国家为主体的公共服务提供者为弱势群体提供救助服务与公共服务，以保障其经济社会权利，满足其福利需求。根据《国家基本公共服务标准（2023 年版）》相关规定，弱有所扶领域主要包括社会救助服务、公共法律服务、扶残助残服务等 3 个服务类别 14 个服务项目。其中，社会救助服务包括最低生活保障、特困人员救助供养、医疗救助、临时救助、受灾人员救助等 5 个服务项目。主要针对共同生活的家庭成员人均收入低于当地最低生活保障标准且符合当地最低生活保障家庭财产状况规定的家庭，无劳动能力、无生活来源且无法定赡养、抚养、扶养义务人的老年人、残疾人、未成年人，因高额医疗费用支出导致家庭基本生活出现严重困难的大病患者，发生急重危伤病、需要急救但身份不明或无力支付相应费用的患者，基本生活受到自然灾害严重影响的人员等，按照规定标准提供最低生活保障金、基本生活条件、医疗救助、应急救助等服务内容。公共法律服务主要针对经济困难公民和符合法定条件的其他当事人等，按照规定标准提供法律咨询、代拟法律文书、刑事辩护与代理、劳动争

---

① 《"脱贫攻坚战一定能够打好打赢"——记习近平总书记看望四川凉山地区群众并主持召开打好精准脱贫攻坚战座谈会》，《人民日报》2018 年 2 月 15 日，第 3 版。

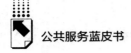

议调解与仲裁代理等服务内容。扶残助残服务包括困难残疾人生活补贴和重度残疾人护理补贴、无业重度残疾人最低生活保障、残疾人托养服务、残疾人康复服务、残疾儿童及青少年教育、残疾人职业培训和就业服务、残疾人文化体育服务、残疾人和老年人家庭无障碍环境建设等 8 个服务项目。

（三）弱有所扶主要量化指标

长期以来，我国主要关注弱势群体中的绝对贫困群体，对社会中其他各类处于生活窘境和发展困境的群体关注较少。随着我国绝对贫困的消除，社会中各类处于生活窘境和发展困境的群体逐渐被纳入保障和改善民生的对象范围。由于弱有所扶政策体系尚未完备，相关服务项目尚未明确统一评价指标，加之法律援助等服务项目各地统计口径不一，数据化、信息化支撑不够，弱有所扶服务项目可量化的数据指标很难统一，但主要包括以下几类：城乡低保标准，特困人员救助标准，社会福利院、儿童福利院、精神病人福利院等服务设施以及困难残疾人生活补贴和重度残疾人护理补贴标准等。

（四）弱有所扶发展概况

弱有所扶关系困难群众基本生活和衣食冷暖，是保障和改善民生、维护社会公平的兜底性、基础性制度安排，"发挥着民生保障安全网、收入分配调节器、经济运行减震器的作用，是治国安邦的大问题"①。我们党历来高度重视基本民生保障和社会救助工作，在百年奋斗历程中，始终坚持人民至上，用心用情用力推进社会救助事业不断发展进步。社会主义建设时期，随着社会主义制度的建立，国家主要采取紧急救济的方式面向灾民、难民、贫民、失业人员、无依无靠的孤老残幼人员和特殊救济对象等弱势群体进行救助，提供日常性生活救助，解决他们面临的困难和问题，基本

---

① 习近平：《促进我国社会保障事业高质量发展、可持续发展》，《求是》2022 年第 8 期。

奠定了社会救助制度的框架基础。改革开放后，我国市场化改革的进程加快，党和国家开始把社会保障作为建立社会主义市场经济体制的重要支柱和提高人民生活水平的制度安排，确立社会统筹与个人账户相结合的制度模式，稳步推进社会保障体系建设，陆续建立企业职工养老保险、医疗保险、失业保险、工伤保险和生育保险制度；同时，把弱势群体帮扶范围进一步扩大至城市"三无"人员、农村"五保"对象以及部分低收入群体，救济水平不断提升。进入新时代，弱有所扶成为"七有"民生建设目标的重要一环，也是我们党补齐民生短板的新目标、新要求。以习近平同志为核心的党中央坚持人民至上、民生为本，致力完善包括弱有所扶在内的社会救助体系，出台《社会救助暂行办法》等系列法规，建立健全了以社会保险、社会救助、社会福利为主要内容的社会政策体系，形成了党委领导、政府负责、社会协同、公众参与、法治保障的社会帮扶机制，通过现金给付、提供服务等方式为人民构筑起社会保障安全网。随着弱有所扶概念的提出，我国进一步深化社会救助体制改革，把特困供养对象、最低生活保障对象、低收入家庭、支出型贫困家庭纳入救助群体，进一步扩大了保障和改善民生的范围，推动了弱有所扶相关制度建设，形成了涵盖社会救助与服务的弱有所扶政策体系雏形，构建了政府、市场、社会协作型救助供给模式，适应了民生兜底保障从"扶贫"向"扶弱"的转变，从"有没有"向"好不好"的转变，在保障理念、保障范围、保障水平等方面进一步延伸；同时，建立健全民众利益诉求表达机制，确保了弱势群体的权益得到有效维护。

二　典型城市弱有所扶服务发展的总体概要

（一）城市居民最低生活保障标准和特困人员保障情况

最低生活保障制度是指对家庭成员人均收入低于当地最低生活保障标准的人口提供一定资金和物质帮助，以保障该家庭成员基本生活的社会保障制度。自实施城乡低保制度以来（城乡低保制度分别于 1997 年、2007 年建立），财政投入不断增大，最低生活保障标准稳步提高。2012～2022 年，全国城乡低保平均标准分别增长了 1.2 倍和 4.0 倍。[①] 最低生活保障制度在保障城乡低收入人群基本生活、缩小城乡差距、维护社会和谐稳定等方面发挥了积极作用，[②] 也是我国社会救助工作发展的一个重要标志。6 座城市中北京市、上海市、郑州市均已实现最低生活保障标准城乡并轨，武汉市、成都市、西安市依然实行最低生活保障城乡双轨制（见表 1）。其中，最低生活保障标准最高城市为上海市，其后依次为北京市、武汉市、成都市、西安市、郑州市。同时，受经济发展水平、政府财政支出、城镇化水平等因素影响，北京市、上海市城市居民最低生活保障人数占全市保障人数比重较高，郑州市、武汉市、成都市、西安市的农村居民最低生活保障人数占比较高（见表 2）。

表 1　2019～2023 年部分城市城乡居民最低生活保障标准

单位：元/人·月

年份	北京	上海	郑州	武汉		成都		西安	
				城市	农村	城市	农村	城市	农村
2019	1100	1160	700	780	635	700	650	700	500
2020	1170	1240	730	830	680	850	800	740	560
2021	1245	1330	740	870	730	850	800	740	560
2022	1320	1420	750	910	780	870	820	740	560
2023	1395	1510	750	940	820	910	860	800	650

注：目前北京市、上海市、郑州市已实现城乡居民最低生活保障标准并轨，统称城市最低生活标准。北京市最低生活保障标准一般每年 7 月调整，上海市最低生活保障标准一般每年 7 月调整，郑州市最低生活保障标准一般每年 7 月调整；武汉市最低生活保障标准一般每年 4 月调整；成都市从 2022 年开始一般每年 1 月调整；西安市从 2023 年开始一般每年 1 月调整。

[①] 《推动基本民生保障水平不断提高　民生领域财政投入持续增长》，《人民日报》2023 年 1 月 22 日，第 1 版。

[②] 《国务院关于进一步加强和改进最低生活保障工作的意见》，中国政府网，2012 年 9 月 1 日，https://www.gov.cn/gongbao/content/2012/content_2238961.htm。

表 2　2019~2023 年部分城市城乡居民最低生活保障人数

单位：万人

年份	北京		上海		郑州		武汉		成都		西安	
	城市	农村	城市	农村	城市	农村	城市	农村	城市	农村	城市	农村
2019	6.5	3.7	15.4	3.5	1.4	4.0	5.3	6.4	2.3	8.1	2.2	6.9
2020	6.9	3.9	14.8	3.1	1.4	3.9	5.2	5.9	2.2	7.7	2.0	7.7
2021	7.1	3.9	14.3	3.0	1.2	3.7	4.6	5.7	2.2	7.5	2.0	7.8
2022	7.0	3.7	13.6	3.4	1.6	3.3	4.2	5.1	2.0	6.9	1.9	7.4
2023	6.9	3.5	13.1	3.2	1.6	3.4	4.0	5.0	2.2	7.2	1.8	7.2

资料来源：2019~2023 年北京市、郑州市、武汉市、成都市、西安市国民经济和社会发展统计公报，2019~2023 年《中国统计年鉴》。

特困人员救助供养制度是指将无劳动能力、无生活来源且无法定赡养、抚养、扶养义务人的贫困人口全部纳入救助供养范围，并为其提供基本生活照料服务、提供疾病治疗、办理殡葬事宜的社会保障制度。长期以来，党和政府高度重视城乡特困人员基本生活保障，自 2014 年《社会救助暂行办法》将城乡"三无"人员保障制度统一为特困人员供养制度，① 我国进一步规范特困人员认定、生活自理能力评估等，特困人员救助供养制度日趋完善，供养能力和服务水平不断提升，特困人员救助供养基本生活标准稳步提高，均达到或超过当地低保标准的 1.3 倍，有力保障了城乡特困人员基本生活。特困人员救助供养基本生活标准往往是对照本地最低生活保障标准设定的，与我国区域经济发展不平衡的特点相适应，因此特困人员救助供养基本生活标准也呈现区域差异，东部经济发达地区如北京市、上海市等城市相对较高，中西部地区如郑州市、成都市等城市相对较低（见表 3）。同时，受地方财政影响，北京市、上海市等城市社会救助支出较多，成都市、郑州市等城市社会救助支出较少，这在一定程度上反映了当地经济发展水平和财政状况。

---

① 《国务院关于进一步健全特困人员救助供养制度的意见》，中国政府网，2016 年 2 月 10 日，https://www.gov.cn/gongbao/content/2016/content_5051222.htm。

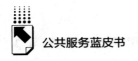
表3　2019~2023 年部分城市特困人员救助供养基本生活保障标准

单位：元/人·月

年份	北京	上海	郑州	武汉		成都	
				城市	农村	城市	农村
2019	1650	1510	1050	1560	1200	910	845
2020	1755	1615	1095	1660	1280	1105	1040
2021	1868	1730	1110	1740	1360	1105	1040
2022	1980	1850	1125	1820	1500	1131	1066
2023	2093	1970	1125	1880	1600	1183	1118

注：北京市特困人员救助供养基本生活标准按不低于本市最低生活保障标准的 1.5 倍执行，上海市特困人员救助供养基本生活标准按不低于本市最低生活保障标准的 1.3 倍执行，郑州市特困人员救助供养基本生活标准按不低于本市最低生活保障标准的 1.5 倍执行，成都市特困人员救助供养基本生活标准按不低于本市最低生活保障标准的 1.3 倍执行。

（二）最低工资标准和失业保险金情况

最低工资标准是指一个国家或地区设定的劳动者在法定工作时间或依法签订的劳动合同约定的工作时间内提供了正常劳动的前提下，用人单位依法应支付的最低劳动报酬。最低工资标准由所在省、自治区、直辖市人民政府正式颁布，每年会随着生活费用水平、职工平均工资水平、经济发展水平的变化进行调整。自 2004 年我国施行《最低工资规定》以来，按照"每两年至少调整一次"的要求，全国各地最低工资标准连续多年稳步上调，有力维护了劳动者的合法权益。在我国，最低工资标准是由各个省、自治区、直辖市人民政府根据当地经济情况和社会发展水平确定的。由于各地经济发展水平、物价水平、用工制度等有较大的差异，最低工资标准差异也较大。首先，与我国区域经济发展不平衡的特点相适应，最低工资标准的区域差异也十分明显，东部经济发达城市如上海、北京的最低工资标准相对较高，中西部地区的最低工资标准相对较低（见表4）。其次，因经济社会发展水平差异，各地最低工资标准调整节奏和绝对水平有所不同，但稳步调涨仍是趋势。最后，最低工资标准与实际生活成本的匹配度不够，有时难以满足劳动者中弱势群体的基本生活需求。各地失业保险金最低标准根据当地最低工资标准按比例发放，一般为当地最低工资标准的90%（见表5），以保障和改善失业人员基本生活，增强群众获得感和幸福感。

表4　2019~2023年部分城市最低工资标准

单位：元/月

年份	北京	上海	郑州	武汉		成都		西安	
				中心城区	远郊区	中心城区	远郊区	中心城区	远郊区
2019	2200	2480	1900	1750	1500	1780	1650	1800	1700
2020	2200	2480	1900	1750	1500	1780	1650	1800	1700
2021	2320	2590	2000	2010	1800	1780	1650	1950	1850
2022	2320	2590	2000	2010	1800	2100	1970	1950	1850
2023	2420	2690	2100	2010	1800	2100	1970	2160	2050

资料来源：2019~2023年北京市、上海市、郑州市、武汉市、成都市、西安市人力资源和社会保障局网站。

表5　2019~2023年部分城市失业保险金最低标准

单位：元/月

年份	北京	上海	郑州	武汉		成都		西安	
				中心城区	远郊区	中心城区	远郊区	中心城区	远郊区
2019	1706	1815	1520	1488	1275	1050	966	1512	
2020	1816	1895	1520	1575	1350	1424	1320	1620	
2021	2034	1975	1520	1809	1620	1424	1320	1755	
2022	2034	2055	1600	1809	1620	1680	1576	1755	
2023	2124	2175	1600	1809	1620	1890	1773	1944	1845

资料来源：2019~2023年北京、上海、郑州、武汉、成都、西安市人力资源和社会保障局网站。

（三）社会救助情况

社会救助是指国家和其他社会主体对于遭受自然灾害、失去劳动能力或者其他低收入公民给予物质帮助或精神救助，以维持其基本生活需求、保障其最低生活水平的各种措施。社会救助可以根据不同出发点、不同依据和标

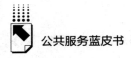

准，从多角度做出不同的划分。依据救助的实际内容可划分为生活救助、住房救助、医疗救助、教育救助、法律援助等。依据救助手段可划分为资金救助、实物救助和服务救助等。依据贫困持续时间的长短将贫困划分为长期性贫困、暂时性贫困和周期性贫困，因此社会救助可以分为针对长期性贫困的定期救助（如孤寡病残救助）、针对暂时性贫困的临时救济（如多数情况下的失业救助、自然灾害救助等）和针对周期性贫困的扶贫（如贫困户救助）。目前，从弱有所扶救助手段来看，我国社会救助在一定程度上存在"重现金给付、轻社会服务"的问题，这类社会保障供给模式偏重回应弱势群体的生存性需求，尚未提升至有效满足弱势群体的发展性需求和精神文化需求。

三　弱有所扶服务存在的问题与挑战

近年来，随着我国经济社会的快速发展和民生保障力度的持续加大，弱势群体的生活状况得到了较大的改善，但受我国仍处于社会主义初级阶段、人口基数大、弱有所扶工作量大面广等多方因素影响，许多弱有所扶工作仍存在一定的短板弱项，还有待进一步完善。

（一）弱有所扶区域、城乡差异较为突出

区域发展差异大、城乡发展不平衡是我国基本国情。受东部、中部、西部地区经济发展水平等因素影响，政府间财力调节机制不到位，各地最低生活保障、特困人员救助供养基本生活保障、失业保险等社会救助标准往往存在明显差异，不同省份、不同城市存在制度和待遇标准的差异，这严重制约了弱势群体获得充分享有公平有质量基本社会服务的机会。以 2023 年最低生活保障标准为例，上海市最低生活保障标准（城乡均为 1510 元/人·月）是西安市城市最低生活保障标准（800 元/人·月）的 1.89 倍、农村最低生活保障标准（650 元/人·月）的 2.32 倍。受城乡二元结构影响，除少数地区率先实行低保制度城乡统筹发展和城乡低保制度并轨外，大多数地区仍按照属地管理原则的城乡社会救助制度分别开展社会救助，在识别办法、救助办法、

救助标准等方面存在明显城乡差异。此外，随着我国经济社会发展水平不断提高，由农村向城市、由小城市向大城市等跨区域流动人口的规模逐渐增大，人户分离现象普遍，根据 2020 年第七次全国人口普查的统计数据，全国人户分离总量达到 49276 万人，占总人口的 34.9%，较 2010 年第六次全国人口普查增加 23138 万人，增长 88.52%。[①] 人户分离的流动人口无法完全享有工作地（居住地）的社会救助权益，城乡社会救助制度分立越来越不适应新型城镇化的发展趋势，面向流动人口的社会救助政策相对滞后，构建一个综合性、灵活性的救助体系，对于流动人口的城市融入来说必不可少，也十分紧迫。

（二）社会救助方式和主体相对单一

社会救助方式主要包括现金、实物和服务三种。长期以来，我国社会救助以政府财政发放救助资金和实物为主，缺乏心理干预、社会支持、生活照料、就业帮扶等专业化的救助服务，仅有包括集中供养在内的少部分救助群体可以享受居住、护理、就餐等方面的服务类救助。就社会救助主体而言，除政府救助外，福利院、非政府组织（NGO）和志愿者组织等社会组织也发挥着重要作用，承担着为老年人、残疾人、孤儿等弱势群体提供生活照料、康复护理、精神慰藉等服务的职责。随着社会救助重点转向以救助弱势群体为主，受助对象对服务类社会救助的需求总量与需求类别日益增加。然而，现有服务类社会救助供给依然不足，尤其是在一些中西部地区。除了传统的将城乡低保待遇直接发放至低保对象的银行卡外，并没有专业机构提供专业的服务类社会救助，社会救助方式单一，制约了社会救助与共同富裕效能的提升，无法有效应对致贫因素的多样性和复杂性。相较于基本的生理与安全需求，弱势群体在提升人力资本、积累社会资本等发展性层面的需求更为迫切。同时，他们在生活陪伴照护、心理慰藉等精神文化层面的需求也亟待满足。此外，物质救助是一种"输血"手段，难以促进救助对象的自我

[①] 《第七次全国人口普查公报（第七号）》，国家统计局网站，2021 年 5 月 11 日，https：//www.stats.gov.cn/sj/tjgb/rkpcgb/qgrkpcgb/202302/t20230206_1902007.html。

发展和人力资本积累，而教育、就业等专项服务救助可以帮助受助者提高能力，属于"造血"手段，有助于帮助弱势群体摆脱弱势地位，分享经济社会的发展成果。从弱有所扶实践来看，我国社会救助主体以政府为主，公益慈善类社会组织力量过于单薄、参与度不高。《2023 年民政事业发展统计公报》统计显示，截至 2023 年底，全国共有社会组织 88.2 万个，而慈善组织仅有 1.5 万个，占比仅为 1.70%，且呈现东多西少、沿海多内陆少的分布特点。2023 年，北京市有慈善组织 856 个;[①] 上海市有慈善组织 641 个;[②] 经调研得出，郑州市有慈善组织 22 个，西安市有慈善组织 154 个。目前，从 6 座城市中可以看出社会救助方式和主体依然存在发展不充分不平衡现象。

（三）弱有所扶民生服务统筹合力有待提升

按照我国现行科层治理逻辑，社会救助管理往往涉及民政、应急管理、教育、住房城乡建设和医疗保障等多个部门，如教育救助涉及教育部门，就业救助涉及人力资源和社会保障部门，医疗救助涉及医疗保障部门，受灾人员救助涉及应急管理部门等。然而，弱势群体往往具有"困难综合征"，涉及经济、医疗、教育、就业等多个方面需求，但社会救助政策、资源、信息分散在不同部门，分别由多个职能部门承担，且由于各部门职能与利益关系不同，其在社会救助管理和决策上可能出现矛盾，救助对象、救助标准、救助程序等方面缺乏有效整合，各项救助制度之间联动性、协调性不够，在一定程度上存在"九龙治水、各自为政"等现象，尚未实现"一站式"救助。但可喜的是，全国各地都在试图解决这一问题。如，上海市深化"9+1"社会救助制度体系（"以最低生活保障、特困人员救助供养为基础，支出型贫困家庭生活救助、受灾人员救助和临时救助为补充，医疗救助、教育救助、住房救助、就业救助等专项救助相配套，社会力量充分参与"的社会救助

---

① 《北京市慈善组织达 856 家，第十届"慈善北京"成果展巡展开启》，"新京报"百家号，2023 年 9 月 4 日，https://baijiahao.baidu.com/s?id=1776100952388257085&wfr=spider&for=pc。

② 《让慈善之光温暖申城——2024 年"上海慈善周"主题活动回眸》，民政部网站，2024 年 9 月 11 日，https://www.mca.gov.cn/n1288/n1290/n1316/c1662004999980001421/content.html。

制度体系），形成了以专业社会工作机构为承接服务主体、各种社会救助帮扶力量共同参与的服务模式，提高了社会救助工作的科学性、规范性和有效性；西安市进一步完善了主动发现、"一门受理、协同办理"、救助家庭经济状况核对、低保标准动态调整、困难群众生活保障工作协调、社会力量参与社会救助、社会救助失信惩戒七种机制，推动社会救助高质量发展；郑州市实施以主管副市长牵头的社会救助工作联席会议制度，统筹协调有关社会救助力量；成都市充分发挥"大数据比对+铁脚板摸排"作用，民政部门牵头将掌握的低收入人口数据与教育、人力资源和社会保障、卫生健康、医保、残联等部门和单位掌握的家庭经济困难学生、登记失业人员、重病患者、重度残疾人等数据进行交叉比对，动态掌握低收入人口家庭成员、就业状况、刚性支出、困难情形等变化情况，统筹做好各专项社会救助。我国部分城市致力提高弱有所扶民生服务统筹合力，但客观上社会救助部门相互协作机制有待强化，社会力量参与救助机制有待完善。

（四）救助对象精准识别水平有待提升

随着我国全面小康社会的建成，社会中各类处于生活窘境和发展困境的群体被纳入帮扶范围。然而，由于社会救助对象及其收入、支出、财产的不稳定性和隐秘性，加之大数据技术应用不足、部门协同机制缺失、现行救助政策规定过于笼统，社会救助的具体操作过程、指标体系有待明确细化，导致救助政策在实施中面临现实困难。目前，我国在精准界定救助人群、精准设定救助标准、精准选择救助服务方式等方面存在不足。同时，随着经济社会发展，救助对象对救助的期望和要求越来越高，他们不再满足单一的现金救助，更倾向于物质和服务等方面的救助，但目前物质和服务等其他救助方式很少，且在帮扶过程中存在需求与供给不匹配、不一致的问题，因此，精准救助水平还需进一步提高。针对这一薄弱环节，一些地区正在积极完善社会救助机制，提升救助对象精准识别水平。如，北京市民政局引入社会力量开展精准救助，探索建立"搭体系、建台账、做个案、严考核"的"四位一体"救助服务机制，提高救助对象精准识别能力，确保措施精准到位、流程精准高效；上海市深化"政策找人"工作方案，以困难群体需求为导向，以社区救助顾问队伍为载体，以线上线下信息比对为抓手，以多元化救助帮扶为保障，进一步优化综合帮扶工作机制；成都市民政局加快构建创新化、精准化、全覆盖的救助体系，多面向、多角度梳理困难群众困境因素，实行分圈、实时、动态管理，给予兜底救助、专业救助、急难救助，逐步实现精准化、多层次、全覆盖；西安市将社会救助服务热线纳入 12345 市民热线统一管理，畅通微信和网上申请受理渠道，实现镇街"社会救助综合服务窗口"全覆盖，建立网络监测、电话求助、日常巡查、政策宣传、入户走访"五位一体"的急难对象主动发现机制等。各地积极提高社会救助识别、认定、帮扶的精准度，推动社会救助高质量发展，让困难群众享有的保障更有力量、更有温度。

（五）人口老龄化加大老年群体的救助压力

人口老龄化是社会发展的重要趋势，也是我国今后较长一段时间内的基本国情。目前，我国已步入中度老龄化社会，根据第七次全国人口普查数据，我国 60 岁及以上老年人口有 2.64 亿人，占总人数的 18.7%，其中 65 岁及以上老年人口为 1.91 亿人，占总人数的 13.5%，预计 2030 年、2040 年，65 岁及以上老年人口将分别达 2.6 亿人、3.5 亿人。[①] 截至 2023 年底，上海市 60 岁及以上老年人口占全市总人口的 37.40%；北京市 60 岁及以上老年人口占全市总人口的比重首次突破 30%；武汉市 60 岁及以上老年人口占全市总人口的 23.05%；西安市 60 岁及以上老年人口占全市总人口的 18.36%；郑州市 60 岁及以上老年人口占全市总人口的 17.90%。可以看出，我国人口老龄化形势日趋严峻，加之受我国老年人口基数大、收入来源单一且收入水平偏低等因素影响，老年人贫困风险进一步增加，他们将成为未来我国社会救助的主要对象，同时也会给社会救助制度带来新挑战。人口老龄

---

① 《中国老龄化报告 2024：我们正处在人口大周期的关键时期　老龄少子化加速到来已经成为最大的"灰犀牛"之一》，"金融界"百家号，2024 年 7 月 7 日，https://baijiahao.baidu. com/s? id＝1803897102652065629&wfr＝spider&for＝pc。

化加剧将导致老年人的基本生活保障和医疗护理服务救助需求激增，这对当前社会救助制度的完善与老有所养、老有所医、老有所为、老有所学、老有所乐目标的实现提出现实挑战。

四　政策建议

民生无小事，枝叶总关情。近年来，随着我国经济社会的快速发展和民生保障的大力加强，弱势群体的生活状况得到了较大的改善，但与弱势群体日益增长的美好生活需要还存在一定距离。这就需要始终坚持以习近平新时代中国特色社会主义思想为行动指南，坚持以人民为中心的发展思想，坚持目标导向、问题导向、效果导向，在发展中保障和改善民生，不断提高社会救助水平，兜底兜牢民生保障网，推动改革发展成果更多更公平惠及困难群众。

（一）持续深化社会保障体系改革

改革是推进中国式现代化的根本动力，也是推进社会保障制度不断走向成熟、更好保障弱势群体合法权益的关键举措。党的二十届三中全会将"在发展中保障和改善民生"作为中国式现代化的重大任务，只有接续推进全面深化改革，推动一系列体制机制改革和制度创新，才能构建更加完善的社会保障制度体系，让现代化建设成果更多更公平惠及全体人民。经过多年的改革，我国社会保障体系虽然已基本确立，但随着经济社会的发展，新情况、新问题不断出现，部分灵活就业人员、新业态就业人员等人群未被纳入社会保障范围，区域、城乡间保障待遇差异不尽合理等短板弱项仍然存在，亟须兜底补短、完善政策机制、提高保障水平和质量。群众所望就是改革所向，薄弱点就是发力点。要清醒认识我国仍处于社会主义初级阶段，发展水平与发达国家还有很大差距，必须一切从实际出发，立足基本国情，合理把握改革方向、节奏、力度，尽力而为、量力而行，与经济发展水平相适应，既不降低标准，也不吊高胃口，稳步实施、循序渐进，坚决防止落入"福利主义"的陷阱。

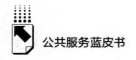
（二）健全社会救助法治体系

习近平总书记强调，"要从立法、执法、司法、守法各环节加强社会保障工作，在法治轨道上推动社会保障事业健康发展"。① 法律法规是保障弱势群体基本生活权益的重要支撑，要让弱势群体得到切实有效的帮扶，就必须由法律对弱势群体的权利进行界定、确认和维护。自 2014 年 5 月以来，《社会救助暂行办法》已实行十余年，其间历经多轮机构改革，一些社会救助管理部门的职能发生变化，《社会救助暂行办法》无法适应新情况、新问题，需要在更高层次上推动"社会救助法""社会福利法"出台，以法律形式规范社会救助，实现社会救助从"行政主导"向"权利主导"转型，使弱势群体的社会救助权利得到法律保障。要进一步明确各级政府及主管机关的职责，合理划分中央和地方的财政负担，明确救助对象、救助内容、救助方式、救助标准、受助人的权利义务，制定和调整社会救助申请和审核程序、社会救助的监督程序，着力构建完善的社会救助法治体系，不断推动弱有所扶法治化、制度化、规范化，确保弱势群体权益得到法律保障，为实现社会救助高质量发展提供法治保障。

（三）健全社会救助体制机制

加强社会救助政策体系的顶层设计，进一步优化社会救助的政府管理体制，理顺各救助管理部门工作职责，推进各项社会救助政策衔接配套、系统集成；健全完善党委领导，政府主导，民政牵头，教育、人力资源和社会保障、卫生健康、住房城乡建设、医疗保障等成员单位紧密配合的社会救助部门联席会议制度，充分整合各项救助资源，实施社会救助联办改革，形成各项制度和资源有效衔接、互为补充、合力保障的良好局面。依托现代信息技术，整合民政、人力资源和社会保障、医疗保障等部门信息数据，聚焦动态"识贫"、长效"扶贫"，打造只进"一扇门"的"一站

---

① 习近平：《促进我国社会保障事业高质量发展、可持续发展》，《求是》2022 年第 8 期。

式"救助服务平台,改善"信息孤岛""数据切割"状态,实现各部门数据资源共享,让群众"少跑腿"、数据"多跑路"。借助大数据、互联网、人工智能等现代化技术手段,建立困难群体数据库,依据人口特征、家庭特征、困难程度以及致贫原因等对困难群体进行精确分类,详细掌握其家庭、人员变化情况和需求情况。线下实施网格化管理,充分发挥基层党组织作用,建立以党员、网格员、帮扶员、社工、志愿者等组成的探访队伍,建立健全探访关爱制度,积极构建社会救助"一张网",切实做到弱有所扶、困有所助、难有所帮。

(四)拓展社会救助服务内涵

共同富裕是全方位的,不仅包括资金和物质层面,还包括非资金类和精神层面。随着我国城乡居民的贫困形态由绝对贫困向相对贫困转型,弱势群体对社会救助的需求日益呈现多样化趋势。创新社会救助方式方法,积极发展服务类社会救助,从实际出发、因人施策,探索形成"资金+物质+服务"的救助方式,推动社会救助由传统的、单一的物质救助向专业化、个性化的发展性救助逐步转变,满足困难群众多样化需求。通过政府购买服务,将社会救助服务委托给社会组织、专业社会机构和竞争性市场主体,同时鼓励专业社会工作者、志愿者积极参与社会救助,进一步拓展社会救助服务内涵,促进传统的单一现金或实物救助向物质保障、生活照料、精神慰藉、心理疏导、能力提升和社会融入相结合的复合式救助转变,提高社会救助服务供给与弱势群体需求的匹配度。

(五)构建多元帮扶格局

政府是社会救助的责任主体,但要充分发挥社会救助在促进共同富裕方面的效能离不开全社会共同参与。各类主体共同提供救助资源、共同参与社会救助,是实现共同富裕的题中之义。要统筹调动各类资源,将社会救助与基层党组织建设、社会治理等工作有机融合,协同解决急难愁盼问题;积极探索建立政府救助与慈善帮扶有效衔接机制,加大政府购买服务类社会救助

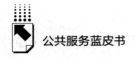
力度，优化社会组织税费减免政策，调动社会力量参与社会救助资源供给的积极性，推动政府与各类社会力量在实现弱有所扶的实践中协作共促，最大化强化社会救助对促进共同富裕的促进作用。加强社会救助政策宣传引导，对有突出表现的先进单位和个人给予表彰，营造全社会关注、支持、参与社会救助的良好氛围。

（六）强化弱有所扶区域协调发展

中国式现代化的进程是促进共同富裕的进程。习近平总书记曾强调，"我国现代化坚持以人民为中心的发展思想，自觉主动解决地区差距、城乡差距、收入分配差距，促进社会公平正义，逐步实现全体人民共同富裕，坚决防止两极分化"。[①] 现阶段，我国社会保障区域发展水平相对差距虽呈缩小趋势，但距实现协调发展仍有较大提升空间。综合考量城乡融合发展实际、相对贫困形态特征、经济社会发展状态等因素，应加大中西部地区和农村地区中央财政倾斜力度，出台倾向性政策和救助项目，不断加大中西部地区和农村地区弱势群体救助政策的资金投入，缩小当前弱势群体保护政策的群体差异、地区差异和城乡差异，推动基本社会帮扶服务供给均等化。在当前的中国人口发展格局中，以人口高频率、大规模流动为标志的"迁徙中国"形态已是最为重要的特点之一，保障流动人口的合法权益成为当今政府的重中之重。针对当前城镇化和流动人口发展趋势，应进一步深化户籍制度改革，推行依据常住地登记户口提供基本公共服务的制度，打通弱有所扶"最后一公里"，更好保障流动人口发展权益。

党的十八大以来，我国弱有所扶工作取得的历史性成就启示我们，推进弱有所扶事业高质量发展，必须始终坚持党的集中统一领导，充分发挥各级党组织作用，推动党建与弱有所扶工作融合发展；始终坚持人民立场，把维护困难群众基本权益作为弱有所扶的根本出发点和落脚点；进一步全面深化

---

① 习近平：《新发展阶段贯彻新发展理念必然要求构建新发展格局》，《求是》2022年第17期。

改革，用改革的办法和创新的思维解决发展中的难题；坚持织密扎牢民生兜底保障安全网，坚决守住民生保障最后一道防线。

参考文献

王晓萍：《扎实推进中国特色社会保障体系建设》，《求是》2024 年第 9 期。

李春根、廖彦、夏珺：《欠发达地区社会保障体系城乡一体化建设：困境及路径》，《求实》2016 年第 6 期。

任斌、林义、周宇轩：《地区间财力差异、中央转移支付与社会救助均等化》，《山西财经大学学报》2023 年第 8 期。

韩克庆、郑林如、秦嘉：《健全分类分层的社会救助体系问题研究》，《学术研究》2022 年第 10 期。

宁亚芳：《以社会救助推进共同富裕：逻辑、效能、问题与对策》，《贵州师范大学学报》（社会科学版）2024 年第 2 期。

《求是》杂志编辑部：《新时代社会保障事业发展的根本遵循》，《求是》2022 年第 8 期。

B.9
优军服务保障研究报告

汪海鹰*

摘　要：　本报告深入探讨了我国在保障退役军人的正当权利、提升军队战斗力及维护社会整体稳定方面的实践与挑战。通过组建退役军人事务部门，实现对退役军人事务的集中统一管理，是强化保障机制的关键一步。同时，立法保障的逐步精细化和统一化，为退役军人合法权益的维护提供了法治基础。政策引导下的就业安置多样化和自主择业常态化，显著改善了退役军人的就业环境，有助于他们在社会中重新定位并发挥积极作用。东部、中部、西部地区上海市、青岛市、武汉市、郑州市、成都市、昆明市6座城市，展现了各地在落实保障政策方面的差异与成效。然而，实践中也暴露出服务职能不足、未能充分调动退役军人主观能动性，部门间协调难度大以及纠纷解决机制不完善等问题。本报告尝试在政策层面提出若干建议，推进我国退役军人保障工作的持续改进，以实现更全面、更有效的权益保护，为军队现代化建设和国家稳定发展提供有力支持。

关键词：　退役军人　保障机制　权益维护　就业安置

　　退役军人保障工作承载着国家对每一位退役军人的承诺与关怀，是国防建设与社会和谐的重要基石。本报告旨在全面审视退役军人保障工作的现状、挑战与未来方向，以此激发社会各界对这一议题的重视与思考。

　　退役军人保障工作的核心在于确保退役军人群体能够顺利过渡至社会生

---

　　* 汪海鹰，中国社会科学院马克思主义研究院助理研究员，主要研究方向为习近平外交思想、中国特色社会主义等。

活，享受应有的尊重与待遇。《中华人民共和国退役军人保障法》的出台，标志着退役军人权益保护进入法治化、系统化的新阶段。《中华人民共和国退役军人保障法》强调分类保障、服务优先与依法管理，旨在构建一个全面、细致、高效的保障体系，涵盖退役安置、教育培训、抚恤优待等多个方面。例如，退役军人在住房、就业、教育等领域享有特殊的优待政策，这不仅体现了国家对退役军人的关怀，也是对他们在国防与军队建设中所做贡献的认可。

一 退役军人保障工作的意义

（一）保障退役军人的正当权益

保障退役军人的正当权益是退役军人保障工作的基石，其核心目标是确保退役军人群体在社会中享有平等地位、法定待遇保障和基本人格尊严。这不仅关乎法律的制定与执行，更涉及社会价值观念的塑造与深化。《中华人民共和国退役军人保障法》作为法律基石，明确规定了退役军人在住房、就业、教育、抚恤优待等方面的权益。

在住房保障方面，退役军人享有市场购买与军地集中统建相结合的住房政策支持，这不仅解决了他们退役初期的居住问题，也体现了国家对退役军人生活质量的关怀。在就业与教育方面，退役军人的权益同样得到充分保障。退役军官、军士和义务兵在服役期间接受的教育可以保留或转换，退役后可继续学业或接受职业技能培训，享受政府补贴，为他们的职业转型提供坚实的基础。同时，政府鼓励企业、社会组织和个人放宽对退役军人的年龄和学历要求，同等条件下优先招录退役军人，这不仅拓宽了退役军人的就业路径，也彰显了社会对退役军人职业技能的认可与尊重。

建立健全退役军人权益保障的法律援助机制与纠纷解决机制同样重要。这不仅能够为退役军人提供及时、有效的法律支持，也能够有效预防和解决退役军人与社会、政府之间的纠纷，维护社会稳定。通过这些举措，可以进

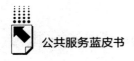

一步提升退役军人保障工作的效率与质量，确保退役军人的权益得到充分实现，促进社会和谐稳定，同时也体现了国家对退役军人的深切关怀与尊重，以及对他们在国防和军队建设中所做贡献的永久铭记。

（二）提升军队战斗力

提升军队战斗力对退役军人保障工作提出了更高的要求，其核心在于通过保障退役军人的权益，提升现役军人的忠诚度与奉献精神，从而增强整个军队的凝聚力与战斗力。退役军人保障制度的完善不仅能够提升军人的职业荣誉感，而且能够通过军人退役后的妥善安置，消除现役军人的后顾之忧，使他们能够全身心投入军事训练与作战准备，这对于军队整体士气和效能的提升具有不可估量的价值。

退役军人在军队中的作用远不止于此。他们作为军队的"老将"，在退役后往往成为新兵与现役军人的榜样与导师。退役军人通过分享他们在战场上的经验、在军队中的成长历程，能够对现役军人起到正面的引导作用，帮助现役军人更好地理解军人的职责与荣誉，提升军队的道德水平与专业素养。此外，退役军人在社会中的积极形象与表现，也能增进社会对军队的支持与理解，为军队营造一个良好的外部环境，这对于提升军队的整体影响力与战斗力至关重要。

退役军人保障工作不仅关乎退役军人的个人福祉，也是提升军队战斗力、维护国家整体安全与稳定的关键。通过完善退役军人保障体系，不仅能够满足退役军人的正当需求，而且能够激励现役军人的士气，最终实现军队战斗力的全面提升，为国家安全与社会和谐做出更大贡献。

（三）维护社会整体稳定

强化退役军人保障工作不仅关乎退役军人个人的福祉，也有利于维护社会和谐与国家安全。退役军人作为国家的宝贵财富，他们在服役期间展现的忠诚与奉献精神，是社会稳定与国家安全的重要保障。因此，退役军人保障工作不仅要确保其个人权益得到妥善安置，还要通过一系列措施，促进退役军人顺利融入社会，防止社会潜在不稳定因素的产生，维护社会的和谐与稳定。

退役军人的顺利安置与就业，是维护社会稳定的关键环节。退役军人在服役期间接受了严格的军事训练与纪律教育，他们具备较高的纪律性与团队协作能力，这些特质使他们在社会中成为宝贵的资源。政府通过提供就业指导、技能培训以及创业支持，不仅为退役军人提供了工作岗位，也为社会输送了具有高度责任感与过硬专业技能的人才。退役军人的就业与再教育，不仅解决了其个人的生存与发展问题，也通过提高社会就业率，促进了社会经济的稳定与繁荣。

退役军人的权益保障，特别是抚恤优待政策的落实，对于维护社会整体稳定同样重要。退役后的军人尤其是伤残军人的生活质量与社会地位直接反映社会对国防和军队建设的认同感。国家通过提供适当的抚恤金、医疗保障以及生活援助，不仅展现了对退役军人的关怀，也向社会传递了国家珍视每一位军人的贡献的信号。这种正面的社会氛围，有助于凝聚社会共识，增强社会的凝聚力与稳定性。

退役军人保障工作还通过预防与解决退役军人与社会的冲突维护社会和谐。退役军人事务部门设立的诉求表达渠道与法律援助机制，为退役军人提供了合法、有效的纠纷解决途径，避免了因退役军人权益受损而引发社会不稳定现象。通过及时、公正地处理退役军人的纠纷，不仅解决了退役军人个体的问题，也防止了负面情绪在社会中的蔓延，维护了社会的和谐与稳定。

总而言之，退役军人保障工作在确保退役军人权益、维护社会整体稳定方面发挥着不可替代的作用，为国家安全与社会进步做出了重要贡献。

二 退役军人保障工作的现状

（一）组建退役军人事务部门，实现集中统一管理

组建退役军人事务部门，标志着中国退役军人保障工作进入了新的阶

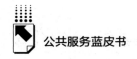

段，实现了集中统一管理，为退役军人权益的全面保障奠定了坚实的组织基础。这一举措不仅体现了国家对退役军人工作的高度重视，也反映了对退役军人保障工作体系化、专业化发展的迫切需求。退役军人事务部门的成立，旨在整合分散的资源，统一管理退役军人的安置、就业、教育、抚恤等各项事务，确保退役军人权益的全面覆盖与高效执行。

退役军人事务部门的建立，首先强化了政治引领与思想教育，通过举办各类活动如"最美退役军人"学习宣传活动，不仅增强了退役军人的荣誉感与归属感，也向社会传播了正能量，增强了社会对退役军人价值的认可。其次，退役军人事务部门在实际工作中，注重发挥退役军人的优势，鼓励他们在经济建设、社会服务等领域发挥积极作用，通过就业指导、技能培训等措施，帮助退役军人顺利过渡至社会生活，拓宽了他们的就业路径，同时也为社会输送了高素质的人才。

退役军人保障工作涉及政府多个部门，如人力资源和社会保障、教育、民政等部门，通过设立退役军人事务部门，建立跨部门协调机制，加强了各部门间的沟通与合作，确保了退役军人权益保障政策的连贯性与一致性，从而提高了退役军人保障工作的整体效能。

组建退役军人事务部门实现了退役军人保障工作的集中统一管理，不仅提升了保障工作的效率与质量，也为退役军人权益的全面实现提供了强有力的组织保障。通过不断优化管理机制、加强跨部门协调、整合服务职能，退役军人事务部门将在保障退役军人权益、提升军队战斗力、维护社会整体稳定等方面发挥更加重要的作用。

（二）立法保障逐步由笼统分散走向细致统一

立法保障逐步由笼统分散走向细致统一，是退役军人保障工作迈向成熟与系统化的重要标志。《中华人民共和国退役军人保障法》的出台，不仅填补了退役军人保障领域的法律空白，更标志着国家对退役军人权益保护的重视达到了新的高度。《中华人民共和国退役军人保障法》的制定与实施体现了国家在退役军人保障工作方面的法律体系从无序到有序、从零散到系统的转变过程，为退役军人权益的全面保障提供了坚实的法律基础。

以往，退役军人保障工作分散在多个部门，政策制定往往缺乏统一的指导思想，政策执行效果参差不齐，退役军人权益保障存在盲点与薄弱环节。《中华人民共和国退役军人保障法》将退役军人的安置、教育、就业、抚恤等各项权益保障纳入统一法律框架，使退役军人保障工作实现了从分散到统一的转变，为退役军人权益的全面保障提供了明确的法律依据。这部法律不仅明确了退役军人在各个领域的具体权益，还规定了政府相关部门的责任与义务，确保了政策执行的连贯性和有效性。

立法保障的统一性与细致性体现在《中华人民共和国退役军人保障法》对退役军人权益的全面覆盖与精准规定上。例如，在退役军人的就业安置方面，《中华人民共和国退役军人保障法》不仅规定了政府应当为退役军人提供就业指导、培训与推荐服务，还明确了企业、社会组织和个人在招录退役军人时应当给予的优惠政策，确保了退役军人的就业权益得到充分保障。在教育与培训方面，《中华人民共和国退役军人保障法》明确了政府应当为退役军人提供继续教育与职业技能培训的机会，帮助他们顺利过渡至社会生活，拓宽了退役军人的就业路径。

立法保障的统一性与细致性还体现在对退役军人抚恤优待政策的完善上。《中华人民共和国退役军人保障法》明确规定了退役军人在住房、交通、文化和旅游等方面的优待政策，并对有贡献的退役军人给予表彰与奖励。此外，《中华人民共和国退役军人保障法》还设立了专门的诉求表达渠道与法律援助机制，为退役军人在遇到权益受损情况时提供了合法、有效的解决途径，维护了退役军人的合法权益，促进了社会的和谐稳定。

《中华人民共和国退役军人保障法》的出台与实施，标志着立法保障逐步由笼统分散走向细致统一，为退役军人权益的全面保障提供了坚实的法律基础。通过不断完善立法框架、细化政策执行，退役军人保障工作将更加系统化、专业化，为退役军人的顺利过渡与社会融入提供更加有力的支持。

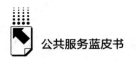

（三）就业安置多样化，自主择业常态化

就业安置多样化与自主择业常态化的推进，标志着退役军人保障工作在促进退役军人社会融入与职业发展方面迈出了重要一步。这一转变不仅拓宽了退役军人的就业路径，也体现了社会对退役军人职业技能的认可与尊重，为退役军人在新的生活阶段找到自我价值与社会定位提供了更多可能性。

就业安置多样化体现在退役军人可以依据自身兴趣、特长与市场需求，选择不同行业与领域就业。政府与社会机构通过提供职业培训、就业指导与创业支持，帮助退役军人提升职业技能，增强就业竞争力，从而实现从军事领域到民用领域的顺利过渡。例如，对于具备特定技能的退役军人，如医疗、教育、信息技术等，可以通过专业培训与认证，使其在相关领域获得就业机会；而对于有创业意向的退役军人，政府可以提供创业指导、资金支持与市场对接服务，鼓励其利用在军队中积累的领导力与团队协作能力，自主创办企业，带动就业与经济发展。

自主择业常态化反映了退役军人就业观念的转变与社会就业市场的开放。退役军人不再局限于政府安排的特定岗位，而是根据个人意愿与市场需求，自主选择职业方向。这一过程不仅促进了退役军人个人潜能的发挥，也提升了社会对退役军人就业能力的认可。政府通过放宽对退役军人的年龄与学历要求，鼓励企业、社会组织与个人为其提供就业支持，在同等条件下优先招录退役军人，为退役军人创造了更加公平、开放的就业环境。

就业安置多样化与自主择业常态化的推进，为退役军人提供了更加宽广的职业发展路径，促进了退役军人的个人成长与社会价值实现。通过不断完善就业支持政策，退役军人保障工作将进一步推动军人就业质量提升。

（四）落实退役抚恤优待，开辟权益保障路径

落实退役抚恤优待政策，不仅是对退役军人贡献的肯定，也是构建和谐社会、提升军队凝聚力的关键。这一政策的核心在于确保退役军人在住房、就业、教育、医疗等生活关键领域享有优先权与优待，以促进其社会融入与

个人发展。《中华人民共和国退役军人保障法》的实施，标志着退役抚恤优待政策进入了细化与统一的新阶段，政策执行的精准度与覆盖率得到了显著提升。

抚恤优待政策不仅体现在前文所述的住房保障、就业与教育保障方面，还体现在对伤残军人、烈士家属等特殊群体的关怀与支持上。国家提供适当的抚恤金、医疗保障以及生活援助，确保这些特殊群体的权益得到充分保障，体现了国家对退役军人及其家庭的深切关怀。通过建立专门的诉求表达渠道与法律援助机制，退役军人在遇到权益受损情况时，能够获得及时、有效的法律支持，确保其合法权益不受侵害。

退役抚恤优待政策的落实与权益保障路径的开辟，不仅能够保障退役军人的正当权益，促进其顺利融入社会，还能增强社会对退役军人价值的认可与尊重，为构建和谐社会与提升军队战斗力奠定坚实的基础。退役军人保障工作的完善是一项长期而系统的工作，需要国家、社会与退役军人事务部门等各方的不断探索与创新，以实现退役军人权益保障的全面覆盖与高效执行。

（五）上海市、青岛市、武汉市、郑州市、成都市、昆明市在退役军人保障中取得的成绩

上海市拥有超过 70 处烈士纪念设施。2021 年 7 月，《上海市红色资源传承弘扬和保护利用条例》正式实施，明确规定鼓励和支持公民、法人及其他组织通过捐赠、资助和志愿服务等方式参与红色资源的传承、弘扬和保护工作。为响应政府号召，上海市拥军优属基金会下属的志愿服务总队在各区进行了 12 次交流动员和协调沟通，精心挑选社会信誉良好、公益责任感强的企事业单位作为"种子队"，为烈士纪念设施守护崇敬志愿服务队奠定基础。同年 12 月，烈士纪念设施守护崇敬志愿服务队组建完成，并向首批 6 个区队授旗。2022 年 9 月，第二批烈士纪念设施守护崇敬志愿服务队成立。至此，16 个区队及 3 个直属队实现了对上海市烈士纪念设施的全面守护。浦东新区服务队与新区烈士纪念设施保护中心及各纪念设施管理单位签署了志愿

服务三方协议，协助做好 10 处烈士纪念设施的日常维护，每月至少进行一次巡查、清洁和整理，并在重要纪念日组织志愿者开展祭扫活动。奉贤区队与李主一烈士纪念碑所在地的曙光中学建立了共建机制，指导学校成立守护分队，倡导在烈士纪念设施所在地举行入队、入团和成人仪式，推动祭扫活动与青少年爱国主义教育的深度融合。通过精心维护烈士纪念设施，学习宣传《中华人民共和国英雄烈士保护法》等法律法规，参与烈士史料的收集整理，讲述革命故事、传颂英烈事迹等，统计数据显示，2022 年系列志愿活动参与人次超过 3560 人，守护了上海市引以为傲的英灵，为这座英雄城市增添了光彩。[①]

青岛市在退役军人保障工作方面更加注重创新与服务，率先在全国推出了"荣军"品牌，设立了"荣军卡""荣军联盟""荣军通""荣军康养""荣军居"等 24 个子平台，形成了一个全面的退役军人服务网络。青岛首创"荣军卡"，办卡总数已超过 32 万张；创新性地为部分优抚对象提供商业补充医疗保险，一年内为 450 多名优抚对象报销医药费用超过 420 万元；"荣军联盟"吸引了近万家支持军人的企业和单位参与，组织了 5000 多次荣军惠军服务活动；"荣军情"项目吸引了 4.6 万余人次捐款捐物，累计近 1000 万元，帮助了 1200 多名困难退役军人及其他优抚对象，并发放救助金超过 600 万元；"荣军康养"工程与 35 家医疗机构、星级养老院及健康体检机构建立了战略合作关系，累计开展巡诊 2300 余次。青岛不断推动优待政策向"全生命周期、全生活领域"延伸，切实将尊崇优待落实到日常生活中，既提供了实实在在的福利，也让退役军人感受到尊重。[②]

武汉市作为中部地区的核心城市，其退役军人保障工作强调公平与可持续性。中国光大银行作为首批合作银行，与退役军人事务部签署了《退役军人、其他优抚对象优待证合作协议》，双方将落实党中央和国务院的决策部署，全面负责退役军人及其他优抚对象优待证的申请、审核、制作、发

---

① 《大上海拥军志愿服务见大爱》，《新华每日电讯》2023 年 7 月 31 日，第 6 版。
② 《"海军城"青岛：一往情深向深蓝》，《青岛日报》2024 年 4 月 22 日，第 1 版。

放、使用、管理等相关工作，积极营造全社会尊重军人职业和退役军人的良好氛围。中国光大银行充分发挥光大集团在产融结合方面的独特优势，为退役军人及其他优抚对象提供了全面的优惠政策和定制服务。在优待证费用减免方面，为优抚对象提供包括挂失减免、自助设备转账在内的 10 项服务；在专属服务方面，优待证持有者可拨打"95595-6"享受专属客服团队的服务；同时，在全行范围内设立军人及退役军人优先窗口，为退役军人和其他优抚对象提供高效便捷的金融服务。①

复员退伍军人是我国铁路职工重要的后备力量。郑州市铁路局针对复员退伍军人在接受新知识方面的能力较强、文化水平不一、学习目标不明确、就业认知模糊等特点，于 2008 年 3 月修订并发布了《郑州铁路局复员退伍军人专业学历教育实施办法（试行）》，为复员退伍军人的教育工作提供了法律依据。在此基础上，郑州职工培训基地完善各项管理制度，确保培训工作的标准化和精细化，修订涉及学籍管理、学员考核、日常规范、听课制度、班主任管理、后勤服务、突发事件应急预案及家长联系等 10 个管理文件。郑州职工培训基地每月进行常规检查，重点关注教务、学员、后勤保障、教研组和班级的运行情况，检查教师的备课和作业批改情况以及班主任的管理工作，明确各部门和教研组的职责，规范考核和管理机制，建立质量目标评估和责任追究制度，复员退伍军人教育工作取得了显著成效。②

成都市针对退役军人创业问题，开展了供所有学员免费参加的"我能飞"创业提升培训活动，培训活动主要通过主题讲座、小组讨论、分组咨询和沙盘演练等多种形式进行，课程内容涵盖创业领导力、商业计划书实务、商业基因与营销密码、企业战略与品牌塑造以及直播带货的操盘技巧

---

① 张帆：《光大银行武汉分行：扎根荆楚　与"光"同程》，《支点》2022 年第 1 期。

② 范利军：《铁路复员退伍军人岗前培训问题的分析与思考（上）——以郑州铁路局郑州职工培训基地开展复员退伍军人岗前培训为例》，《中国培训》2018 年第 6 期；范利军：《铁路复员退伍军人岗前培训问题的分析与思考（中）——以郑州铁路局郑州职工培训基地开展复员退伍军人岗前培训为例》，《中国培训》2018 年第 7 期；范利军：《铁路复员退伍军人岗前培训问题的分析与思考（下）——以郑州铁路局郑州职工培训基地开展复员退伍军人岗前培训为例》，《中国培训》2018 年第 8 期。

等。截至 2021 年 9 月，"我能飞"创业提升培训活动已成功举办十二届，累计培训各类创业者超过 5000 人，学员遍及全省 21 个市（州）及 300 多个创业孵化基地（园区），培训满意度高达 95%。目前，"我能飞"已建立起一套相对完整和成熟的培训体系，并在国家商标局完成了商标注册，研发了独特的"四乘四创业涡轮矩阵"课程体系，以及集授课、咨询和辅导于一体的"我能飞"课后体系，取得了显著成效。[①]

昆明市在退伍军人创业方面面临创业平台和资源不足，军创企业分散度高，企业之间缺乏有效联系、难以形成大中小企业协同发展的产业生态链等诸多挑战。为了解决这些问题，支持退役军人创业，营造良好的创业环境，鼓励他们积极参与经济社会发展，昆明市退役军人事务局在市委、市政府及相关部门的支持下，于 2019 年开始探索建设专属的退役军人就业创业园。经过 5 年的探索与实践，昆明军创园在融通中心建成，面积达 1.03 万平方米，并于 2024 年 3 月正式开园。昆明军创园采用"政府+融通+启迪"的合作模式，整合政府行政资源、军产资源和创新资源，致力于打造军产惠军的典范。园区组建了专业团队，制定了运营管理制度，构建了运营体系，搭建了一体化服务平台，并落实了一系列惠军措施，以"扶持一批、壮大一批、带动一批"的思路，吸引众多军创企业在园区内"抱团"发展，涵盖科学研究、技术服务、信息传输、软件及信息技术服务等 10 个行业领域。[②]

三 退役军人保障工作存在的问题

（一）服务职能不到位，忽视发挥退役军人的主动性

在退役军人保障工作的实践中，服务职能的不到位已成为制约退役军人

[①] 张玉芳：《四川省第十二届"我能飞"创业提升培训在成都启动》，《四川劳动保障》2021 年第 5 期。

[②] 张怡、李艳芬：《昆明军创园打造退役军人创新创业集聚区》，《昆明日报》2024 年 9 月 2 日，第 7 版。

充分融入社会、发挥自身主动性的关键障碍。退役军人事务部门在提供就业指导、教育培训、抚恤优待等服务时，往往存在信息不对称、服务响应迟缓、资源分配不均等问题，这不仅影响了退役军人权益的全面保障，也削弱了他们主动参与社会建设的积极性。

信息不对称是服务职能不到位的主要表现之一。退役军人在寻求就业、教育、住房等服务时，往往面临信息获取困难、政策解读不准确的挑战。退役军人事务部门虽有提供咨询与指导的职责，但在实际操作中，由于资源有限、人员素质参差不齐，退役军人在获取信息时存在较大障碍，无法及时了解与自身权益密切相关的政策变动与服务资源，从而影响了退役军人的主动规划与决策能力。

服务响应迟缓也是退役军人保障工作中的顽疾。由于跨部门协调机制的不健全，退役军人在申请抚恤优待、住房补贴、教育资助等权益时，常常需要经历烦琐的审批流程与漫长的等待时间。这种低效的服务响应不仅消耗了退役军人的时间与精力，也降低了他们对政策的信任与依赖，进一步降低了他们主动利用政策资源实现个人发展的意愿。

资源分配不均与退役军人事务部门服务能力不足，同样限制了退役军人主动性的发挥。在就业指导与培训方面，退役军人事务部门往往无法根据退役军人的个人特长与市场需求，提供定制化的服务，这导致许多退役军人在就业市场中处于劣势地位，难以发挥自身优势，无法实现职业转型。此外，对于伤残军人、烈士家属等特殊群体，退役军人事务部门在提供日常生活辅助、心理健康支持等服务时，往往资源有限，无法满足其特定需求，这不仅无法保障特殊群体的生计，也限制了他们参与社会活动、发挥自身作用的能力。

（二）涉及部门众多，跨部门协调难度大

退役军人保障工作的复杂性在于其涉及部门众多，包括人力资源和社会保障、教育、民政、财政等多个政府部门，以及各类社会服务机构和企业。这种多部门的参与虽有助于全面覆盖退役军人的权益保障，但也带来了跨部

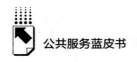

门协调的挑战。退役军人事务部门作为负责协调这些部门的核心机构，面临着确保政策连贯性、资源有效整合与服务高效执行的艰巨任务。

跨部门协调难度大体表现在政策执行的连贯性上。由于不同部门的政策目标、资源分配与执行能力存在差异，退役军人权益保障政策执行的连贯性往往受到影响。例如，就业安置政策可能在人力资源和社会保障部门得到较好的执行，但由于教育部门教育与培训资源分配的不均衡，退役军人的教育需求可能无法得到充分满足。这种政策执行的不连贯性，不仅影响了退役军人权益的全面保障，也降低了政策的执行效率。

资源有效整合的挑战同样不容忽视。退役军人事务部门需要根据退役军人的个人需求与社会资源的实际情况，协调相关部门，实现资源的优化配置。然而，各部门的资源分配机制不同，跨部门的资源协调往往难以在短时间内达成共识，导致资源浪费与重复建设。例如，在退役军人住房保障工作中，退役军人事务部门需要与住房城乡建设部门协调，但部门间信息的不对称与资源分配机制的差异，可能导致住房保障项目的实施效率低下，退役军人的住房需求无法得到及时满足。

服务高效执行的障碍体现在退役军人事务部门与其他部门的沟通机制上。退役军人在申请抚恤优待、就业安置、教育培训等服务时，往往需要与多个部门进行沟通，由于跨部门协调机制的不健全，退役军人可能面临信息获取困难、服务响应迟缓等问题。这不仅影响了退役军人权益的及时保障，也降低了退役军人事务部门的服务效率。

（三）纠纷解决机制不够完善

在退役军人保障体系中，纠纷解决机制的完善与否直接关系到退役军人权益是否能够得到有效维护，以及社会矛盾是否能够得到及时化解。当前，尽管退役军人事务部门设立了专门的诉求表达渠道与法律援助机制，但在实际操作中，这一机制仍存在诸多不足，限制了退役军人权益保障的效率与质量。

纠纷解决机制的效率问题亟待解决。退役军人事务涉及面广，包括就业安置、教育、医疗、住房等多个领域，一旦发生权益纠纷，往往需要多个部门协调解决，这导致纠纷解决流程复杂、耗时较长。退役军人在遭遇权益受损时，期待的是快速、有效的解决方案，但现有机制往往难以满足这一需求，导致退役军人在等待中产生焦虑与不满，甚至激化社会矛盾。

纠纷解决机制的专业性与公正性也面临挑战。退役军人权益纠纷往往涉及复杂的法律与政策问题，需要具备专业知识与经验的人员进行处理。然而，在当前的纠纷解决机制中，专业人员配置不足，加之跨部门协调机制不健全，导致纠纷处理过程中可能出现理解偏差与执行不力的情况，影响了纠纷处理的公正性与专业性。

退役军人权益纠纷的预防机制相对薄弱。有效的纠纷解决机制不仅包括事后解决，更应包括事前预防。当前，退役军人事务部门在提供就业指导、教育培训、抚恤优待等服务时，可能发生信息不对称、服务响应迟缓等问题，这些潜在问题若不及时解决，很可能转化为权益纠纷，加重纠纷解决机制的负担。

四　政策建议

总体来看，党的十八大以来，我国退役军人保障工作取得了长足的进步，对于当前还存在的一些问题，本报告为推进我国退役军人保障工作持续改进，提出以下建议。

（一）完善退役军人权益保障工作领导机制

退役军人权益保障工作相对复杂，不仅依赖于退役军人事务部门的努力，还需要政府其他部门的协同配合才能顺利推进。例如，退役军人的职业培训、人员编制衔接、军人保险与地方养老保险的对接、就业创业扶持项目的审批与保障等就业安置事项，需要退役军人事务部门与人力资源和社会保障部门的协作；退役军人的福利待遇落实、社会优待、社会救助、丧葬福利以及退役军人配偶和子女的民事权利保障等事项，则需要退役军

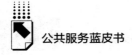

人事务部门与民政部门的配合；退役军人的职业技能培训、学历教育，以及退役大学生士兵的复学、升学和在校助学贷款减免等教育事务，需要退役军人事务部门与教育部门的支持；退役军人的医疗救助、医保手续办理及其家属的医疗保障等医疗事务，则需要退役军人事务部门与医疗保障和卫生行政部门的协作。因此，我国应在《中华人民共和国退役军人保障法》实施细则中明确退役军人权益保障工作议事协调机构的作用，加强党对退役军人权益保障工作的领导，厘清党政军各部门的职能界限，优化退役管理体制和运行方式，通过统筹协调的治理体系减少部门间的沟通障碍，形成一体化的退役军人服务保障体系。

（二）建立以退役军人为核心的教育培训体系

目前，退役军人教育工作虽然取得了一定进展，但仍面临培训层次较低、形式单一、目标不明确等问题，培训效果不佳，无法为退役军人提供终身就业技能。这不仅限制了退役军人展现自身劳动价值的能力，也对社会稳定造成了影响。建议退役军人事务部门与教育部门共同建立全国统一的退役军人教育培训体系，将各地区、各层次、各专业和各形式的教育培训整合在一起，覆盖军人退役前后全过程。根据退役军人的个人意愿和能力，适当降低学历教育的门槛，为退役军人提供既能满足个人需求，又能促进就业创业的精准教育培训。

（三）建立多方参与的退役军人纠纷解决机制

目前，退役军人政策的实施受到军地沟通不畅和部门协作障碍等因素的影响，这常常导致退役军人的合法权益受到侵害。在构建退役军人权利救济制度时，虽然行政复议、行政诉讼及其他民商事诉讼方式能够在一定程度上解决退役军人的权益保障问题，但这些方式往往耗时较长且程序复杂，无法及时处理大量的退役保障纠纷。此外，许多纠纷的产生源于法规政策的缺失或退役军人自身认知的局限，即使通过行政复议和诉讼等多种渠道反复处理，仍然难以获得退役军人的认可。在这种情况下，案件虽结而问题未解，矛盾依然无法得到解决，社会效果不佳。为此，需要创新纠纷解决机制。针对退役军人反复提出的各类权益诉求，由退役军人工作主管部门组织公开听证会，邀请退役军人、现役军人、人大代表、政协委员、司法机关、专家学者及人民群众等多方参与，建立多元化的听证组织模式，以畅通退役军人的诉求表达渠道。

参考文献

朱文娟：《新时代推动退役军人保障工作的方法探讨》，《现代商贸工业》2021 年第2 期。

丁赞超：《新时代推动退役军人保障工作的路径探索》，《江南论坛》2018 年第8 期。

王燕霞：《同向发力推进退役军人保障工作》，《法治与社会》2022 年第 8 期。

郭宏宽：《新时代推动退役军人保障工作的方法》，《中国军转民》2020 年第 11 期。

王伟：《新时代推动退役军人保障工作的方法刍议》，《大众商务》（上半月）2021年第 7 期。

刘婷等：《健全退役军人工作体系和保障制度的思考》，《社会保障研究》2024 年第2 期。

《广东省退役军人事务厅等 5 部门关于进一步推进优抚对象医疗保障工作的意见（粤退役军人规〔2024〕2 号）》，《广东省人民政府公报》2024 年第 3 期。

《山西省退役军人事务厅等 5 部门关于进一步加强移交政府安置的军队离休退休干部医疗保障工作的通知（晋退役军人规〔2023〕6 号）》，《山西省人民政府公报》2024年第 1 期。

《北京市退役军人事务局　北京市发展和改革委员会　北京市财政局　北京市人力资源和社会保障局　北京市农业农村局　北京市市场监督管理局　国家税务总局北京市税务局　北京市工商业联合会关于进一步完善退役军人就业服务体系推进精准帮扶工作的实施意见（京退役军人局发〔2023〕44 号）》，《北京市人民政府公报》2024 年第16 期。

傅永壮：《新时代推动退役军人就业服务保障工作的方法探讨》，《中国军转民》2024 年第 12 期。

B.10
文体服务保障研究报告

刘　燕*

摘　要： 2018~2022 年，党和国家着力加强公共文化体育服务的顶层设计，着力完善公共文化体育的配套政策和相关法规，突出公益性、基本性、均等性、便利性等要求，引领现代公共文化体育服务体系建设取得显著成效。从总体来看，公共文化体育服务发展更加注重质效提升，更加突出数字化、智能化和融合化，更加趋向文化、旅游和体育服务的融合发展，并催生了公共文化体育服务的新模式、新业态。不过，地区差距、城乡差距始终存在，尤其是在优质文化资源、产品和服务配置方面表现不均衡。立足新时代新要求，促进公共文化体育服务发展，要坚持现代化方向、突出特色优势、提升内生动力，让人民群众有更多获得感、幸福感、安全感。

关键词： 公共文化体育服务　高质量发展　新型公共文化空间

习近平总书记指出，"发展文化事业是满足人民精神文化需求、保障人民文化权益的基本途径"，而"体育是提高人民健康水平的重要途径，是满足人民群众对美好生活向往、促进人的全面发展的重要手段"。① 在以中国式现代化全面推进强国建设、民族复兴伟业的关键时期，建设社会主义文化强国的进程更加紧迫，人民群众对高品质生活的期待更加强烈、对身体健康

---

* 刘燕，中国社会科学院马克思主义研究院副研究员，硕士生导师，主要研究方向为马克思主义与生态文明等。

① 习近平：《论把握新发展阶段、贯彻新发展理念、构建新发展格局》，中央文献出版社，2021。

的关切更加明确，这对公共文化体育服务的转型升级提出更高要求。以习近平同志为核心的党中央主动顺应数字化、网络化、智能化深入发展的时代大势，紧紧围绕满足人民群众需求，深刻把握"以文化人、以体强人"的时代任务，不断深化对文化与体育事业建设规律的认识，着力构建现代公共文化体育服务体系。

一 公共文化体育服务发展的基本研究视阈

为进一步明确公共文化体育服务的研究任务，首先需要弄清楚其概念界定、研究范围、基本方法，进而对公共文化体育服务的主要特点、实际效果及发展趋势进行全面考量。

（一）公共文化体育服务的概念界定

经文献检索发现，公共文化服务和公共体育服务两个概念一般是分开使用的。根据《中国大百科全书》的定义，公共文化服务是指由中国公共部门或准公共部门共同生产或提供的，以满足社会成员的基本文化需要为目的，着眼于提高全体公民的文化素质和文化生活水平，给公众提供基本的精神文化享受，维持社会生存与发展所必需的文化环境与条件的公共文化产品和服务的总称。公共体育服务指公共组织为满足公众体育需要而提供的公共物品或混合物品。在《中华人民共和国公共文化服务保障法》中，公共文化服务被定义为由政府主导、社会力量参与，以满足公民基本文化需求为主要目的而提供的公共文化设施、文化产品、文化活动以及其他相关服务。《〈中华人民共和国体育法〉释义》将公共体育服务定义为由政府主导、社会力量参与，为满足公民基本体育需求而提供的公共体育设施、体育产品、体育活动以及其他相关服务。综合以上，尽管公共文化服务和公共体育服务所面对的领域、所包含的具体内容有所差异，但二者在根本上是一致的，可以说是异中有同，殊途同归。从价值取向来看，加强公共文化服务和公共体育服务体系建设，都是为了满足人民群众的生存发

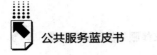
展需要，根本目标都是促进人的全面发展和社会的全面进步。从主体角度来看，提供公共文化服务和公共体育服务都是政府职责的重要组成部分，当然社会组织、企业、事业单位在其中也扮演着重要角色。从属性来看，公共文化服务和公共体育服务内在的本质是公共性，都具有明显的公益性、普惠性。而且，公共文化服务主要服务于人民群众的精神文化生活需要，在广义上包含了体育服务的内容。本报告所提到的公共文化体育服务以文化活动和体育活动为主要内容，涵盖公共文化设施免费开放、送戏曲下乡、收听广播、观看电视、观赏电影、读书看报、少数民族文化服务、公共体育设施开放和全民健身服务等多种形式，是衡量人民群众精神文化生活质量的重要尺度。

（二）公共文化体育服务的数据收集与样本选择

科学的样本选择、设计调查、数据收集方法，可以保证研究结论的可靠性和有效性。在数据收集方法方面，通过综合权衡研究对象的复杂性、经济成本的可行性、区域发展的不平衡性以及文化传统的多样性等因素，本报告确定采用典型抽样法，主要选取了北京市、上海市、武汉市、西安市、成都市等城市进行比较研究。一方面，这些城市分别来自东部、中部、西部地区，具有较强的代表性，能够比较全面、比较充分地反映我国公共文化体育服务的发展状况；另一方面，这些城市的数据样本具有统一性、可比性，可为数据研究分析提供比较充分的资料来源。考虑到数据的权威性和可获得性，本报告的数据主要来源于各典型城市的统计年鉴（2018～2023 年）。在研究问题的确定、研究方案的设计方面，主要选取图书流通人次，电影放映单位观影人次，博物馆参观人数，群众艺术馆、文化馆和文化站等群众文化服务事业组织文艺活动次数等指标，考察城市公共文化体育服务的普及与便利程度；主要选取公共图书馆、档案馆、博物馆、文化馆、文化站、体育场地数量及面积，人均体育场地面积等指标，考察城市公共文化体育服务水平，借此阐明公共文化体育服务的总体状况和发展趋向。

二　全国公共文化体育服务发展的总体概要

党的十八大以来，以习近平同志为核心的党中央坚持以人民为中心的发展思想，将公共文化体育服务体系建设置于更加突出的位置，着力加强顶层设计，促进资源优化配置，在理论和实践层面都取得丰硕的成果。

（一）党的十八大以来公共文化体育服务的政策发展状况

政策是政府为满足社会公共需要，履行公共管理服务职能，提供公共物品和服务的主要工具。2005 年，党的十六届五中全会明确提出，逐步形成覆盖全社会的比较完备的公共文化服务体系。[①] 2007 年，中共中央办公厅、国务院办公厅印发《关于加强公共文化服务体系建设的若干意见》，围绕公共服务体系建设的指导思想、目标任务、战略举措等做出系统部署。在长期的实践探索中，我们党不断深化对文化建设和体育发展的规律性认识，不断健全完善公共文化体育服务政策，并取得积极进展。尤其是党的十八大以来，党着眼于经济社会发展全局，积极顺应人民群众的新期待、新需要，更加注重加强顶层设计、系统谋划，推动公共文化体育服务体系建设进入新阶段。

在公共文化服务方面，党中央明确公共文化服务体系建设在当前我国文化建设中的战略性地位，科学把握公共文化服务体系建设的公益性、基本性、均等性、便利性等要求，出台了一系列支持公共文化服务发展的政策法规，为推动公共文化服务质量的提升提供根本遵循。2013 年 11 月，党的十八届三中全会审议通过《中共中央关于全面深化改革若干重大问题的决定》，对加快构建现代公共文化服务体系做出部署，并提到要整合基层宣传文化、党员教育、科学普及、体育健身等设施的要求。[②] 2015 年 1 月，中共中央办公厅、国务院办公厅印发了《关于加快构建现代公共文化服务体系

---

① 中共中央文献研究室编《十六大以来重要文献选编》（中），中央文献出版社，2006。
② 中共中央文献研究室编《十八大以来重要文献选编》（上），中央文献出版社，2014。

的意见》和《国家基本公共文化服务指导标准（2015—2020 年）》，对构建现代公共文化服务体系做出全面部署，其中包含了关于体育健身、体育活动、体育设施方面的安排。之后，《中华人民共和国公共文化服务保障法》等法律实施，促进公共文化服务法律体系的完善，弥补了文化立法的短板，"四梁八柱"的制度框架逐步建立。2021 年 3 月，文化和旅游部、国家发展改革委、财政部三部门联合印发《关于推动公共文化服务高质量发展的意见》，提出"新的形势下更好推动公共文化服务实现高质量发展"的总体要求和主要任务。2021 年 12 月，国家发展改革委等 21 个部门联合发布的《"十四五"公共服务规划》，明确了扎实推动公共服务高质量发展的指导思想、基本原则、主要目标和实践路径。2022 年 10 月，党的二十大报告提出"健全现代公共文化服务体系"的部署要求，强调要促进群众体育和竞技体育全面发展，加快建设体育强国。[①] 2024 年 7 月，《中共中央关于进一步全面深化改革　推进中国式现代化的决定》提出，"完善公共文化服务体系，建立优质文化资源直达基层机制，健全社会力量参与公共文化服务机制，推进公共文化设施所有权和使用权分置改革"。[②] 简而言之，党中央强调统筹城乡公共文化服务体系建设，着力保障人民群众的文化权益，推动公共文化服务体系建设进入规范化、法治化轨道。

在公共体育服务方面，党中央更加突出对全民健身事业的高度重视，积极推动全民健身公共服务体系和政策的健全完善。2011 年，国家体育总局发布《体育事业发展"十二五"规划》，明确将建立完善符合国情、比较完整、覆盖城乡、可持续的公共体育服务体系列为"十二五"时期体育事业发展的指导思想的重点内容，并在总体目标、实践路径等方面做出具体部署。2012 年，国务院印发《国家基本公共服务体系"十二五"规划》，明确提出推进公共文化体育服务的重点任务、基本标准和保障工程。2014 年，国务院发布《关于加快发展体育产业促进体育消费的若干意见》，将全民健身上升为国家

---

① 习近平：《习近平著作选读》（第一卷），人民出版社，2023。
② 《中共中央关于进一步全面深化改革　推进中国式现代化的决定》，《人民日报》2024 年 7 月 22 日，第 1 版。

战略。2016 年 6 月，国务院印发《全民健身计划（2016—2020 年）》，以实施全民健身国家战略，提高全民族的身体素质和健康水平。2021 年 7 月，国务院印发《全民健身计划（2021—2025 年）》，就全面提高国民体质和健康水平，推动全民健身公共服务体系更加完善做出部署。2021 年 12 月，国家体育总局印发《公共体育场馆基本公共服务规范》，对公共体育场馆向社会提供免费或低收费开放服务提出更为明确、更加细致的要求。2022 年 3 月，中共中央办公厅、国务院办公厅印发了《关于构建更高水平的全民健身公共服务体系的意见》，阐明了建立更高水平的全民健身公共服务体系的指导思想、工作原则和主要目标。2024 年 7 月，党的二十届三中全会通过的《中共中央关于进一步全面深化改革　推进中国式现代化的决定》提出，完善全民健身公共服务体系，改革完善竞技体育管理体制和运行机制。① 党中央把增进人民福祉、促进人的全面发展作为一切工作的出发点和落脚点，加快推进全民健身与全民健康深度融合，积极推动全民健身国家战略的落地落实。

从加强公共文化体育服务体系建设、构建现代公共文化体育服务体系，到推动公共文化体育服务高质量发展，可以看出我国对于公共文化体育服务体系建设的政策理念更加注重提质增效。党中央着眼时代发展大势，更加注重以新质生产力赋能公共服务体系建设，努力推动文化和体育治理体系和治理能力现代化，全面推进现代化公共文化体育服务体系建设。党中央更加注重顶层设计、系统集成，着力完善公共文化体育服务体系建设的每一个方面、每一个环节，努力提升公共文化体育服务的整体水平。

（二）公共文化体育服务发展的基本成效

党和国家结合时代特点和发展需求，聚焦公共文化体育服务发展中的重点领域和关键环节，积极解决公共文化体育服务领域的供需矛盾，密集出台一系列政策法规，着力提供更加科学、更加系统、更加精准的理念支持和政

---

① 《中共中央关于进一步全面深化改革　推进中国式现代化的决定》，《人民日报》2024 年 7 月 22 日，第 1 版。

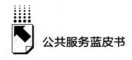

策部署，持续激发公共文化体育服务高质量发展的活力。在中国共产党的领导下，我国不断完善公共文化体育服务机制，着力提高公共文化产品和全民健身服务供给能力，不断凝聚提升公共文化体育服务的强大合力，推动现代公共文化体育服务建设取得丰硕成果。

为统筹推进公共服务体系建设，我国进一步加强财政资源统筹，积极落实和完善文化、体育等财税政策，促进公共文化体育建设投入稳步增加，推动公共文化体育服务效能明显提高。"十三五"时期，中央财政安排转移支付资金 308.39 亿元，支持地方公共文化体育设施免费或优惠开放；累计安排转移支付资金 99.99 亿元，支持各地改善公共体育设施条件、开展全民健身活动；安排国家艺术基金 25.00 亿元、国家出版基金 29.30 亿元、电影精品专项资金 13.31 亿元、中国文学艺术发展专项基金 6.36 亿元、纪录片发展专项资金 1.46 亿元、电视剧引导扶持专项资金 2.89 亿元以及文化名家自主选题项目经费 5.12 亿元，支持社会主义文艺创作。[①]

公共文化体育设施建设、管理和服务水平进一步提升，公共文化体育服务的内容和手段更加丰富。截至 2023 年底，全国共有文化和旅游部门所属艺术表演团体 1893 个、公共图书馆 3309 个、文化馆 3508 个；有线电视实际用户 2.02 亿户，其中有线数字电视实际用户 1.93 亿户；档案馆 4154 个，已开放各类档案 23827 万卷（件）；体育场地 459.3 万个、体育场地面积 40.7 亿平方米、人均体育场地面积 2.89 平方米。[②] 从总体上看，公共文化体育产品和服务供给更加优化，社会力量参与公共文化设施运营和服务供给的渠道更加顺畅，形成了多元化社会化供给新模式。

我国着力解决人民群众最关心、最直接、最现实的基本文化和体育权益问题，大力推进公共文化体育服务标准化、均等化、社会化，整体发展向好。截至 2023 年末，全年艺术表演场馆共演出 41.5 万场，吸引观众 12273.4 万人次。全国人均图书藏量 1.02 册，公共图书馆共流通 116061

① 《"十三五"财政 1.83 万亿元投入公共文化》，《中国财经报》2020 年 10 月 29 日，第 2 版。
② 《中华人民共和国 2023 年国民经济和社会发展统计公报》，《中国统计》2024 年第 3 期。

万人次。① 2023 年通过全民健身信息服务平台上传的群众身边的赛事活动达24.6 万个，活动参与人数超 7183 万人。2023 年共发放国家体育锻炼标准电子证书约 36.4 万份，全国累计参与 40.2 万人次，全国达标率达 90.63%。②

三　城市公共文化体育服务建设对比分析

本报告通过对比城市公共文化体育服务人才队伍建设水平、设施建设水平和开展成效等多个指标，综合评估不同城市公共文化体育服务建设的基本状况，并分析城市公共文化体育服务发展的主要特点，准确把握我国公共文化体育服务体系建设的前进方向。

（一）城市公共文化体育服务建设的基本状况对比

1. 公共文化体育服务人才队伍建设水平

2018~2022 年，各城市积极推进高素质公共文化体育服务人才队伍建设，有步骤、有计划地安排人才培训。北京市、西安市、武汉市的公共图书馆从业人员呈缓慢减少趋势。其中，北京市公共图书馆从业人员由 2673 人减少为 2643 人，西安市公共图书馆从业人员由 473 人减少为 438 人，武汉市公共图书馆从业人员由 670 人减少为 667 人（见图 1）。北京市、成都市、武汉市群众文化事业从业人员数量变化趋势存在差异，如北京市群众文化事业从业人员由 3134 人增至 4273 人，武汉市群众文化事业从业人员由 761 人增至 829 人，而成都市群众文化事业从业人员由 1906 人减少为 1770 人（见图 2）。2018~2022 年，武汉市群众艺术馆、文化馆每年举办培训班数量分别为 1274 次、1554 次、634 次、2712 次、1879 次；成都市群众文化事业组织每年举办训练班数量分别为 14360 次、17434 次、12016 次、13707 次、

---

① 《中华人民共和国文化和旅游部 2023 年文化和旅游发展统计公报》，文化和旅游部网站，2024年 8 月 30 日，https：//zwgk.mct.gov.cn/zfxxgkml/tjxx/202408/t20240830_954981.html。

② 《这些数字告诉你，2023 年全民健身成效几何》，中国政府网，2024 年 3 月 21 日，https：//www.gov.cn/lianbo/bumen/202403/content_6940805.htm。

10729 次;上海市群众艺术馆和文化馆（站）每年举办训练班数量分别为
63526 次、95908 次、35415 次、68778 次、18784 次。2018~2022 年,西安
市举办的社会体育指导员训练班数量依次为 20 期、23 期、22 期、27 期、
33 期,共有社会体育指导员 23129 名、25116 名、27004 名、29508 名、
30797 名。2018~2022 年,长沙市共有社会体育指导员 3020 名、1345 名、
1426 名、1188 名、1223 名。

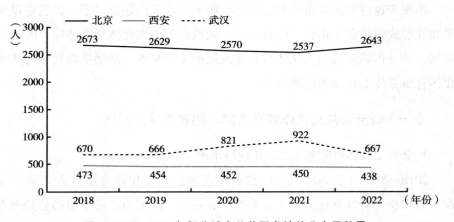

图1 2018~2022 年部分城市公共图书馆从业人员数量

资料来源:2019~2023 年北京、武汉、西安统计年鉴。

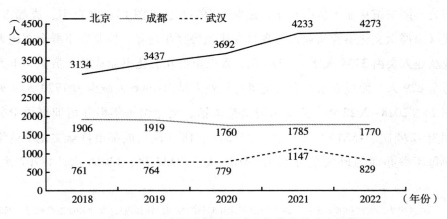

图2 2018~2022 年部分城市群众文化事业从业人员数量

资料来源:2019~2023 年北京、武汉、成都统计年鉴。

2. 公共文化体育服务设施建设水平

2018~2022 年，各城市积极推进公共文化体育设施建设，努力建设书香社会、打造艺术殿堂、实现全民健康，着力满足人民群众对美好生活的新期待。在公共图书馆机构数量方面，北京市、武汉市、西安市、成都市表现变化不大（见图3）。在公共图书馆建筑面积方面，北京市、武汉市、西安市、成都市呈增加态势，其中西安市涨幅最大，从 9.44 万平方米增加至 20.50 万平方米（见图4）。在公共图书馆总藏书量方面，北京市、武汉市、西安市呈增加态势，尤其是西安市的增长幅度最大，从 771.10 万册增加至 935.20 万册；而成都市则由 2455.78 万册（2019 年）下降至 1227.90 万册（2020 年），之后小幅度增加（见图5）。在群众艺术馆、文化馆（站）等机构数量方面，北京市略有增加，上海市和武汉市略有起伏（见图6）。在博物馆机构数量方面，北京市总体先升后降，上海市总体先降后升，成都市基本持平，武汉市有所上升（见图7）。

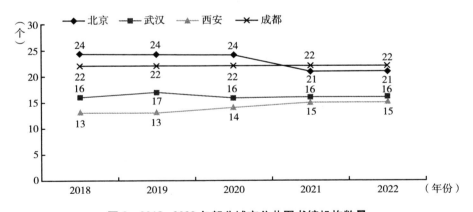

图 3　2018~2022 年部分城市公共图书馆机构数量

资料来源：2019~2023 年北京、武汉、西安、成都统计年鉴。

参照 2022 年数据，按照公共图书馆机构数量的递增顺序排列，依次为西安市、武汉市、北京市、成都市；按照公共图书馆建筑面积的递增顺序排列，依次为成都市、西安市、武汉市、北京市（见图8）；按照公共图书馆总藏书量递增顺序排列，依次为西安市、成都市、武汉市、北京市；按照群

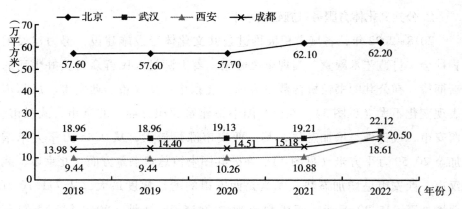

图 4　2018~2022 年部分城市公共图书馆建筑面积

资料来源：2019~2023 年北京、武汉、西安、成都统计年鉴。

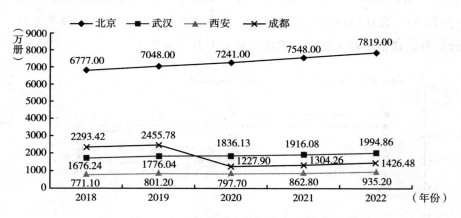

图 5　2018~2022 年部分城市公共图书馆总藏书量

资料来源：2019~2023 年北京、武汉、西安、成都统计年鉴。

众艺术馆、文化馆（站）等机构数量递增顺序排列，依次为武汉市、上海市、北京市（见图 9）；按照博物馆机构数量的递增顺序排列，依次为北京市、成都市、武汉市、上海市（见图 7）。

在公共体育服务方面，北京市、武汉市、西安市、成都市积极完善健身场地设施，广泛开展群众性体育活动。2023 年，四个城市人均体育

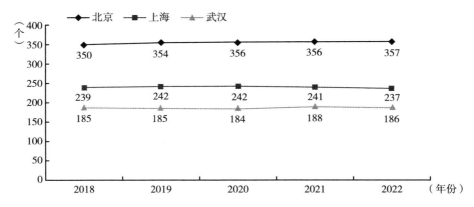

图 6　2018~2022 年部分城市群众艺术馆、文化馆（站）机构数量

资料来源：2019~2023 年北京、上海、武汉统计年鉴。

场地面积分别达到 2.95 平方米、2.89 平方米、2.33 平方米、2.55 平方米。①

2023 年，在党中央、国务院的高度重视和各级党委、政府的大力支持下，覆盖城乡的公共文化体育服务设施网络不断扩大完善，各主要城市的公共文化体育服务事业总体向好。

北京市公共文化体育服务稳步提质增效。2023 年，全市共有公共图书馆（含国家图书馆）20 个，总流通 1882.5 万人次；国家档案馆 18 家，馆藏纸质档案 1168.8 万卷（件）；备案博物馆 226 家，其中免费开放 107 家；文化馆 18 个（其中市级 1 个，区级 17 个），文化站 339 个。全年共有 339 家表演场所举办演出 49524 场，较上年增长 1.4 倍；观众

---

① 《2023 年北京市体育场地主要指标数据公报》，北京市体育局网站，2024 年 6 月 26 日，https：//tyj. beijing. gov. cn/bjsports/xxcx/tjxx/543340285/index. html；《做大做强系列活动品牌，武汉体育持续唱响全民健身"四季歌"》，武汉市人民政府网站，2024 年 12 月 5 日，https：//www. wuhan. gov. cn/sy/whyw/202412/t20241205_2493790. shtml；《2023 年西安市体育场地统计数据》，西安市体育局网站，2024 年 4 月 28 日，http：//xatyj. xa. gov. cn/web_files/xatyj/file/2024/04/28/20240428155434262843. pdf；《成都市体育局 2023 年工作总结和 2024 年工作安排》，成都市体育局网站，2024 年 2 月 1 日，https：//cdsport. chengdu. gov. cn/cdstyj/c149412/2024 - 02/01/content _ d1a23a0a6f95478198d8567806fdc114. shtml。

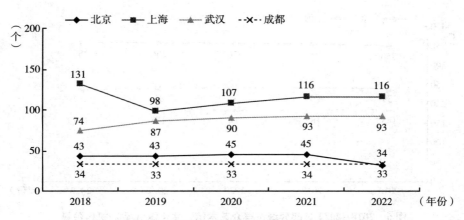

图7　2018~2022年部分城市博物馆机构数量

资料来源：2019~2023年北京、上海、武汉、成都统计年鉴。

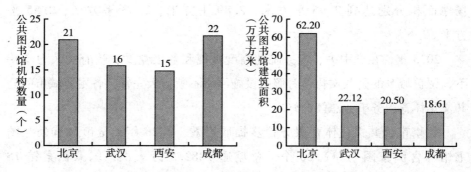

图8　2022年部分城市公共图书馆机构数量及建筑面积

资料来源：2023年北京、武汉、西安、成都统计年鉴。

人数为1138.5万人次，较上年增长2倍；演出收入合计23.0亿元，较上年增长2.7倍。[①] 截至2023年底，北京市有街道（乡镇）综合文化中心339个；组织文艺活动3.6万次，参加439.5万人次；举办训练班5.9万次，培训192.2万人次；举办展览1646个，参观115.3万人次；组织公益性讲

[①] 《北京市2023年国民经济和社会发展统计公报》，北京市人民政府网站，2024年3月21日，https://www.beijing.gov.cn/zhengce/zhengcefagui/202403/t20240321_3596451.html。

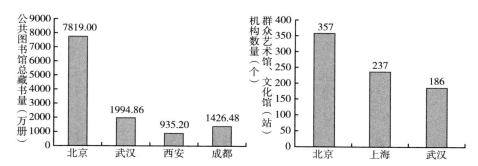

图9　2022年部分城市公共图书馆总藏书量以及群众艺术馆、文化馆（站）机构数量

资料来源：2019~2023年北京、上海、武汉、西安、成都统计年鉴。

座785次，参加9.7万人次。① 全年创建全民健身示范街道和体育特色乡镇43个，改扩建体育公园14个，新建足球、篮球等体育健身活动场所82处。②

武汉市公共文化体育服务水平不断提升。2023年，全市共有市直公共图书馆2个，藏书498.42万册，接待读者287.04万人次；市直博物馆10个，接待观众715.52万人次；市直艺术表演团体机构8个，新排上演剧目15台；市直专业剧团获国家奖12个；市直艺术单位开展文化惠民活动809场。截至2023年末，武汉市共有体育场馆175个，等级运动员发展人数835人，优秀运动员49人。③ 武汉市全民健身运动会共举办了36项比赛和30场公益体验活动，赛事活动时间持续全年，影响带动百万人群参与全民健身。④

西安市公共文化体育服务活动异彩纷呈。2023年，全市共有公共图书馆14个，全年总流通416.14万人次；群众艺术馆1个，文化馆13个，艺

① 《2023年北京市文化和旅游统计公报》，北京市文化和旅游局网站，2024年7月5日，https：//whlyj. beijing. gov. cn/zwgk/tzgg/202407/t20240705_3739877. html。
② 《北京市2023年国民经济和社会发展统计公报》，北京市人民政府网站，2024年3月21日，https：//www. beijing. gov. cn/zhengce/zhengcefagui/202403/t20240321_3596451. html。
③ 《2023年武汉市国民经济和社会发展统计公报》，武汉市商务局网站，2024年4月7日，https：//sw. wuhan. gov. cn/xwdt/mtbd/202404/t20240407_2384883. shtml。
④ 《武汉市全民健身运动会再获金奖》，《长江日报》2024年6月19日，第7版。

术表演团体 16 个；^①已建成村（社区）基层综合性文化服务中心 2095 个，涉农区县、开发区建成农村文化礼堂 341 个、乡镇（街道）文化站 144 个；建成的 8 个公共图书馆、8 个文化馆均达到国家等级馆标准，四级公共文化服务网络基本建成。^②截至 2023 年末，西安共有体育场馆 51 个，较上年末增加 18 个；体育场馆面积 130.13 万平方米。举办县级以上群众性体育赛事共计 800 项次；新建（更新）全民健身路径 210 个；年末社会体育指导员 3.38 万人。^③

2023 年，成都市积极打造公共文化体育服务高地。全市共有博物馆（含民办）192 个，文化馆 23 个，公共图书馆 23 个；广播电视台（融媒体中心）23 个，公共广播节目 26 套，公共电视节目 28 套；有线电视实际用户 340.0 万户，其中有线数字电视实际用户 214.7 万户；建成达到省级以上标准的体育公园 6 个，全民健身路径达 1.7 万条(见表 1)。^④

表 1　2023 年北京市、武汉市、西安市、成都市公共文化体育服务总体状况

城市	2023 年数据汇总
北京	公共图书馆(含国家图书馆)20 个,总流通 1882.5 万人次 国家档案馆 18 家,馆藏纸质档案 1168.8 万卷(件) 备案博物馆 226 家,其中免费开放 107 家 文化馆 18 个,文化站 339 个 创建全民健身示范街道和体育特色乡镇 43 个

① 《2023 年西安市国民经济和社会发展统计公报》，陕西省人民政府网站，2024 年 4 月 11 日，https：//www.shaanxi.gov.cn/zfxxgk/fdzdgknr/tjxx/tjgb_240/sqgb/202404/t20240411_2325804_wap.html。

② 《我市已建成村（社区）基层综合性文化服务中心 2095 个》，《西安日报》2024 年 6 月 2 日，第 2 版。

③ 《2023 年西安市国民经济和社会发展统计公报》，陕西省人民政府网站，2024 年 4 月 11 日，https：//www.shaanxi.gov.cn/zfxxgk/fdzdgknr/tjxx/tjgb_240/sqgb/202404/t20240411_2325804_wap.html。

④ 《2023 年成都市国民经济和社会发展统计公报》，成都市统计局网站，2024 年 3 月 30 日，https：//cdstats.chengdu.gov.cn/cdstjj/c154795/2024-03/30/content_68e47282894d4e47a77e59f5592808ab.shtml。

续表

城市	2023 年数据汇总
武汉	市直公共图书馆 2 个,藏书 498.42 万册,接待读者 287.04 万人次 市直博物馆 10 个,接待观众 715.52 万人次 市直艺术表演团体机构 8 个,新排上演剧目 15 台 体育场馆 175 个
西安	公共图书馆 14 个,全年总流通 416.14 万人次 群众艺术馆 1 个,文化馆 13 个,艺术表演团体 16 个 体育场馆 51 个,较上年末增加 18 个 体育场馆面积 130.13 万平方米 举办县级以上群众性体育赛事共计 800 项次
成都	公共图书馆 23 个 博物馆(含民办)192 个 文化馆 23 个 年末建成达到省级以上标准的体育公园 6 个,全民健身路径达 1.7 万条

资料来源:2023 年北京市、武汉市、西安市、成都市国民经济和社会发展统计公报。

3. 公共文化体育服务开展的实际效果

群众参与公共文化体育服务事业的情况是了解公共文化体育服务供给状况的重要窗口,是衡量每个城市开展公共文化体育服务成效的基本尺度。本报告主要选取了图书流通人次(见图 10),电影放映单位观影人次(见图 11),

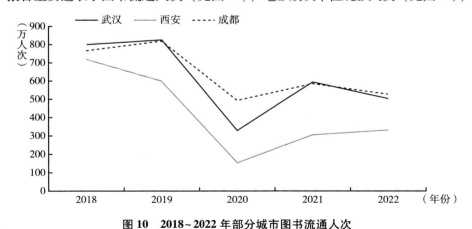

图 10　2018~2022 年部分城市图书流通人次

资料来源:2019~2023 年武汉、西安、成都统计年鉴。

博物馆参观人次（见图 12），群众艺术馆、文化馆和文化站等群众文化服务
事业组织文艺活动次数（见图 13）等指标进行比较说明。从纵向数据看，
2018~2022 年，北京市、上海市、武汉市、西安市、成都市五个城市群众参
与公共文化服务事业的人次皆有起伏，总体呈现减少趋势。

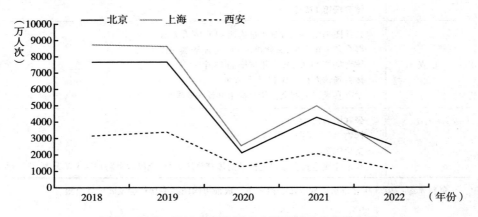

图 11   2018~2022 年部分城市电影放映单位观影人次

资料来源：2019~2023 年北京、上海、西安统计年鉴。

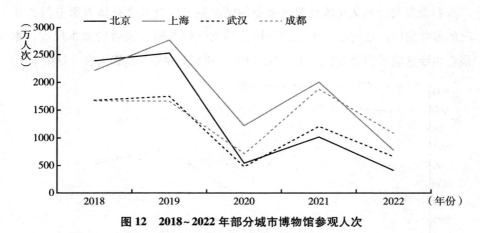

图 12   2018~2022 年部分城市博物馆参观人次

资料来源：2019~2023 年北京、上海、武汉、成都统计年鉴。

根据各地统计年鉴，2022 年北京市、上海市、武汉市、西安市、成都
市常住人口分别为2184.30 万人、2475.89 万人、1373.90 万人、1299.59

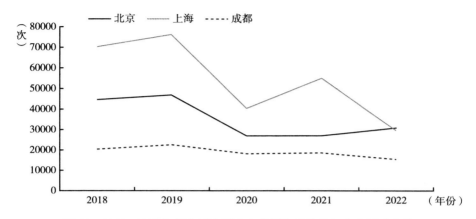

图 13　2018~2022 年部分城市群众文化服务事业组织文艺活动次数

资料来源：2019~2023 年北京、上海、成都统计年鉴。

万人、2126.80 万人。2022 年，武汉市、西安市、成都市图书流通人次占常住人口的比重分别为 36.80%、25.74%、24.99%，其中武汉市占比最高（见图 14）；北京市、上海市、西安市电影放映单位观影人次占常住人口的比重分别为 117.91%、84.49%、89.62%，其中北京市占比最高（见图 15）；北京市、上海市、武汉市、成都市博物馆参观人次占常住人口的比重分别为 18.92%、31.68%、49.12%、50.92%，其中成都市占比最高

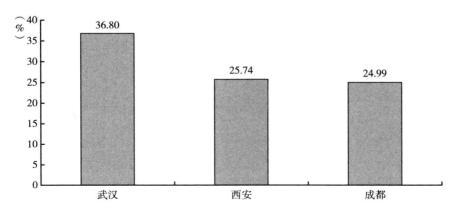

图 14　2022 年部分城市图书流通人次占常住人口的比重

资料来源：《武汉统计年鉴 2023》《西安统计年鉴 2023》《成都统计年鉴 2023》。

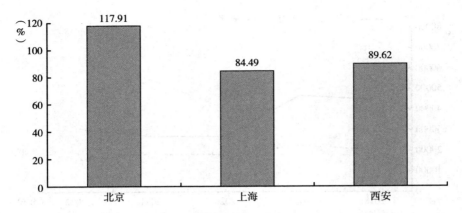

图 15 2022 年部分城市电影放映单位观影人次占常住人口的比重

资料来源：《北京统计年鉴 2023》《上海统计年鉴 2023》《西安统计年鉴 2023》。

（见图 16）；北京市、上海市、成都市的群众文化服务事业组织文艺活动次数分别为 30971 次、29596 次、15631 次，其中北京市组织次数最多（见图 17）。可见，各城市参与文化事业情况丰富多样，且各具特色和优势。

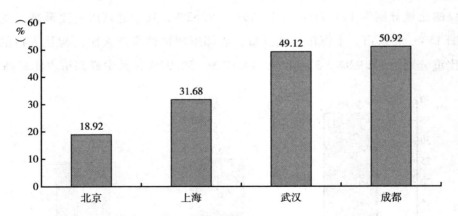

图 16 2022 年部分城市博物馆参观人次占常住人口的比重

资料来源：《北京统计年鉴 2023》《上海统计年鉴 2023》《武汉统计年鉴 2023》《成都统计年鉴 2023》。

2019~2023 年，全民健身公共服务体系不断完善，人民群众参与健身的意识普遍增强，健身方式形式多样，全民健身蔚然成风。

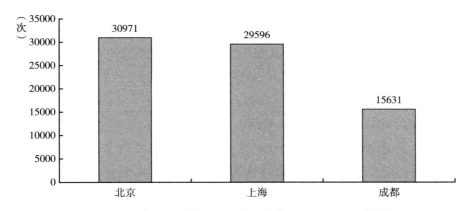

图 17 2022 年部分城市群众文化服务事业组织文艺活动次数

资料来源：《北京统计年鉴 2023》《上海统计年鉴 2023》《成都统计年鉴 2023》。

2019~2023 年，北京积极回应人民群众对美好生活的期待，不断加强体育场地设施建设，积极举办各类群众赛事活动，营造浓厚全民健身氛围。其间，北京市人均体育场地面积由 2.45 平方米增加到 2.95 平方米；全民健身路径由 9984 条增加到 12778 条（见表 2）。

表 2 2019~2023 年北京市公共体育服务发展状况

单位：平方米，条

指标	2019 年	2020 年	2021 年	2022 年	2023 年
人均体育场地面积	2.45	2.57	2.69	2.90	2.95
全民健身路径	9984	11382	12626	12306	12778

资料来源：2020~2024 年《北京统计年鉴》。

2019~2023 年，成都市不断完善体育设施建设，积极开展群众赛事活动，推动全民健身事业持续发展。其间，全市体育场地从 31871 个增加到 68700 个；各部门举办全民健身活动由 3782 次增加到 6430 次；全民健身路径由 8452 条增加到 17502 条（见表 3）。

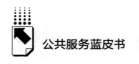
表3　2019~2023年成都市公共体育服务发展状况

指标	2019年	2020年	2021年	2022年	2023年
体育场地数(个)	31871	54975	59990	64100	68700
各部门举办全民健身活动数量(次)	3782	5114	5962	6199	6430
全民健身路径(条)	8452	8988	16235	16722	17502

资料来源:2020~2024年《成都统计年鉴》。

2018~2022年,西安市积极推动体育与文化、旅游的融合发展,着力为人民群众提供更为优质、更为便利的健身环境,促进群众健身活动蓬勃发展。其间,西安市举办社会体育指导员培训班由20期增加到33期;举办的县级以上群众性体育赛事由500个增加到800个(见表4)。

表4　2018~2022年西安市公共体育服务发展状况

单位:期,个

指标	2018年	2019年	2020年	2021年	2022年
全年举办社会体育指导员培训班	20	23	22	27	33
全年举办的县级以上群众性体育赛事	500	600	600	636	800

资料来源:2019~2023年《西安统计年鉴》。

(二)城市公共文化体育服务发展的主要特点分析

公共文化体育服务更突出数字化、智能化和融合化。移动互联网、云计算、大数据、人工智能、物联网、区块链等新兴技术的蓬勃发展,为公共文化体育服务的高质量发展提供便利条件,催生了公共文化体育服务的新模式、新业态。智慧图书馆、智慧文化馆、智慧博物馆、数字运动馆等数字平台矩阵,在线预约、在线阅读、指尖云游、沉浸式体验、模拟仿真、交互式互动、智能运动等多样化的服务模式,数字化信息采集、数字化存储、数字化流通、数字化展示等便利的服务条件,助力公共文化体育服务质量快速提升。从内容创作、资源整合、场景体验到数字化设施的广泛应用,让公共文化体育服务更加便捷高效。

　　城乡公共文化体育服务体系一体化建设取得重要进展。随着经济社会的快速发展，人民群众对优质公共文化体育服务的需求更加强烈，呈现多层次、多样化的特征。坚持以习近平新时代中国特色社会主义思想为引领，为更好地保障人民群众的发展权益、适应人民群众的新期待，各地区不再追求设施空间、内容供给等方面简单的数量增加，而是更加注重在提高公共文化体育服务质量上下功夫，大力推进公共文化体育服务体系高质量发展。习近平总书记明确指出，"要推动公共文化服务标准化、均等化，坚持政府主导、社会参与、重心下移、共建共享，完善公共文化服务体系，提高基本公共文化服务的覆盖面和适用性"。[①] 要广泛开展全民健身运动，推动全民健身和全民健康深度融合，创新全民健身体制机制，普及科学健身知识和方法，完善全民健身公共服务体系。[②] 各地区积极推进城乡文化体育共同体建设，促进公共文化体育服务能力和水平不断提升。一方面，通过不断加强城乡基础文化体育设施建设，不断创新体制机制，切实完善公共文化体育服务管理模式，逐步优化和开发新型公共文化体育服务空间，涌现出"城市书房""文化驿站""乡村戏台""文化礼堂""文化广场"等主题功能空间。截至2024年，全国各类新型公共文化空间数量已经超过3.88万个，成为各地推进城乡公共文化服务高质量发展的重要抓手，在丰富人民群众文化生活方面发挥着重要作用。[③] 另一方面，通过推动文化、娱乐、旅游、商业等融合发展，解锁新型体育健身场景，涌现出体育公园、健身步道、运动营地等新型体育空间。根据国家发展改革委等部门2021年发布的《关于推进体育公园建设的指导意见》，到2025年，全国将新建或改扩建1000个左右体育公园，逐步形成覆盖面广、类型多样、特色鲜明、普惠性强的体育公园体系。[④] 据统计，截至2023年底，支持各地启动283个体育公园、全民健身中

① 习近平：《习近平谈治国理政》（第三卷），外文出版社，2020。
② 中共中央党史和文献研究院编《习近平关于尊重和保障人权论述摘编》，中央文献出版社，2021。
③ 《新型公共文化空间建设推广活动举办》，《中国旅游报》2024年12月26日，第1版。
④ 《关于推进体育公园建设的指导意见》，中国政府网，2021年10月23日，https：//www.gov.cn/zhengce/zhengceku/2021-10/30/content_5647758.htm。

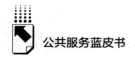

心（小型体育综合体）等项目。[①]

文化、旅游和体育服务融合发展。旅游是文化的载体，文化是旅游的灵魂，体育是文化和旅游事业相互融合的重要纽带。三者资源共享、优势互补，都是公共服务业的重要力量。文化、旅游与体育事业的融合发展，可以给人民群众带来更丰富的体验，有助于提升人民群众的身体素质与健康水平，让人民群众享有更高质量的精神文化生活。一些地区通过大力开展群众文化事业，营造城乡文化氛围，如"街头艺人""街头艺术站"，提升城乡魅力，打造城乡品牌，着力提升全域旅游品质，延长旅游点的生命周期。一些地区着力将公共文化服务嵌入旅游线路、旅游驻地、旅游交通服务区，发挥博物馆、纪念馆、非遗传习场所等在传承、保护和展示文化遗产方面的重要作用，促进文旅事业的高质量发展。一些地区科学把握公共文化服务的公益性、普惠性，积极打造主客共享新生活。如"淄博的烧烤流量"擦亮齐地文化底牌，非物质文化遗产助推哈尔滨"出圈"，西安市大唐不夜城步行街展现出传统文化的非凡魅力。一些地区积极探索"文化+体育+旅游"的发展模式，形成相互促进、协同发展的新模式，激发新动能、新活力，增加新亮点。如贵州"村BA""村超"、广东龙舟赛等民间体育赛事热潮涌动，彰显出文体旅融合的强大优势。

城乡之间、地区之间的公共文化体育服务水平仍然存在一定差异。我国坚持文化惠民乐民，深化文化体制改革，切实推动公共文化体育服务标准化、均等化；始终把人民健康放在优先发展的位置，不断提高公共体育服务覆盖率和实效性。不过，由于受历史和现实等多重因素影响，地区差异、城乡差异始终存在，尤其是在优质文化资源、产品和服务的配置表现不均衡。同时，基层公共文化体育设施利用率偏低，基层公共文化体育人才队伍建设存在短板等问题仍比较突出。

四　对策建议

立足新时代新征程，深入学习贯彻习近平新时代中国特色社会主义思想，

---

① 《我国共有体育场地 459.27 万个》，《人民日报》2024 年 3 月 24 日，第 1 版。

推动公共文化体育服务高质量发展，助力公共文化体育服务的均等化、普惠化、便捷化，可以从以下几个方面着手。

（一）坚持公共文化体育服务体系建设的现代化方向

中国式现代化建设的伟大实践赋予公共文化体育服务体系建设现代力量，为推进公共文化体育服务体系一体化建设明确了时代方向。首先，坚持公共文化体育服务体系建设的现代化方向，要符合人民群众对高品质生活的期待，要契合人的全面发展和全体人民共同富裕的进程。要深入生活、扎根人民，深入了解人民群众的文化接受能力和文化欣赏能力，推出一批思想精深、艺术精湛、制作精良的文化精品。要完善创作指导、资金扶持、创作机制，提高创作和生产的组织化程度，增强原创能力、激发创造活力，营造风清气正的文化创作生态。要深入回应人民群众期待，聚焦解决健身地点、健身设施、健身方法等重点问题，持续推进体育公园、全民健身中心、健身步道等体育设施建设，积极开展科学健身指导走基层活动，开展丰富多彩的全民健身赛事活动，让群众"能健身、会健身、健好身"。

其次，坚持公共文化体育服务体系建设的现代化方向，要面向国家现代化发展的需要。要持续推进公共文化服务体系的创新发展，增强高质量文化供给，使人民群众更充分地理解推进中国式现代化的价值和意义，提升人民群众的获得感、幸福感、安全感，凝聚建设中国式现代化的情感认同、思想认同。要全面推进全民健身事业高质量发展，培育积极向上的全民健身文化，拓展全民健身空间，点燃人民群众的健身热情。

最后，坚持公共文化体育服务体系建设的现代化方向，要顺应现代化发展趋势。要加强大数据、人工智能、区块链等关键数字技术的普及应用，有效整合文化、体育资源，促进公共文化体育服务模式的发展创新，为人民群众提供更加优质、更加精准、更加丰富的文化和体育服务。

（二）突出公共文化体育服务体系建设的特色优势

和实生物，同则不继。尊重公共文化体育服务的多样性是实现其发展的内在要求，也是让公共文化体育服务充满生机活力的必然条件。推进公共文化体育服务体系建设，必须遵循文化建设和体育建设的特点和规律，突出特色、厚植优势。其一，要充分结合当地经济社会发展水平、人口状况、环境条件，充分权衡地方风土人情，合理确定公共文化体育服务基础设施的种类、规模、数量和布局，防止照抄照搬，避免在"空心村"无效投入。其二，要加强对地方文化的传承和保护，充分利用具有农耕特质、民族特色、地域特点的物质文化遗产，充分挖掘少数民族文化的内涵和价值，盘活用好各级各类资源，着力打造公共文化服务品牌。其三，要大力弘扬中华体育精神，不断深化对体育事业发展的规律性认识，鼓励、支持优秀民族、民间、民俗传统体育项目的发掘、整理、保护、推广和创新，开展形式多样、内容丰富的体育活动形式。其四，要坚持古典与现代、传统与时尚相融合，探索符合时代潮流和审美需求的新型表达形式，打造新业态、新场景、新模式，创造出与时俱进的公共文化体育空间。

（三）增强建设公共文化体育空间的内生动力

加强公共文化体育服务体系建设，不是简单地送服务和产品，而是要厘清公共文化体育服务体系建设的主体力量，不断激发公共文化体育服务体系建设的内生动力。首先，要坚持党对公共文化体育服务体系建设的全面领导，强化社会主义核心价值观的引领作用，牢牢把握公共文化体育服务体系建设的正确方向。其次，要深化公共文化体育服务体制改革，建立优质文化资源直达基层机制，动员更多社会力量参与公共文化体育服务体系建设。最后，"扶志"以自强，"扶智"以自立，着重提升人民群众的文化素养，构建更高水平的全民健身公共服务体系，充分调动广大人民群众参与公共文化体育服务体系建设工作的积极性和创造性，以共建共治共享拓展公共文化体育服务体系建设新局面。

专题报告 ↳

B.11

提升公共服务质量 创造美好生活

张 珍*

摘 要： 公共服务的发展与人民对美好生活的向往息息相关，美好生活是公共服务的价值追求，公共服务是美好生活的重要实现途径。党的十八大以来，党中央把公共服务及保障和改善民生摆在重要位置，公共服务体系逐渐完善，供给水平实现质的飞跃。公共服务发展在持续提质扩容、吸纳多元主体、提高公平可及等方面积累的实践经验，为创造美好生活奠定了良好的基础。面对新形势、新挑战，美好生活对公共服务提质增效提出新的要求，新时代公共服务要坚持人民至上理念，守住公共服务民生底线；深入洞察民生需求，构建公共服务多元供给格局；运用系统思维方法，促进共建共享；立足美好生活需要，推进公共服务理论创新。

关键词： 公共服务 民生建设 美好生活 人民至上

---

* 张珍，郑州轻工业大学马克思主义学院副教授，主要研究方向为马克思主义理论、系统哲学。

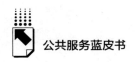

人民对美好生活的向往，不仅是我们的奋斗目标，也是时代发展的必然要求。公共服务作为现代政府的核心职能，其质量的提升对创造美好生活具有显著的促进作用。从学理上分析美好生活的价值追求与实践基础，梳理公共服务创造美好生活的现实价值，进而从人民美好生活的需求出发考量公共服务发展的时代要求，对于推进公共服务实践与理论创新、创造美好生活具有重要价值。

一　美好生活呼唤公共服务的逻辑理路

自古以来，人类对美好生活的追求便从未停歇，孔子的"大同社会"、柏拉图的"理想国"、马克思的"自由人联合体"等理念，无不彰显了人民在不同历史阶段对美好生活的深切向往。美好生活概念的提出，不仅丰富了中国特色话语体系，更成为该体系中重要的政治概念和理论概念。党的十八大以来，习近平总书记在多个重要场合反复强调，"永远把人民对美好生活的向往作为奋斗目标"。① 党的十九大报告以"美好生活"为开篇与结尾，深刻阐明了我国社会主要矛盾是人民日益增长的美好生活需要和不平衡不充分的发展之间的矛盾。党的二十大报告进一步强调，"坚持把实现人民对美好生活的向往作为现代化建设的出发点和落脚点"。相关论述与要求不仅体现了党对人民幸福生活的深切关怀，彰显了党带领人民群众共创美好生活的坚定使命与担当精神，也反映了我们党对美好生活的全面认识与深入理解。新时代的美好生活，以人民至上为价值遵循，以人民的现实需要为实践基础，以公共服务为重要实现途径。

（一）美好生活以人民至上为价值遵循

美好生活以人民至上为价值遵循，人民性是其突出特征。首先，美好生活为了人民。美好生活旨在服务人民，党的十九大报告明确"我国社会主

---

① 习近平：《必须坚持人民至上》，《求是》2024 年第 7 期。

要矛盾是人民日益增长的美好生活需要和不平衡不充分的发展之间的矛盾，必须坚持以人民为中心的发展思想，不断促进人的全面发展、全体人民共同富裕"。① 习近平总书记强调，"更好满足人民对美好生活的向往，推动人的全面发展、社会全面进步"。② 这是对马克思恩格斯通过"自由人联合体""人的自由发展"③ 所论述的美好生活理念的继承与发展，是对唯物史观"人民群众是历史的创造者"这一基本立场的坚持，充分体现出中国共产党人一切为了人民的初心。其次，美好生活依靠人民。"人民是历史的创造者，是决定党和国家前途命运的根本力量……把人民对美好生活的向往作为奋斗目标，依靠人民创造历史伟业。"④ 美好生活的实现，不仅是个人梦想的汇聚，更是集体智慧的结晶，需要人民群众的集体智慧，依赖于人民的参与和贡献。习近平总书记在十三届全国人大一次会议闭幕会上指出，"只要13 亿多中国人民始终发扬这种伟大奋斗精神，我们就一定能够达到创造人民更加美好生活的宏伟目标"。⑤ 最后，美好生活人民共享。美好生活的成果是全体人民共享的，让广大人民群众共享改革发展的成果，是社会主义的本质要求，体现了社会主义制度的优越性，更体现了我们党全心全意为人民服务的宗旨。带领人民创造美好生活，是我们党始终不渝的奋斗目标。必须始终把人民利益摆在至高无上的地位，让改革发展成果更多更公平惠及全体人民。所以，美好生活以人民至上为价值遵循，致力于描绘由人民创造、服务于人民且为人民所共享的美好图景，这一过程紧密契合人民群众对更高品质生活的深切期盼，不断实现好、维护好、发展好最广大人民根本利益。

---

① 习近平：《决胜全面建成小康社会　夺取新时代中国特色社会主义伟大胜利——在中国共产党第十九次全国代表大会上的报告》，《人民日报》2017 年 10 月 28 日，第 1 版。

② 习近平：《决胜全面建成小康社会　夺取新时代中国特色社会主义伟大胜利——在中国共产党第十九次全国代表大会上的报告》，《人民日报》2017 年 10 月 28 日，第 1 版。

③ 中共中央马克思恩格斯列宁斯大林著作编译局编译《马克思恩格斯文集》（第十卷），人民出版社，2009。

④ 习近平：《决胜全面建成小康社会　夺取新时代中国特色社会主义伟大胜利——在中国共产党第十九次全国代表大会上的报告》，《人民日报》2017 年 10 月 28 日，第 1 版。

⑤ 习近平：《在第十三届全国人民代表大会第一次会议上的讲话》，《求是》2020 年第 10 期。

（二）美好生活以人民的现实需要为实践基础

美好生活是以人民的现实需要为实践基础的。美好生活不是虚幻的、抽象的设想，而是在现实基础之上的理性构建，蕴含着丰富的内涵，具有现实性。党的十九大报告指出，人民美好生活需要日益广泛，不仅对物质文化生活提出了更高要求，而且在民主、法治、公平、正义、安全、环境等方面的要求日益增长。① 因而，美好生活既包含丰富多样的物质性需要，又包含社会层面的精神性需要，② 可以理解为丰富充裕的物质生活、自由平等的政治生活、品质卓越的精神生活、全面共享的社会生活、和谐美丽的生态生活。③ 美好生活不是乌托邦，也不是资本价值观驱动的金钱或经济自由，而是以人的物质、精神、政治、社会、生态需求等为出发点的整体生活水平的提升。同时，美好生活需要日益增长，具有历史性。马克思曾经指出，"现在的社会不是坚实的结晶体，而是一个能够变化并且经常处于变化过程中的有机体"。④ 美好生活需要是一个动态演进的概念，随着社会的不断发展而日益丰富和多样化，由求独立到求温饱，由求富裕到求美好，是近 200 年来中国人民美好生活需要发展演变的逻辑主线。⑤ 新时代的美好生活，更加注重人民需求的多样性和人自身的全面发展，美好生活的构建始终以满足人民的现实需求为出发点和落脚点。

（三）美好生活以公共服务为重要实现途径

美好生活是人民对生活质量全面提升的向往和追求，公共服务的高质量

---

① 习近平：《决胜全面建成小康社会　夺取新时代中国特色社会主义伟大胜利——在中国共产党第十九次全国代表大会上的报告》，人民出版社，2017。
② 韩喜平、杜都：《"人民美好生活需要"的学理性解读》，《思想战线》2023 年第 4 期。
③ 刘友田、陈玉斌：《美好生活的内在逻辑、科学内涵与路径选择》，《观察与思考》2019 年第 10 期。
④ 中共中央马克思恩格斯列宁斯大林著作编译局编《马克思恩格斯选集》（第二卷），人民出版社，1995。
⑤ 韩喜平、杜都：《"人民美好生活需要"的学理性解读》，《思想战线》2023 年第 4 期。

发展是满足人民美好生活需要的重要基石和有效途径。一方面，公共服务的核心目标在于满足人民日益增长的美好生活需要。美好生活概念一经提出，公共服务就明确将其作为自己的发展目标。党的十九大报告提出，完善公共服务体系，保障群众基本生活，不断满足人民日益增长的美好生活需要。[①]《"十四五"公共服务规划》进一步要求，稳步提升公共服务保障水平，不断满足人民群众美好生活需要，努力增进全体人民的获得感、幸福感、安全感。[②] 公共服务发展的不同阶段，分别致力于满足人民群众不同的需求，从初期的"富裕生活"追求，到随后的"高质量生活"期盼，再到当前"人的全面发展"目标，[③] 需求逐步递进、供给日益多元。另一方面，美好生活需要的发展和升级，对公共服务提出新的要求。进入新时代后，人民日益增长的美好生活需要对公共服务体系提出了新的更高要求。[④] 为了积极回应人民群众对高品质生活的美好期许与向往，《"十四五"公共服务规划》在"主要目标"部分，针对基本公共服务的均等享有、便利可及等核心服务标准，制定了更为严格和全面的新要求，增加了"普惠性非基本公共服务""生活服务"等服务内容，使得公共服务的发展匹配人民日益增长的美好生活需要，致力于以更高质量的公共服务，适应新时代人民群众新的需要。

二　公共服务助力美好生活的实践经验

公共服务在提升人民生活质量，增强人民的获得感、幸福感和安全感，满足人民美好生活需要方面起着不可或缺的作用。党的十八大以来，以习近平同志为核心的党中央高度重视公共服务的高质量发展，将公共服

---

① 习近平：《决胜全面建成小康社会　夺取新时代中国特色社会主义伟大胜利——在中国共产党第十九次全国代表大会上的报告》，人民出版社，2017。
② 《关于印发〈"十四五"公共服务规划〉的通知》，中国政府网，2021 年 12 月 28 日，https：//www.gov.cn/zhengce/zhengceku/2022-01/10/content_5667482.htm。
③ 魏传光：《"美好生活"观念演进之 40 年》，《云南社会科学》2018 年第 6 期。
④ 《关于印发〈"十四五"公共服务规划〉的通知》，中国政府网，2021 年 12 月 28 日，https：//www.gov.cn/zhengce/zhengceku/2022-01/10/content_5667482.htm。

务及保障和改善民生摆在重要位置，经过多年的实践探索，我国公共服务建设取得了显著的历史性进步，公共服务体系逐渐完善，供给水平实现了质的飞跃。公共服务发展在持续提质扩容、吸纳多元主体、提高公平可及等方面所积累的实践经验，为新发展格局下进一步推动公共服务高质量发展、创造美好生活奠定了良好的基础。

（一）公共服务持续提质扩容，不断改善人民生活品质

公共服务经历了改革开放前的单一配给制阶段，改革开放以来的分散化生产阶段、基本公共服务均等化阶段，新时代以来的高质量发展阶段。[①] 公共服务改革在供给内容方面，形成了从单一到多样、从基本到多元的发展路径，不断实现供给内容的丰富化和多样化，越来越能满足人民群众日益增长的物质、精神、政治等多方面、多样化的美好生活需要。计划经济时代，公共服务的供给内容主要表现为单位或集体组织提供的"福利"，这种模式在保障供给公平性方面具备优势，但受限于经济发展水平，公共服务总体供给不足。改革开放以来，公共服务供给经历了显著的提质扩容过程，从以单一的基本公共服务为主，逐步向多元化、多样化的公共服务供给体系发展。"十四五"时期，公共服务要在基本公共服务均等化水平明显提高的基础上，实现普惠性非基本公共服务提质扩容、生活服务高品质多样化升级，既创新性地增加了新的服务类型，又提出了多元扩大普惠性非基本公共服务供给的具体发展要求。[②] 这些举措旨在使公共服务的发展更紧密地贴合人民日益增长且不断变化的美好生活需要，致力于以更高质量的公共服务满足新时代人民群众日益增长的多样化甚至个性化的需求。

（二）公共服务吸纳多元主体，不断提高整体服务效能

公共服务的主要责任在政府，但供给不完全依靠政府。随着人民美好生

---

① 王雁红：《公共服务高质量发展：历史由来、现实研判与政策议程》，《政治学研究》2024年第1期。

② 《关于印发〈"十四五"公共服务规划〉的通知》，中国政府网，2021年12月28日，https://www.gov.cn/zhengce/zhengceku/2022-01/10/content_5667482.htm。

活需要更加多样化和复杂化，提供公共服务的主体从单一走向多元，从以政府为主转向政府主导、社会各界协同参与，多元化、协同化的公共服务供给格局正在加速构建。在计划经济体制下，公共服务的供给主要由政府或农村集体组织承担。改革开放以来，为了适应社会主义市场经济体制发展的需要，开始推行公共服务市场化、社会化改革，个人（如志愿者）、社会组织、企业等非政府主体越来越多地参与公共服务供给。"十四五"时期，政府通过对公益机构、市场主体等的支持，推动重点领域非基本公共服务普惠化发展，实现大多数公民以可承受价格付费享有公共服务，[1] 供给主体进一步多元，服务范围不局限于某一特定需求层次，而是实现了从满足人民群众"富裕生活"的基本需求，到追求"高质量生活"的进阶需求，向促进"人的全面发展"的高级需求的跨越。这一进程显著体现了从政府单一主导的传统模式，向政府主导、社会各界协同参与的新型供给格局的深刻变迁。

（三）公共服务提供公平可及性，增进获得感、幸福感、安全感

公平可及一直是公共服务保持公共性、人民性的重要体现。改革开放以来，公共服务公平可及性的显著提升，主要得益于基本公共服务均等化的大力推进。基本公共服务均等化指全体公民都能公平可及地获得大致均等的基本公共服务，其核心是机会均等，而不是简单的平均化和无差异化。[2] 党的十六大报告提出完善政府的公共服务职能以后，教育、医疗卫生、养老等领域开始试点，探索公共服务均等化改革。党的十六届六中全会首次提出，逐步形成惠及全民的基本公共服务体系。党的十七大进一步明确，"努力使全体人民学有所教、劳有所得、病有所医、老有所养、住有所居"。基本公共服务均等化发展的要求越来越细、越来越实。"十二五"和"十三五"时期，公共服务的供给目标同样集中于基本公共服务均等化，且关联公平可及，说明基

---

① 《关于印发〈"十四五"公共服务规划〉的通知》，中国政府网，2021 年 12 月 28 日，https://www.gov.cn/zhengce/zhengceku/2022-01/10/content_5667482.htm。

② 《国务院关于印发国家基本公共服务体系"十二五"规划的通知》，中国政府网，2012 年 7 月 11 日，https://www.gov.cn/gongbao/content/2012/content_2192402.htm。

本公共服务均等化的推进，在不断提升公共服务的公平可及性。党的十九大提出到 2035 年基本公共服务均等化基本实现的目标。《"十四五"公共服务规划》要求目标人群全覆盖、服务全达标、投入有保障，地区、城乡、人群间的基本公共服务供给差距明显缩小，实现均等享有、便利可及，① 对基本公共服务均等化发展提出了更高的目标和更详尽的要求。这表明，"十四五"期间基本公共服务正在从重视公平享有向优质共享转变。

公共服务的改革与发展始终以人民日益增长的美好生活需要为价值遵循和发展导向，在不同的历史时期，以不同的发展重点和阶段性目标，提高人民群众的获得感、幸福感、安全感，实现和创造着美好生活。

三 美好生活对公共服务提质增效的现实要求

美好生活是公共服务的价值追求，公共服务为实现和创造美好生活提供了实践经验。当前，我们要清醒地认识到，面对新形势、新挑战，我国公共服务发展不平衡不充分的问题仍然比较突出，② 公共服务供给体系尚待完善，高质量发展仍未全面实现，不平衡不充分的发展状况尚不能满足人民日益增长的美好生活需要。美好生活对公共服务提质增效提出了新的现实要求，可以从以下方面深化理解、推动实践。

（一）坚持人民至上理念，守住公共服务民生底线

美好生活以人民至上为价值遵循，公共服务是实现美好生活的重要途径，因而公共服务的发展，要始终坚持人民至上的发展理念，守住民生底线，这是公共服务公共性的体现与保障。新时代美好生活要求公共服务永葆人民性，建立健全满足人民群众对美好生活向往的公共服务体系。首先，坚持人民至上要求把人民利益放在首位。在守住公共服务民生底线时，坚持人民至上，始终把

---

① 《关于印发〈"十四五"公共服务规划〉的通知》，中国政府网，2021 年 12 月 28 日，https：//www.gov.cn/zhengce/zhengceku/2022-01/10/content_5667482.htm。

② 《关于印发〈"十四五"公共服务规划〉的通知》，中国政府网，2021 年 12 月 28 日，https：//www.gov.cn/zhengce/zhengceku/2022-01/10/content_ 5667482.htm。

人民群众的需求和利益放在首位，确保公共服务的公平性和普惠性。其次，坚持人民至上要求切实保障人民权益。在提供公共服务的过程中，积极回应群众关切，切实保障人民群众的教育、健康、养老、就业、社会保障、文化体育等各种权益，确保公共服务的决策和措施能够真正反映并符合人民的意愿和利益。最后，坚持人民至上要求激发全体人民的积极性、主动性、创造性。当人民群众感受到公共服务真正为他们着想时，其参与度会进一步提升，从而提出意见和建议，推动公共服务质量提升，增强人民群众的获得感、幸福感、安全感。

（二）深入洞察民生需求，构建公共服务多元供给格局

构建公共服务多元供给格局已经成为当前公共服务发展的重点。多元首先指的是供给主体不限于政府，而是由多样化的主体承担。《"十四五"公共服务规划》多处强调非基本公共服务普惠化，提出供给主体更加多元，普惠性非基本公共服务付费可享有、价格可承受、质量有保障、安全有监管的目标，还在"婴幼儿照护服务体系"等具体领域强调多元化、多样化、覆盖城乡的重要性，[①] 为公共服务多元供给格局的构建提供了具体指导。构建公共服务多元供给格局需要深入洞察民生需求，敏锐体察群众的需求变化。随着公共服务进入高质量发展阶段，人民群众对物质富裕的服务要求正在被多样化、个体化的美好生活追求超越，基本的"硬需求"正在被以公平正义、尊严自由、优秀文化等为表征的"软需求"超越，这些"软需求"的强度不断增大，越来越关注人的全面发展。因此，广泛收集和分析公众在教育、医疗、住房、交通、社保等领域的具体需求和意见至关重要，这有助于更精确地识别公共服务的不足和关键问题，从而制定更有针对性的政策和措施，真正发现和解决好人民群众急难愁盼问题，健全基本公共服务体系，提高公共服务水平。[②]

[①] 《关于印发〈"十四五"公共服务规划〉的通知》，中国政府网，2021 年 12 月 28 日，https：//www.gov.cn/zhengce/zhengceku/2022-01/10/content_5667482.htm。

[②] 《高举中国特色社会主义伟大旗帜　为全面建设社会主义现代化国家而团结奋斗——在中国共产党第二十次全国代表大会上的报告》，《人民日报》2022 年 10 月 26 日，第 1 版。

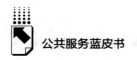

（三）运用系统思维方法，促进公共服务共建共享

享有基本公共服务是公民的基本权利，保障人人享有基本公共服务是政府的重要职责。当前，公共服务改革的主要目标是基本形成全民共建共享的公共服务供给格局。[①] 公共服务共建共享的内容日益丰富，包括资源、设施和平台的共建共享等多个方面。《"十四五"公共服务规划》提出一系列具体要求，如加强毗邻地区设施共建共享，积极探索区域共建共享经验和做法，推动基层综合公共服务平台统筹发展、共建共享,[②] 这些要求为公共服务的开展提供了政策指导。公共服务本身是个复杂系统，通常涉及多个部门、不同层面以及多种资源的整合与协调。公共服务的多方共建共享，需要运用具有整体主义特征的系统思维方法。系统思维重视子系统协同，有助于在政府、社会、企业内部及其之间建立有效的协调机制，确保各方顺畅沟通和协同合作，优化资源配置，降低成本，提升服务效率。系统思维体现全局视野，有助于将公共服务平台和设施的共建共享纳入区域或国家发展的整体规划，综合考虑经济、社会、环境等多方面因素，制定科学合理的规划方案。运用系统思维，善于从全局谋划，优化整合资源，推进协同创新，有助于推动公共服务共建共享。

（四）立足美好生活需要，推进公共服务理论创新

美好生活为公共服务发展提供了价值遵循，公共服务高质量发展又为美好生活提供了实践路径，总的来说，公共服务的发展与美好生活的实现是相辅相成的。作为联系国家与人民的重要纽带，公共服务需要与时俱进，在实践发展的基础上，不断推进理论创新。一方面，公共服务的实践发展为理论创新奠定了良好的基础。党的十八大以来，基本公共服务均等化的持续推进

---

① 《关于印发〈"十四五"公共服务规划〉的通知》，中国政府网，2021 年 12 月 28 日，https：//www. gov. cn/zhengce/zhengceku/2022-01/10/content_5667482. htm。
② 《关于印发〈"十四五"公共服务规划〉的通知》，中国政府网，2021 年 12 月 28 日，https：//www. gov. cn/zhengce/zhengceku/2022-01/10/content_5667482. htm。

激发了公共服务均等化的基本内涵、评价标准、政策举措等研究的深入。公共服务发展的战略路径与突出成就表明，公共服务创新应该以理念创新为引领，紧密贴合社会发展的实际需求，坚持因地制宜的原则，从解决实际问题入手，积极探索并实践有效的解决策略与方法，同时深入归纳总结，不断提高理论建设水平。另一方面，公共服务的实践发展不断提出理论研究的新课题。学界对公共服务的研究已经取得了较为丰富的成果，但也面临实践发展带来的诸多挑战，如概念理解的多元化与模糊性、理论研究与实践应用之间存在差距等，亟须通过理论创新实现对公共服务改革实践的有效指导。为此，理论创新应将美好生活作为研究导向，不断激发新的理论视角和创新思维。这要求我们将人民群众的美好生活需要贯穿于公共服务发展的设计、供给与评价等多个环节，融入服务理念转变、服务模式创新、资源配置优化、政策法规完善等多个方面，通过新的研究视角，更加深入地理解公共服务面临的挑战和机遇，为政策制定提供更多的启示和建议，推动公共服务供给的平衡与充分发展，提升人民群众的获得感、幸福感、安全感。

结　语

立足当前，学习宣传贯彻党的二十大精神，坚定不移地沿着《"十四五"公共服务规划》所描绘的战略路径前行，推进基本公共服务均等化、扩大普惠性非基本公共服务供给、推动生活服务为公共服务提档升级拓展空间，确保公共服务更多更公平惠及全体人民。展望未来，我们将继续坚持以人民为中心的发展思想，持续深化公共服务体系改革，勇于探索，不断推进公共服务理论与实践创新，以高质量的公共服务满足人民的美好生活需要，为创造人民美好生活不懈奋斗。

B.12
基本公共服务均等化对城乡收入差距的影响与应对研究*

刘须宽　宋佳莹**

摘　要：　共同富裕是社会主义的本质要求，而基本公共服务均等化是逐步缩小城乡收入差距的重要推手。研究基本公共服务均等化与我国城乡收入差距缩小之间的内在关联，对于从整体上、战略上缩小城乡之间的差距，增强共同富裕效果，实现乡村高质量发展，具有重要理论与实践价值。本报告表明，我们需要补齐农村基本公共服务短板、提升公共服务的效能、调整基本公共服务政策、实施有差异化的供给，实现基础性公共服务提质增效、建立健全基本公共服务有效供给的激励保障机制、形成系统化可持续的转移支付策略。

关键词：　共同富裕　基本公共服务均等化　城乡收入差距　公共服务

党的二十届三中全会通过的《中共中央关于进一步全面深化改革　推进中国式现代化的决定》提出，"完善城乡融合发展体制机制""推行由常住地登记户口提供基本公共服务制度""完善基本公共服务制度体系，加强普惠性、基础性、兜底性民生建设"。① 完善城乡融合发展体制机制是建设

＊　本报告系中国社会科学院重大国情调研项目"县域基本公共服务均等化满意度评估研究"的阶段性成果。

＊＊　刘须宽，中国社会科学院马克思主义研究院意识形态与社会思潮研究室主任、研究员，博士生导师，主要研究方向为马克思主义中国化、习近平新时代中国特色社会主义思想；宋佳莹，南京大学政府管理学院博士研究生，主要研究方向为社会保障与服务。

①　《中共中央关于进一步全面深化改革　推进中国式现代化的决定》，《人民日报》2024年7月22日，第1版。

农业强国，解决在城乡发展中存在的"一条腿长，一条腿短"突出问题的需要，也是拓展现代化发展空间的迫切要求。完善城乡融合发展体制机制首先要健全基本公共服务均等化保障机制。当前，基本公共服务的投入存在差距与偏向性，不同类型的公共服务供给存在城乡差距，导致居民获得公共服务、提升收入的机会与能力产生差异，体现为人力资本差异、物质资本差异、转移支付收入差异等，进而产生城乡间居民收入的差异。国家统计局数据显示，尽管 2023 年中国农村居民人均可支配收入增幅显著高于城镇居民，农村居民人均可支配收入较上年增长 7.6%，也高于城市居民人均可支配收入增幅（4.8%），但城乡居民人均可支配收入比约为 2.39，处于城乡收入差距警戒线的中高风险区间，这会直接影响城乡经济运行效率，导致社会福利损失，阻碍共同富裕的实现。

一 基本公共服务均等化水平及其对城乡收入差距的影响

（一）地区生产总值影响当地基本公共服务的供给数量与供给质量

2024 年 1 月至 6 月，本报告课题组通过网络调查公司和实地调查，共发放并回收有效问卷 1525 份。每个县域配置 50 份及以上问卷，评估调研 30 个县域公共服务均等化满意度状况（见表 1）。

表 1　2024 年 30 个县域基本公共服务均等化满意度调查问卷有效样本数量及分布

单位：份

县域	数量	县域	数量	县域	数量
安徽肥西县	52	黑龙江五常市	52	太原小店区	50
北京海淀区	50	湖北仙桃市	50	陕西神木市	52
福建晋江市	50	湖南长沙县	53	上海浦东新区	50
兰州城关区	52	吉林延吉市	50	四川西昌市	50
广东博罗县	50	江苏昆山市	50	天津滨海新区	50
南宁青秀区	52	江西南昌县	50	西藏墨竹工卡县	50

续表

县域	数量	县域	数量	县域	数量
贵州仁怀市	52	辽宁瓦房店市	52	新疆石河子市	52
海口华龙区	50	内蒙古准格尔旗	51	昆明官渡区	52
河北迁安市	50	宁夏灵武市	53	浙江慈溪市	50
河南巩义市	50	山东胶州市	50	重庆渝北区	50

本报告课题组主要针对当地居民对本县（市、区、旗）的公共交通服务均等化，食品安全服务、公共安全服务均等化，住房保障服务均等化，基础教育均等化，社会保障和就业创业服务均等化，医疗卫生均等化，县域环境保护均等化，文化体育公共服务均等化，公职人员的总体印象等9个方面进行满意度测评。

本报告课题组比较30个县域在2023年的地区生产总值发现：发达地区县域与落后的西部县域地区生产总值差异很大。北京海淀区地区生产总值是西藏墨竹工卡县地区生产总值的164.5倍，是黑龙江五常市地区生产总值的38.5倍（见表2）。而从30个县域基本公共服务均等化满意度排行来看，地区生产总值影响了基本公共服务的满意度。地区生产总值排名前6的县域分别是上海浦东新区、北京海淀区、天津滨海新区、江苏昆山市、福建晋江市、浙江慈溪市，对应的县域基本公共服务均等化满意度排名分别是第16、3、15、11、5、4名（见表3）。从整体上看，地区生产总值排名靠前的县域基本公共服务均等化满意度也大多靠前，但并不是越发达的地区的县域基本公共服务均等化满意度就越高。

表2　2023年30个县域的地区生产总值

单位：亿元

县域	地区生产总值	县域	地区生产总值	县域	地区生产总值
安徽肥西县	1154	黑龙江五常市	286	太原小店区	1581
北京海淀区	11020	湖北仙桃市	1014	陕西神木市	2347
福建晋江市	3364	湖南长沙县	2130	上海浦东新区	16715

县域	地区生产总值	县域	地区生产总值	县域	地区生产总值
兰州城关区	1191	吉林延吉市	379	四川西昌市	751
广东博罗县	839	江苏昆山市	5141	天津滨海新区	7162
南宁青秀区	1389	江西南昌县	1340	西藏墨竹工卡县	67
贵州仁怀市	1800	辽宁瓦房店市	1136	新疆石河子市	516
海口华龙区	790	内蒙古准格尔旗	1400	昆明官渡区	1535
河北迁安市	1281	宁夏灵武市	815	浙江慈溪市	2640
河南巩义市	1011	山东胶州市	1638	重庆渝北区	2443

表 3　2024 年度 30 个县域基本公共服务均等化满意度排行榜

县域	分值	名次	县域	分值	名次
四川西昌市	83.07	1	上海浦东新区	73.98	16
陕西神木市	78.62	2	山东胶州市	73.83	17
北京海淀区	78.23	3	湖北仙桃市	73.07	18
浙江慈溪市	77.96	4	山西太原小店区	72.71	19
福建晋江市	77.74	5	贵州遵义仁怀市	72.57	20
辽宁瓦房店市	77.63	6	安徽肥西县	72.10	21
广西南宁青秀区	76.58	7	广东博罗县	71.69	22
内蒙古准格尔旗	76.35	8	重庆渝北区	70.82	23
甘肃兰州城关区	76.24	9	湖南长沙县	70.35	24
河北迁安市	75.68	10	新疆石河子市	68.22	25
江苏昆山市	75.27	11	云南昆明官渡区	67.38	26
江西南昌县	75.10	12	宁夏灵武市	67.38	27
吉林延吉市	74.43	13	海南海口华龙区	66.92	28
河南巩义市	74.14	14	黑龙江五常市	66.29	29
天津滨海新区	74.10	15	西藏墨竹工卡县	60.65	30

（二）基本公共服务均等化是缩小城乡收入差距的关键所在，也是满意度提升的重要变量

缩小城乡收入差距是实现共同富裕的重要手段。无论是缩小城乡收入差

距，还是最终实现共同富裕，都要求促进社会经济发展成果的增加，实现社会经济发展成果的共享。基本公共服务均等化要求全体公民公平可及地获得大致均等的基本公共服务，其核心是促进机会均等。从公共产品供给来看，政府基于不同地区的财政收入以及财政支出偏好，对不同地区或者城乡提供数量及质量有差异的公共服务，导致地区、城乡之间基本公共服务水平存在差异。

第一，基于供给与受益维度的基本公共服务均等化水平。基本公共服务均等化应至少包括两个方面：一是全民享有基本公共服务的机会均等；二是全民享有基本公共服务的结果大致均等，即受益均等。机会均等虽然是受益均等的前提，但基本公共服务制度的实施并不必然确保机会均等的实现，而受益均等是居民切身利益的体现，因而受益均等也是重要的衡量维度。即考察基本公共服务均等化不仅包括供给维度，也应包括受益维度。从基本公共服务均等化结果看，全国及各省份的基本公共服务均等化水平不断提高，主要得益于"十三五"与"十四五"期间出台的基本公共服务相关规划，围绕幼有所育、学有所教、劳有所得、病有所医、老有所养、住有所居、弱有所扶、优军服务保障、文体服务保障的民生保障目标，不断完善基本公共服务体系。中央和地方各级政府加大对基本公共服务的投入，增强了基本公共服务的供给能力与受益能力，促进了基本公共服务均等化水平逐渐提高，进一步推动了基本公共服务均等化的实现。但西部地区基本公共服务均等化水平仍然较低，且增速慢，体现了基本公共服务均等化水平在地区间的差异仍然较大，不利于地区间、城乡间、居民间的协调发展。

第二，基本公共服务均等化有利于缩小城乡收入差距。进一步分析基本公共服务均等化对城乡收入差距的影响发现，地区基本公共服务均等化水平的提升不仅意味着居民享有公共服务的能力提高，也意味着城乡间、地区间的居民享有基本公共服务的机会更加均等、受益更加均等，民生得到进一步保障，提升基本公共服务均等化水平成为缩小城乡收入差距的重要路径。一方面，基本公共服务投入的城乡差异，尤其是公共教育与公共医疗卫生方面的差异，使城乡居民的人力资本水平不等。基本公共服务均等化水平较高的城镇地区人力资本集聚，进而改变地区劳动力市场结构，促进地区经济发展；而农村地区人力资本较低，这在很大程度上影响了农村地区发展，拉大了城乡间收入差距，这就要求基本公共服务的投入要偏向农村地区，以实现城乡协调发展。另一方面，"理性人"将会选择公共服务水平与税收水平等能满足其需求和偏好，使其效用或者福利达到最大化的社区组织，同时，政府为吸引劳动力流入以及实现自身利益最大化，会提高公共服务资源配置效率，提升基本公共服务综合水平，达到资源的"帕累托最优"状态，也就是说，整体层面基本公共服务均等化的提升不仅将减少优质劳动力的流出，也会对劳动力产生"虹吸效应"，这也意味着增加农村地区的基本公共服务投入、实现基本公共服务均等化将有利于农村地区发展，缩小城乡间收入差距。

但基本公共服务均等化对城乡收入差距的影响在不同地区呈现异质性，在东部地区，基本公共服务均等化缩小城乡收入差距的作用最为明显，中部地区次之，西部地区最弱。主要原因在于东部地区本身经济发展较快，对基本公共服务的投入以及公共资源配置等方面优于中西部地区，缩小城乡收入差距能力较好。同时，也侧面反映出，一方面，中西部地区或者经济相对落后地区的基本公共服务投入与均等化水平还有待提高；另一方面，城乡间的不协调发展可以通过提升基本公共服务均等化水平来缓解。

二 从基本公共服务着手缩小城乡收入差距的政策建议

基于上述研究发现，基本公共服务均等化水平的提高，不仅有利于提高居民的福利水平，也有利于缩小城乡间收入差距。这也就要求，更好发挥公共服务对缩小城乡居民收入差距的调节作用，需要稳妥有序地增加基本公共服务的投入，实现城乡间、地区间基本公共服务的均等化，进一步缩小城乡间收入差距。同时，对于提高基本公共服务水平，既要尽力而为，又要量力而行，要建立在经济和财力可持续增长的基础上，不能脱离实际，也不能超

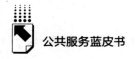

越阶段，实现公共服务保障水平与经济社会发展水平的"同频共振"，进而缩小地区间、城乡间、居民间收入差距。基于此，提出以下政策建议。

（一）扭转基本公共服务的供给偏向

为实现城乡间协调发展，应扭转基本公共服务供给的偏向性，推动城市与农村协同发展。一是补齐农村基础教育、医疗卫生供给短板。最重要的是加大农村基础教育、医疗卫生投入，向农村地区输送优质教育资源，鼓励并引导医疗卫生人才流向农村地区，促进农村劳动力人力资本积累。提高农村医疗卫生服务质量，逐步提升农村居民人口质量，缩小城乡收入差距；完善农村贫困家庭学生的资助体系，使教育福利惠及每一位农村居民。二是改革具有再分配功能的社会保障制度。转变重城镇、轻农村的公共服务供给偏向，坚持城乡统筹原则，解决进城务工人员及新就业形态劳动者的社会保障问题，促进社会保障城乡均等化发展。三是建立农村公共文化服务体系。采用"文化下乡"的模式，向农村地区配送各种文化内容，丰富农村居民文化资源，提高其文化素养，逐步实现农村文化振兴。四是通过提升农村基本公共服务水平，减少农村地区优质人才的流出，吸引外部人才流入，进一步发展农村经济。

（二）加大对西部地区的公共服务投入

西部地区经济发展水平、基本公共服务水平明显落后于东部、中部地区，对中央财政拨款的依赖较高。因此，西部地区在优化公共服务供给结构时需要通盘考虑经济发展滞后性、民族与文化多样性、生态脆弱性等多方面的典型特征。一是在政府治理层面，进一步改革西部地区行政体制，构建现代化治理体系，优化基本公共服务供给体系。二是在政府治理目标层面，既要稳住基本生活底线，巩固普惠性、基础性、兜底性的民生保障体系，又要进一步明确以基本公共服务标准化推进优质共享的政策导向，保证公共服务质量的稳定性、可靠性与持续性。三是在政府投入层面，仍需进一步加大对经济落后地区基本公共服务投入的支持力度，增加西部地区的基本公共服务供给，尤其是民生性的教育、医疗卫生等公共服务，以促进西部地区人力资本提升，引进优质人才，以制度化手段限制东部发达地区的高校、机构到西部欠发达地区招收人才，优化西部地区人力资本配置，促进经济发展，缩小地区间、城乡间收入差距。而经济发展较为发达的东部、中部地区，应重点投入满足人民日益增长的美好生活需要的公共服务，如社会保障、医疗卫生等。

（三）建立健全基本公共服务有效供给的激励机制，明确并优化基本公共服务供给的监管流程

一是完善供给激励机制，通过有效的激励机制调动多元主体参与基本公共服务供给。通过优化基本公共服务供给主体的多元化参与机制，提升基本公共服务的供给能力及效率。明确政府作为基本公共服务供给的责任主体，鼓励多元公共服务供给主体，采取特许经营、签约外包、功能性协议、联合生产等多种基本公共服务供给方式，在有限的资源条件下，不仅可以提高供给能力，也可以提升供给效率。通过建设政府、市场、社会组织等主体共建共治共享的基本公共服务体系，形成多元主体参与基本公共服务供给的新格局，有利于基本公共服务均等化的实现与水平提升，进一步为共同富裕目标的实现奠定坚实基础。二是完善监督机制。制定基本公共服务供给全程化、动态化的监督政策，建立由政府、市场以及公民多元主体参与，内、外部相结合的监督机制，促进财政透明化、政府透明化，有利于实现基本公共服务均等化发展。三是建立明晰的绩效评价体系，改革现行政绩考核机制。构建重数量与重质量相结合的评价体系，制定并完善多阶段的监督政策方案；鼓励多元主体共同参与并监督基本公共服务供给，减少政府可能产生的寻租行为，促进基本公共服务提质增效，以期实现基本公共服务均等化，促进城乡协调发展。四是推行地方政府按常住地登记人口提供基本公共服务。稳步提高基本公共服务保障能力和水平，推动符合条件的农业转移人口在社会保险、住房保障、义务教育等方面与迁入地户籍人口享有同等权利。五是推进县域城乡公共服务一体化配置。提升县城市政公用设施建设水平、完善基本

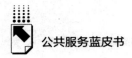

公共服务功能，提高乡村基础设施完备度、公共服务便利度、人居环境舒适度。

（四）发挥横向转移支付能力以减少纵向转移支付压力

群众不满意的根子在差距，即高质量服务可及性与可持续供给能力不匹配。当前，我国采用的是上级政府对下级政府的财政转移支付模式，建议借鉴德国、瑞典等国家实行纵向与横向混合的转移支付模式，鼓励东部发达地区对西部落后地区进行财力支持。在经济下行压力增大的情况下，单靠中央对地方的纵向转移，实现地区间公共服务的均等化可能会遥遥无期，需要将目前发达地区对西部欠发达地区的对口支援制度化，探索试点横向转移支付，以提高国家整体经济发展水平、整体基本公共服务均等化水平。健全由政府、企业、个人共同参与的农业转移人口市民化成本分担机制。探索农民土地、宅基地等的有偿退出办法，消除进城农民的后顾之忧。

B.13
铜仁市以义务教育优质均衡发展
普惠于民[*]

杨秀琴　王显晶　皮坤乾[**]

摘　要：　近年来，铜仁市在实现义务教育基本均衡发展的目标后，立足义务教育的本质属性和内涵要求，坚守义务教育公益普惠和优质均衡方向，锚定义务教育优质均衡发展新目标，坚持把人民满意作为义务教育发展的根本标准，科学调整学校布局，优化城乡资源配置，推进城乡教育一体化，统筹谋划解决义务教育"城市挤"和"农村弱"问题，着力补短板、强弱项，增学位、强队伍，提质量、强特色，全力答好义务教育优质均衡发展"民生卷"，推动控辍保学持续保持动态清零，"双减"政策全面落实，优质均衡持续推进，教育改革全面深化，协同育人稳步推进，让义务教育改革发展成果更多更公平惠及全市人民，以教育之力厚植人民幸福之本。这启示我们，需要发挥思想引领作用和党的领导作用，加大综合治理力度，用好用足国家扶持政策，建立完善体制机制，汇聚义务教育优质均衡发展的强大合力，使义务教育优质均衡发展"动车组"蹄疾步稳。

关键词：　义务教育　优质均衡　公益普惠　铜仁市

---

[*]　本报告系 2024 年度贵州省高校人文社会科学研究项目"习近平总书记关于教育的重要论述研究"（2024ZX23）的阶段性成果。

[**]　杨秀琴，铜仁学院教育学院教授，主要研究方向为语文课程与教学；王显晶，铜仁学院马克思主义学院 2023 级硕士研究生，主要研究方向为党的建设、中国特色社会主义；皮坤乾，教授，铜仁学院哲学与历史文化学院党委书记，主要研究方向为党的思想建设、中国特色社会主义等。

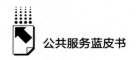

教育寄托着学子的梦想、承载着家庭的希望、背负着民族的未来。作为教育事业重中之重的义务教育，更是关系每个家庭的最大公共产品。实现义务教育优质均衡发展，是事关千家万户对美好生活期盼的重大民生工程。2023年6月，中共中央办公厅、国务院办公厅印发的《关于构建优质均衡的基本公共教育服务体系的意见》，从促进区域协调发展、推动城乡整体发展、加快校际均衡发展、保障群体公平发展、加快民族地区教育发展、提高财政保障水平这六个方面，对构建优质均衡的基本公共教育服务体系、全面保障义务教育优质均衡发展做出明确具体的部署安排。2024年3月12日召开的国务院常务会议强调，要以提升办学条件、教育质量和人民群众满意度为工作重点，不断缩小区域、城乡、校际、群体教育差距，办好更加公平更高质量的义务教育。近年来，铜仁市在实现义务教育基本均衡发展目标后，立足义务教育的本质属性和内涵要求，锚定义务教育优质均衡发展新目标，坚持把人民满意作为义务教育发展的根本标准，致力打造人民群众满意、学生幸福生长的高质量义务教育新生态，统筹推进义务教育由基本均衡向优质均衡全面转型升级，让义务教育发展成果更多更公平惠及全市人民。

一 主要做法

铜仁市始终坚持义务教育的公益性、普惠性、公平性，坚守义务教育公益普惠和优质均衡方向，统筹谋划解决义务教育"城市挤"和"农村弱"问题，着力补短板、强弱项，增学位、强队伍，提质量、强特色，全力答好义务教育优质均衡发展"民生卷"。

（一）科学调整学校布局，优化城乡资源配置

一是优化调整农村学校布局。随着我国城市化、工业化和市场化的深入推进，农村教育日渐"离土"又"离乡"，出现农村"教育移民"现象，导致乡村教育更加边缘化、乡村教育质量下降。为办好公平优质的乡村教育，着力补齐乡村教育短板，切实提高乡村教育质量和办学水平，

2022 年以来，铜仁市直面义务教育"城挤村空"难题，立足实际，创新思路，精准施策，积极稳妥地撤并村小、教学点，建设农村寄宿制学校。为有效破解乡村小规模学校建设难、基础教育质量不高的问题，铜仁市根据《国务院办公厅关于全面加强乡村小规模学校和乡镇寄宿制学校建设的指导意见》和《省人民政府办公厅关于全面加强乡村小规模学校和乡镇寄宿制学校建设的实施意见》等文件精神，结合自身实际，制定出台了《市教育局关于加强乡村小规模学校建设的实施意见》，对 595 所乡村小规模学校坚持实事求是、因地制宜、因校施策，按照"宜停就停、宜并就并、宜留就留，分步实施、分类施策"的原则，规划到 2025 年，全市拟撤并学校 274 所、分流学生 5491 人、分流教师 1213 人。其中，2022 年撤并学校 99 所、分流学生 865 人，2023 年撤并学校 84 所、分流学生 1783 人，2024 年撤并学校 56 所、分流学生 1631 人；2025 年撤并学校 35 所、分流学生 1212 人。乡村小规模学校布局更加合理、教育资源更加均衡、办学条件基本达标、学生就学更加方便、教学质量更加优质。截至 2024 年 6 月，全市累计撤并乡村小规模学校 270 所，初步优化了乡村小规模学校布局。铜仁市松桃苗族自治县以优化乡村小规模学校规划布局为切入点和着重点，按照"合校不合机构、合校不撤编制"的原则，2022 年妥善撤并小规模学校 117 所，分流学生 2586 人，分流教职工 706 人，有效整合乡村学校教育资源，乡村小规模学校布局优化取得明显效果。① 同时，按照义务教育学校标准化建设要求，加强农村寄宿制学校和必要的乡村小规模学校建设，采取优化校长教师队伍、强化乡村教师培训、建立学校对口帮扶机制等手段，不断提高乡村小规模学校教学质量和管理水平，让群众在"家门口"享受公平而有质量的教育。

---

① 除另有说明外，本报告资料主要来源于铜仁市教育局提供的年度工作总结（文件）、《铜仁市 2024 年秋季学期乡村小规模学校基本情况统计表》、《铜仁市 2024 年撤并乡村小规模学校情况统计表》、《铜仁市 2022—2023 年度撤点并校情况摸底排查汇总表》、《铜仁市 2023 年幼小初高一体化办学联盟统计表》、《市教育局关于印发 2023 年全市教育工作总结和 2024 年全市教育工作要点的通知》、《铜仁地方志》等。本报告根据研究需要对各数据来源进行了必要的整合且经过了铜仁市教育局相关人员的审核。

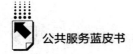

二是不断增加城区教育资源供给。截至 2021 年 7 月，铜仁市义务教育阶段共有 56 人以上大班额 1479 个。为全面解决义务教育"城镇挤"问题，铜仁市按照《省人民政府教育督导室　省教育厅关于实施全面消除义务教育大班额专项规划（2022—2025）的通知》要求，制定印发了《铜仁市全面消除义务教育阶段大班额专项规划（2022—2025）》，计划四年新增学位供给 38462 个，减少大班额 1479 个，实现 2022 年消除现有大班额 30% 以上，2023 年消除现有大班额 60% 以上，2024 年消除现有大班额 90% 以上，2025 年全面消除大班额的目标；制定印发了《铜仁市支持消除中小学大班额学校建设专项规划（2022—2024 年）》，积极争取中央、省级专项补助资金，实施 29 所中小学校 42 个单体项目建设工程，不断增加城区学位供给，促进大班额有效化解。为此，铜仁市碧江区、万山区均成立了以区人民政府主要领导为组长的化解大班额工作领导小组，将实施化解大班额建设项目列入政府重大民生实事，纳入年度高质量绩效考核内容，全力推进中心城区义务教育大班额化解工作。从实际执行情况来看，2022 年消除义务教育学校大班额 700 个，化解率达 45%，2023 年消除大班额 455 个，化解率达到 78%，均超额完成年度规划任务，教育资源配置得到进一步优化。

（二）加快补齐教育短板，促进城乡均衡发展

一是实施民族地区基础教育质量提升行动计划。自 2021 年以来，铜仁市争取贵州省民族地区基础教育质量提升行动计划项目，印江土家族苗族、松桃苗族、玉屏侗族、沿河土家族 4 个自治县被列为项目实施县，获得项目 50 个，其中子项目Ⅰ（乡村振兴优质特色学校建设支持专项行动）12 个、子项目Ⅱ（民族地区中小学高质量发展支持专项行动）12 个、子项目Ⅲ［民族地区基础学科（领域）质量提升专项课题］26 个。2023 年，铜仁市 10 个区（县）全部被列为民族地区基础教育质量提升行动计划项目实施县。截至 2024 年 6 月，全市共获得民族教育项目 106 个，其中子项目Ⅰ 30 个、子项目Ⅱ 30 个、子项目Ⅲ 46 个，共获得省级下达民族教育项目资金 4376

万元。实施期间，通过省、市组织专家深入项目学校进行实地指导，对提升中小学教育质量和办学水平，特别是推动农村中小学提升办学质量和办学水平发挥了积极作用。2022 年 11 月 28 日至 29 日，贵州省民族地区基础教育质量提升行动计划项目学校质量管理与制度建设专题培训交流活动在铜仁市印江土家族苗族自治县举行，展示了全市义务教育改革创新发展取得的成果。

二是实施义务教育公办强校计划。截至 2023 年，铜仁市已组织申报三批贵州省公办强校计划项目学校，共立项审批培育项目学校 227 所，其中 2021 年申报立项 50 所，2022 年申报立项 81 所，2023 年申报立项 96 所。各区（县）将实施义务教育公办强校、民族地区基础教育质量提升行动计划，作为推动义务教育优质均衡发展的有效途径。提升农村教育质量和办学水平。通过改善条件、创新管理、完善设施、配强教师、集团办学等措施，着力办好乡镇初级中学、稳住农村小学，促进适龄人口合理有序活动，整体提升乡村教育水平，既助力乡村人才振兴、文化振兴，又有效减轻城区学校入学压力，逐渐缩小城乡教育差距。

三是加强乡村小规模学校建设。实施乡村小规模学校建设达标工程，对确需保留的乡村小规模学校，通过完善教学设施设备，改善办学条件，推进学校标准化建设。采取选派优秀校长轮岗、中心学校教师循环支教、实施"银龄"计划等多种途径，优化乡村小规模学科教师队伍建设。采取跟岗学习、师徒结对、团队研修等方式，提升乡村小规模学校教师业务能力，逐步配齐配强乡村教师。同时，推进区（县）优质学校、乡镇中心学校与乡村小规模学校协同发展，推行校长负责制，建立市、区（县）、学校三级教研工作机制，组织开展名师送教下乡、教师培训、教学视导等活动，推进乡村学校"互联网+教育"模式，实现教学资源共享。加强乡村小规模学校精细化、规范化管理，切实做到"小而全、小而细"，逐步形成"小而精、小而优"，不断提高学校管理水平。建立完善义务教育质量评价体系，健全乡村教师教学考核机制，提高乡村学校教学质量和管理水平，让群众在"家门口"享受公平而有质量的教育。

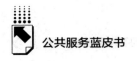

（三）城乡协同提质增效，推进城乡教育一体化

一是推进城乡协同发展。按照《铜仁市人民政府关于统筹推进县域内城乡义务教育一体化改革发展的实施意见》精神，全力统筹推进城乡义务教育一体化改革，持续推进义务教育集团化办学，全市组建义务教育集团134个，覆盖中小学767所，其中初级中学243所、小学524所，集团化覆盖率达到82.2%。同时，创新实施基础教育贯通培养工程，构建"高中衔接初中、初中衔接小学、小学衔接幼教"的办学模式，实现"管理共建、师资共配、研训共联、文化共育、资源共享、质量共计、发展共赢"的幼小初高一体化发展格局。全市组建初高教育联盟21个、小初教育联盟68个、幼小教育联盟127个，实现资源共享、以强促弱、共同提高，有力推动了全市城乡义务教育一体化发展。

二是深入推进课程改革。开展农村中小学骨干教师教学观摩评选活动和中小学管理人员、教师和农村小规模学校教师参加的全学科课堂竞赛活动，以高效课堂保证教育教学质量的提高。制定印发《铜仁市县域义务教育阶段教育教学质量综合评价考核实施方案》《铜仁市初中学校教育教学质量综合评价考核实施方案》《铜仁市中小学教学常规管理制度（试行）》等，建立全面适应义务教育教学、适应学生个性全面发展的考核评价监测体系。

三是加强乡村教师培训。每年组织开展农村中小学校长全员培训，2022~2024年选派50名骨干教师和后备校长到广东省东莞市挂职跟岗学习，开展"三名"（名校长、名教师、名班主任）工作研讨活动300余场次，培训教师1.73万人次，着力提高乡村教师业务能力，全市培养省级教学名师78名、省级村教学名师114名、市级教学名师322名。

二　取得成效

铜仁市锚定2035年实现优质均衡的义务教育这一发展目标，以教育之力厚植人民幸福之本，义务教育优质均衡发展蹄疾步稳，成效显著。

（一）控辍保学抓紧抓实，保持学生辍学失学动态清零

出台《铜仁市进一步加强控辍保学巩固义务教育动态清零成果实施方案的通知》，严格落实控辍保学"双线"（政府、教育）责任制和"七长"（区长、局长、乡镇长、村委会主任、校长、师长、家长）负责制。按照《教育部办公厅关于建立健全义务教育控辍保学常态化报告工作机制的通知》要求，全面落实分包责任制和责任追究制，层层签订控辍保学责任书，落实政府、教育部门、社区（村）组织、学校、家长的控辍保学责任。完善控辍保学动态监测机制，建立完善适龄儿童台账（含随迁子女）、疑似辍学学生台账（含失学学生）、辍学学生台账，健全"周调度、日报告"工作制度。按照早发现、早核实、早报告、早处置"四早"工作机制，确保控辍保学工作落细、落小、落实。全市保持义务教育学生辍学失学动态清零，九年义务教育巩固率达115.28%。2021～2023年，铜仁市中考报名参考率从82.56%上升到97.31%，比2021年提高近15个百分点，创历史新高，义务教育控辍保学工作取得明显成效。

（二）"双减"政策全面落实，赋能学生全面发展

全面落实"双减"政策。召开全市"双减"工作推进会，制定印发《铜仁市落实"双减"工作二十条（试行）》《铜仁市义务教育学校课后服务十条》《关于成立铜仁市"双减"工作专门协调机制的通知》《关于完善全国校外教育培训监管与服务综合平台的通知》《关于全面推广使用校外培训APP的通知》等文件，明确了部门职能职责，建立了监管服务综合平台推广使用、信息维护、督查检查的体制机制，推进"双减"工作落实。铜仁市818所义务教育阶段学校开展课后服务，参加课后服务学生44.46万人，参加教师31541人（含外聘323人），实现了义务教育阶段学校参与课后服务全覆盖，11个作业管理典型案例在全省推广。2023年5月7日至8日，在沿河土家族自治县召开全市义务教育阶段学校课后服务工作推进会，推动各学校进一步提高认识、统一思想、凝聚共识，紧紧围绕"铜仁教育

高质量发展"的工作基调,解放思想、开拓创新,切实把课后服务工作各项要求落实落细,确保"双减"工作有力推进,全力提升课后服务工作质量。开展校外培训机构、从业人员、分类鉴别、资金监管等专项治理,将全市 253 所培训机构、274 个培训场地、641 份培训材料、1049 名从业人员、858 间培训场所全部录入监管服务平台,实现了对校外培训机构的信息化监管,所报送的《贵州铜仁以"五项举措"规范校外培训机构预收费奖金监管》入选全国"双减"工作优秀案例。"双减"工作实施以来,已压减有证有照校外培训机构 110 所,关停无证无照校外培训机构 187 所。全市共有义务教育阶段学科类校外培训机构 143 所,现已压减 135 所,压减率达 94.4%。

体育美育工作质量全面提升。铜仁市中小学生参加《国家学生健康体质标准》测试合格率均在 92% 以上,优良率连续 4 年排名全省第一。中考体育全面实现信息化考试,将体育与健康和艺术学科纳入小学阶段学期学业检测。全市中小学校 100% 开足体育课、100% 开展每天"阳光一小时"体育锻炼、100% 组织体育大课间活动,全市中小学生"三好杯"篮球联赛已连续举办 20 届,校园足球"三级联赛"已连续举办 8 届。2023 年,松桃第三完小在全国 U 系列举重冠军赛中获得了 11 金 3 银 4 铜的好成绩。铜仁市民族中学女子篮球多次荣获贵州省冠军,2023 年 5 月,荣获第十四届全国运动会群众组篮球项目女子组亚军;2023 年 7 月,荣获 2023 年贵州省体育传统特色学校高中篮球决赛男女双冠军。铜仁市各级各类学校以"4+2"特色教育为引领,以"科技之春""运动之夏""感恩之秋""艺术之冬"为主题,设置多样化的艺术课程,注重个性化发展,发展学生的兴趣和特长,开展丰富多彩的绘画、歌唱、演讲、舞蹈、戏剧等艺术活动,全市中小学生交响乐(器乐)展演已连续举办 8 届。

劳动教育落地见效。习近平总书记在全国教育大会上强调,"要在学生中弘扬劳动精神,教育引导学生崇尚劳动、尊重劳动"。[1] 铜仁市中小学紧

---

[1] 习近平:《培养德智体美劳全面发展的社会主义建设者和接班人》,《求是》2024 年第 17 期。

紧围绕立德树人根本任务，把劳动教育融入课程教学、校内活动和家庭生活、社会实践，通过劳动培养学生动手能力，掌握生活技能，促进学生养成良好的劳动习惯和品质。全市中小学全部严格按照要求开设劳动教育课程，现有专兼职教师 1432 人，为劳动教育课程开展提供了人才保障。铜仁市现有贵州省劳动教育示范创建县 1 个、贵州省大中小学劳动教育示范学校创建单位 10 所、贵州省劳动教育实践基地创建单位 3 个。2023 年开展"贯彻落实二十大　传承弘扬劳动美"劳动教育实践技能竞赛，小学、初中、高中共计 20000 余人参加。在贵州省首届中小学劳动教育实践技能竞赛中获团体一等奖 3 个，17 位同学获最佳风采奖，思南县教育局获区（县）教育局组织奖等。

（三）优质均衡持续推进，教育改革全面深化

公办强校计划扎实推进。2023 年，铜仁市对省级第二批 81 所公办强校开展市级中期评估，申报省级第三批公办强校计划项目培育学校 96 所；消除大班额 641 个，累计消除大班额 1158 个，大班额化解率达 78%，万山区、江口县、石阡县、思南县全部消除 56 人以上大班额，铜仁主城区化解大班额工作在市三届人大常委会第十四次会议上接受专题询问获全票通过；稳步推进乡村小规模学校建设，撤并校点 88 所，累计撤并 270 所，农村中小学布局进一步优化，印江土家族苗族自治县被列为全国县域义务教育优质均衡创建县省级重点支持县，江口县被列为全省第三批县域义务教育优质均衡创建县。

教育改革全面深化，教育质量稳步提升。认真落实市委、市人民政府《关于深化教育教学改革全面提高义务教育质量的实施意见》，强化中小学教学常规管理，完善质量评价监测体系。深入推进集团化办学和基础教育贯通培养工程，构建"高中衔接初中、初中衔接小学、小学衔接幼教"幼小初高一体化办学模式。2023 年，组建义务教育集团 201 个，覆盖中小学 891 所，集团化覆盖率达 86%；组建初高教育联盟 25 个、小初教育联盟 146 个、幼小教育联盟 139 个。2023 年首次实行全省统一中考命题，铜仁市考试科目成绩列贵州省第三名，其中石阡县、思南县进入贵州省区（县）前 10

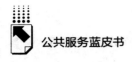
名。在贵州省组织的中小学（幼儿园）优质课评选中，铜仁市获 9 个一等奖、13 个二等奖、12 个三等奖。

（四）协同育人稳步推进，守护学生身心健康

健全协同育人机制。全市中小学全部建有家长学校、家长委员会，每学期至少组织 2 次家庭教育指导活动和 1 次全面家访活动，指导家长树立科学育人理念，回应家长普遍关心的问题，并特别关注农村留守儿童、残疾儿童等，有效地推动了家庭教育工作的开展。落实教育部等十三部门联合印发的《关于健全学校家庭社会协同育人机制的意见》，以梵净书院为基地，成立了铜仁市校家社协同育人研究与实践中心，积极开展与学校家庭社会协同育人的相关研究和实践工作，有效防范了学生心理问题的产生。2023 年 7 月，铜仁市学校家庭社会协同育人四级培训会召开，实现了市、县（区）、校、家四级协同育人培训全覆盖。

护航学生阳光成长。身心健康是学生成长的基础，关系到国家的未来和民族的希望。铜仁市先后出台《市教育局关于加强新时代学生心理健康教育工作的通知》《市教育局关于组织开展中小学心理健康教育月活动的通知》等文件，推动中小学落实心理健康教育课程要求。2022 年 2 月，成立铜仁市儿童青少年心理咨询门诊室，累计接诊 2000 多人次。2023 年，举办覆盖 10 个区（县）的心理健康专题讲座，共计 8000 余人参加。全市中小学都建立了心理健康服务中心或心理咨询室，配备了专兼职心理健康教师，其中专职教师 1018 人。各学校常态化开展校园心理危机与干预工作，对具有严重心理问题的学生实施"一生一档"，点对点提供支持，有效提高校园心理危机事件防范水平和处置能力，引导青少年学生正确面对压力与挫折，全方位守护学生身心健康和生命安全。

三 经验启示

铜仁市凝聚各方力量，发挥最大合力，推动义务教育优质均衡发展，以

实实在在的义务教育成效普惠于民,这充分说明,以"动车组"模式汇聚义务教育优质均衡发展的强大合力至关重要。

(一)发挥思想引领作用,为义务教育优质均衡发展"动车组"注入牵引力

思想是行动的先导。为推动义务教育从基本均衡转向优质均衡,从数量优势的有没有、够不够转向质量优势的好不好、优不优,进入全面提高质量的内涵发展阶段,铜仁市坚持义务教育的公共性、普惠性、基础性、发展性,秉持全面发展的理念,以"办好每一所学校、教好每一个学生、成就每一名教师"为宗旨,以质量均衡为核心,以提升办学条件、教育质量和人民群众满意度为工作重点,优先保障教育投入,积极谋求更高的标准化水平、更高的均衡化程度以及更高的教育质量,致力于为每个学生提供公平而有质量的教育。正是基于这样的理念,铜仁市制定出台了《铜仁市人民政府关于统筹推进县域内城乡义务教育一体化改革发展的实施意见》《关于深化教育教学改革全面提高义务教育质量的实施意见》等文件,有效引领义务教育开创优质均衡发展的崭新篇章。

(二)发挥党的领导作用,为义务教育优质均衡发展"动车组"注入领导力

在全国教育大会上,习近平总书记强调:"加强党对教育工作的全面领导,是办好教育的根本保证。"① 铜仁市各级党委和政府坚持以习近平新时代中国特色社会主义思想为指导,把构建优质均衡的基本公共教育服务体系、全面保障义务教育优质均衡发展作为一项重大民生工程,列入党委和政府重要议事日程。充分发挥市级政府作用,落实以县为主的管理责任,制定

---

① 《习近平在全国教育大会上强调 坚持中国特色社会主义教育发展道路 培养德智体美劳全面发展的社会主义建设者和接班人 习近平代表党中央向全国广大教师和教育工作者致以节日的热烈祝贺和诚挚问候 李克强讲话 汪洋王沪宁赵乐际韩正出席》,《人民日报》2018年9月11日,第1版。

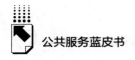

工作实施方案，建立部门协同机制，压实部门责任，形成工作合力，确保各项政策措施落到实处，为推进义务教育优质均衡发展提供了根本保证。

（三）加大综合治理力度，为义务教育优质均衡发展"动车组"提升创造力

推进义务教育优质均衡发展是一个系统工程，需要全社会的共同努力。铜仁市坚持党的全面领导，促进政府、学校、家长、学生等多方利益相关者参与综合治理、协同发力，推动义务教育优质均衡发展。为做好义务教育优质均衡发展这一重大民生工程，铜仁市各级政府坚持把教育摆在优先发展的战略地位，合理配置教育资源，强化教师队伍，提升硬件设施，持续改善办学条件；各学校积极发挥推进义务教育优质均衡发展的主体作用，立足校情，主动作为，通过推进课堂教学改革、丰富课后服务形式、提升课后服务水平等，守好课堂主阵地，不断提高教育教学质量；市人大常委会将中心城区义务教育大班额化解工作列为重要监督议题，通过深入调研、专题询问、跟踪监督助推中心城区义务教育大班额化解工作；市政协加大义务教育优质均衡发展相关提案的督办力度，将义务教育优质均衡发展提案办理成果转化为推动义务教育优质均衡发展的强大动力。

（四）用好用足国家扶持政策，为义务教育优质均衡发展"动车组"注入外部动力

国家把中西部教育置于全国教育总体格局中优先谋划，不断加大中央财政倾斜支持力度。2023年，中央财政教育转移支付资金80%以上用于中西部省份，这为中西部义务教育优质均衡发展提供了强有力的财力支撑。地处黔湘渝三省市接合部、武陵山腹地的铜仁市，经济发展水平相对滞后，财力薄弱，更需要得到上级的关爱和支持。为此，铜仁市以全面落实《国务院关于支持贵州在新时代西部大开发上闯新路的意见》为契机，成立争资争项工作领导小组，2022年向上争取项目资金28.73亿元，主要用于改善办学条件、化解大班额和学校达标建设，实现了2022年国家财政性教育经费

投入同比增长 5.23%，全市一般公共预算教育经费总额只增不减。①

用好东西部教育协作政策。自莞铜结对以来，两地教育构建全方位、多领域协作格局，不断深化教育交流交融，通过大力实施基础设施建设、"组团式"帮扶、人才交流培养、校与校结对等项目，东莞市优质教育资源不断向铜仁市倾斜。如，"莞式慕课"数字教学应用在铜仁市全面推广，全市1152 所义务教育阶段学校共享 10 多万节优课微课、110 多万道习题、30 多万个教案等配套资源，促进铜仁教育由"输血"帮扶向"造血"帮扶转变。

（五）建立完善体制机制，为义务教育优质均衡发展"动车组"激发内驱力

铜仁市依据《中华人民共和国义务教育法》和《教育部关于进一步推进义务教育均衡发展的若干意见》等，制定出台《铜仁市县域义务教育阶段教育教学质量综合评价考核实施方案》《铜仁市初中学校教育教学质量综合评价考核实施方案》《铜仁市中小学教学常规管理制度（试行）》《铜仁市落实"双减"工作二十条（试行）》《铜仁市义务教育学校课后服务十条》《关于成立铜仁市"双减"工作专门协调机制的通知》等文件，建立健全义务教育优质均衡发展工作体制机制，有效激发了义务教育优质均衡发展的内驱力。

党的二十届三中全会审议通过的《中共中央关于进一步全面深化改革　推进中国式现代化的决定》明确提出要"完善义务教育优质均衡推进机制"。铜仁市将充分梳理总结现有义务教育优质均衡推进机制的成功经验，积极借鉴其他地方先进理念及经验做法，进一步完善义务教育优质均衡推进机制，为高质量推动铜仁义务教育优质均衡发展提供坚实支撑。

---

① 《铜仁教育跑出"加速度"》，"金台资讯"百家号，2023 年 9 月 6 日，https：//baijiahao.baidu.com/s？id＝1776248427198838745&wfr＝spider&for＝pc。

后 记

　　本书是课题组集体合作的成果，具体分工如下。总报告"2024年城市基本公共服务发展报告"作者为中国社会科学院马克思主义研究院刘志昌；分报告"幼有所育研究报告"作者为辽宁工业大学马克思主义学院代鑫，"学有所教研究报告"作者为中国社会科学院马克思主义研究院范强威，"劳有所得研究报告"作者为中国社会科学院马克思主义研究院连俊华，"病有所医研究报告"作者为中国社会科学院大学刘志远，"老有所养研究报告"作者为中国社会科学院大学汪浩莹，"住有所居研究报告"作者为中国社会科学院大学沈冠祺，"弱有所扶研究报告"作者为新疆社会科学院卞红卫、范浩，"优军服务保障研究报告"作者为中国社会科学院马克思主义研究院汪海鹰，"文体服务保障研究报告"作者为中国社会科学院马克思主义研究院刘燕；专题报告"提升公共服务质量　创造美好生活"作者为郑州轻工业大学张珍，"基本公共服务均等化对城乡收入差距的影响与应对研究"作者为中国社会科学院马克思主义研究院刘须宽、南京大学宋佳莹，"铜仁市以义务教育优质均衡发展普惠于民"作者为铜仁学院杨秀琴、王显晶、皮坤乾。

　　刘志昌承担全书的策划、设计和统稿工作。连俊华负责课题组协调联络工作。中国社会科学院马克思主义研究院纪委书记、副院长、研究员、博士生导师陈志刚负责本书的修改和定稿工作。中国社会科学院马克思主义研究院党委书记、研究员、博士生导师罗文东，中国社会科学院马克思主义研究院院长、党委副书记、研究员、博士生导师辛向阳，社会科学文献出版社生态文明分社社长任文武对本书编撰工作给予了大力支持，进行了具体指导，提出了宝贵意见。社会科学文献出版社编辑郭峰等老师在本书的编辑出版中提出了宝贵修改意见，付出了辛勤劳动，在此一并表示感谢。

中国社会科学院马克思主义研究院公共服务蓝皮书课题组

2024 年 12 月

Abstract

Ensuring and improving people's livelihood in the process of development is a major task of Chinese modernization. Focusing on the theme of basic public services and people's livelihood construction, *Research Report of Chinese Cities' Basic Public Service* selects Beijing and Shanghai in the eastern region, Wuhan, Zhengzhou and Changsha in the central region, and Chengdu, Xi'an and Xining in the western region. From the nine aspects, such as people's access to child care, education, employment, medical services, elderly care, housing, social assistance, using the core performance evaluation indicators such as input, output and effect of basic public services, the current situation of China's cities' basic public services at the 18th National Congress of the Communist Party of China, especially since 2018, was systematically sorted out and analyzed, and relevant policy suggestions for further improving cities' basic public services were put forward.

The Report consists of three parts: general report, topical reports, and special reports. The general report focuses on the areas of basic public services such as people's access to child care, education, employment, medical services, summarizes the progress of cities' basic public services in general, and proposes to achieve the goal of equalization of basic public services, promote equalization through the standardization of basic public services, and promote the quality and efficiency of basic public services. With the goal of meeting the needs of the people for a better life, we will build a modern public service system with basic public services, inclusive non-basic public services, and life services that are orderly connected, complete with supporting facilities, and complete systems. With the goal of promoting the high-quality development of public services, through the development of new quality productive forces in the field of public services, the level of informatization and intelligence of public services will be improved, and the modernization of public service capabilities will be realized. With the goal of building a leading country in education and talent-rich couny, we will promote the equalization of basic public education based on educational equality, promote the coordinated development of vocational education as a whole, and consolidate the foundation of high-quality basic education. With the goal of healthy China initiative, we will promote the equalization of basic medical and health services, promote the orderly connection of multi-level medical security, and move from medical treatment to good medical treatment.

The topical reports summarizes the progress and achievements in the field of basic public services in the sample cities such as Beijing, Shanghai, Wuhan, Zhengzhou, Changsha, Chengdu, Xi'an, Xining, etc., and analyzes the situation, difficulties and problems in basic public service areas, including people's access to child care, education, employment, medical services, elderly care, housing, social assistance, put forward relevant policy suggestions.

The special reports focuses on the logical path, practical experience and practical requirements of public service and people's better life, the impact of equalization of basic public services on the income gap between urban and rural areas and policy suggestions, and the main practices, results and experiences of the high-quality and balanced development of compulsory education in Tongren.

Keywords: Basic Public Service; People's Livelihood Construction; Chinese Modernization

Contents

Ⅰ General Report

Abstract: The report focuses on the basic public service areas such as people's access to child care, education, employment, medical services, and selects representative cities from the eastern, central, and western regions, and uses the performance evaluation indicators such as input, output, and results of basic public services to carry out an overall evaluation of the basic public service capacity and level of the urban government. Governments at all levels should promote the construction of a modern public service system with basic public services, inclusive non-basic public services, and life services that are orderly connected, promote equalization through the standardization of basic public services, promote the improvement of quality and efficiency of basic public services, and promote the high-quality development of public services through the development of new quality production in the field of public services. It is necessary to scientifically implement the "double reduction" policy of compulsory education, promote the coordinated development of vocational education as a whole, consolidate the foundation of high-quality basic education, promote the orderly connection of multi-level medical security, and move from medical treatment to good medical treatment, so as to better meet the people's ever-growing needs for a better life.

Keywords: Basic Public Service; People's Livelihood Construition; Chinese Modernization

II   Topical Reports

B.2   Report on Infants and Young Children Upbringing

Dai Xin / 033

Abstract: Infants and Young Children upbringing reflects the great attention to early childhood development and education, and is of far-reaching significance for the long-term development of families, society and the country. This report mainly focuses on the progress of eight cities: Beijing, Shanghai, Wuhan, Zhengzhou, Changsha, Chengdu, Xi'an, and Xining. The report uses a variety of research methods, such as literature analysis, interpretation of policy documents, and data statistics, to analyze the situation of each city in the provision of maternal health, childcare services, and the allocation of preschool education resources. The report found that remarkable progress has been made in the construction of prenatal and prenatal services, the construction of childcare service system and the expansion of preschool education resources, but they still face problems such as insufficient financial investment, uneven resource allocation and weak service popularity. Through statistical data analysis, it is revealed that there are still gaps in resource allocation, policy implementation and local economic development in the eastern, central and western regions. Based on this situation, the report proposes that all localities need to further improve the population service system, birth support policy system and incentive mechanism, promote the development of inclusive childcare services, strengthen the balanced allocation of educational resources, increase financial support, promote multi-sectoral cooperation, and strengthen the service guarantee of the floating population, so as to achieve effective coverage and balanced development of the child care service system nationwide.

Keywords: Child Care; Good Pregnancy; Childcare System; Preschool Education

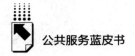
公共服务蓝皮书

B . 3 Report on Learning and Teaching

Fan Qiangwei / 074

Abstract: Learning and teaching is the basic right of all citizens to receive a fair education. Basic public education services refer to public education services that are funded by the government for nine-year compulsory education and high school education, including secondary vocational education. Restricted by natural historical conditions and the level of economic and social development, the overall conditions and quality of running schools in China's central and western regions and underdeveloped areas are relatively lagging behind, and there is still a gap in basic public education services between regions. Based on educational equity, we should continue to promote the equalization of basic public education services, and cities' basic public education services should gradually eliminate regional, inter-school, and group disparities, expand the scope of free education, scientifically implement the "double reduction" policy to improve the overall quality of students, adjust the proportion of general vocational education in the middle school entrance examination, and promote the integration of vocational education.

Keywords: Public Service; Basic Public Education; Learning and Teaching; Compulsory Education

B . 4 Report on Labor Earnings

Lian Junhua / 090

Abstract: In the process of China's reform and opening up for more than 40 years, the gold content of earned from labor has become higher and higher. This report selects six cities in the eastern, central and western regions (Beijing, Shanghai, Wuhan, Zhengzhou, Xi'an, and Chengdu) as sample, from the number of employed persons, the newly employed population in urban areas, the per capita disposable income of residents, the registered unemployed persons in urban areas and the registered unemployment rate in urban areas, unemployment insurance, work-related injury insurance and other indicators to use data analysis method to systematically analyze the overall situation of national labor income, especially some achievements and related service guarantees of China's labor income since the 18th National Congress of the Communist Party of China. It is found that there are great differences in the development level of various regions in China, the problems in the field of income distribution are more prominent, and the new employment form brings new challenges. In addition, targeted policy recommendations were put forward to adhere to high-quality economic development to promote employment and promote the quality and expansion of employment. Focus on the employment of key groups and improve the employment support policy system. Improve the public employment service system, and enhance the balance and accessibility of services. Improve the policy and service support system to serve the flexible employment group. Encourage young people to choose "new careers".

Keywords: Labor Earning; Employment; Labor Income; Public Employment Service System

B.5   Report on Patient and Medical Care   *Liu Zhiyuan* / 115

Abstract: The Third Plenary Session of the 20th Central Committee of the Communist Party of China proposed the coordinated development of medical care, medical insurance and medicine, and improved the public health system. In the face of the current situation of medical and health services in China, through the report of the distribution of medical resources, medical insurance coverage, and residents' health status in Beijing, Shanghai, Wuhan, Xi'an, Zhengzhou, Chengdu, Changsha, and Xining, the problems of uneven distribution of medical resources, hierarchical diagnosis and treatment, service quality, management responsibility and deepening mechanism reform are proposed. The implementation of management responsibilities and deepening the reform of mechanisms and other practical paths are aimed at promoting the balanced development of China's medical and health service system and achieving the goal of providing medical treatment for patients.

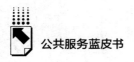

Keywords: Medical Care; Medical Resources; Medical Insurance; Public Health System

B.6   Report on Elderly Care   *Wang Haoying* / 133

Abstract: China is facing an increasingly serious population aging problem, and the proportion of people aged 65 and over continues to rise, and this trend is accelerating. Therefore, in the 14th Five-Year Plan, China has clearly established a pension service system to meet the diverse and high-quality health care needs of the elderly. In order to gain an in-depth understanding of the current situation of public services in the field of elderly care, the report conducted an in-depth analysis of seven cities, including Beijing, Shanghai, Wuhan, Xi'an, Zhengzhou, Chengdu and Xining. These cities have made positive progress in policy documents, pension insurance coverage, pension services and health management services. This shows that China is actively responding to the challenges of population aging, and is striving to build a more complete pension service system through policy guidance and social participation, so as to ensure that the elderly can receive better pension services and health protection.

Keywords: Elderly Care; Pension Insurance; Pension Services; Health Management Services

B.7   Report on Housing and Residence   *Shen Guanqi* / 157

Abstract: Housing is the basic guarantee for achieving social equity and promoting the long-term stable development of the country. The 20th National Congress of the Communist Party of China clearly stated that housing is one of the important goals of promoting economic and social development. In order to achieve this goal, the state has continuously introduced new policies in the field of housing security, actively improved housing conditions, promoted the construction of affordable housing, and optimized the housing market environment. Based on the actual situation of Beijing, Shanghai, Wuhan, Changsha, Chengdu and Xining, this report analyzes the problems existing in the four areas of housing security, housing quality, housing rental market and community construction, and finds that the structural imbalance between the supply and demand of affordable housing, the high vacancy rate of affordable housing in some areas, and the allocation of resources, etc. , puts forward the improvement of the affordable housing system, continues to promote the transformation of old communities, and implements a series of local policies and measures, including financial subsidies and housing construction, leasing policies and community supporting facilities, and strive to achieve practical results in terms of housing. In order to further improve the effect of the housing policy, and provide scientific basis and practical guidance for housing security.

Keywords: Housing; Affordable Housing; Financial Subsidies; Housing Market Environment

B. 8　Report on Helping and Supporting the Weak

Bian Hongwei, Fan Hao / 176

Abstract: Supporting the weak is an important content and key issue of people's livelihood security, a major issue of governing the country and the country, related to the happiness of vulnerable groups, social fairness and justice, and the essential requirement of socialism and the meaning of high-quality development. This report systematically sorts out the concept, standard system and development status of China's weak and supportive. Beijing, Shanghai, Wuhan, Zhengzhou, Xi'an, Chengdu were selected as typical samples, and the basic characteristics of the sample cities were systematically analyzed by using data analysis method, and the shortcomings and weaknesses of the weak and supported in China were obtained, such as large regional differences, single forms of assistance,

service connotation to be further expanded, the level of identification of aid recipients still needs to be improved, and the aging population is becoming more and more serious. Improve the system and mechanism, broaden the connotation of services, strengthen regional coordinated development and other countermeasures and suggestions, in order to promote the construction of a more sound and perfect security system for the weak, and effectively help the weak, the poor, and the difficult, so as to better play its role as a "stabilizer" and "safety net".

Keywords: Weakness Supporting; Social Security; Social Assistance; Social Equity

B.9 Report on Service Assurance of the Army   *Wang Haiying* / 196

Abstract: This report deeply discusses the practice and challenges of China in protecting the legitimate rights and interests of retired soldiers, improving the combat effectiveness of the military and maintaining social stability. The establishment of the Ministry of Veterans Affairs to achieve centralized and unified management of veterans' affairs is a key step in strengthening the safeguard mechanism. At the same time, the gradual refinement and unification of legislative safeguards have provided a legal basis for the safeguarding of legitimate rights and interests. The diversification of employment placement under the guidance of policies and the normalization of self-employment have significantly improved the employment environment for veterans, helping them to reposition themselves in society and play an active role. By comparing Shanghi, Qingdao, Wuhan, Zhengzhou, Chengdu, Kunming, the differences and effectiveness of the implementation of safeguard policies in various regions are shown. However, in practice, problems such as insufficient service functions, failure to fully mobilize the subjective initiative of veterans, difficulty in inter-departmental coordination, and imperfect dispute resolution mechanisms have also been exposed. This report attempts to put forward some suggestions at the policy level, aiming to promote the continuous improvement of the security of retired servicemen in China, so as to achieve more comprehensive and effective protection of rights and interests, and provide strong support for the modernization of the military and the stable development of the country.

Keywords: Decommissioned Military Personnel; Guarantee Mechanism; Maintain the Rights and Interests; Employment Placement

B.10   Report on the Guarantee of Culture and Sports

Services   *Liu Yan* / 212

Abstract: From 2018 to 2022, CPC and the state focused on strengthening the top-level design of public cultural and sports services, focusing on improving the supporting policies and relevant laws and regulations of public culture and sports, highlighting the requirements of public welfare, basicity, equality, and convenience, and leading the construction of a modern public cultural and sports service system to achieve remarkable results. On the whole, the development of public cultural and sports services pays more attention to the improvement of quality and efficiency, more prominently digitization, intelligence and integration, and more tends to the integrated development of culture, tourism and sports services, and gives birth to new models and new formats of public cultural and sports services. However, regional disparities and urban-rural disparities always exist, especially in the allocation of high-quality cultural resources, products and services. Based on the new requirements of the new era and promoting the development of public cultural and sports services, it is necessary to adhere to the direction of modernization, highlight characteristic advantages, and enhance endogenous power, so that the people can have more sense of gain, happiness and security.

Keywords: Public Cultural and Sports Services; High-quality Development; New Public Cultural Space

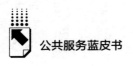
III   Special Reports

B.11   Improving the Quality Public Services for a Better Life

Zhang Zhen / 237

Abstract: The development of public service is closely related to people's yearning for a better life, which is the value pursuit of public service, and public service is an important way to realize a better life. Since the 18th National Congress of the Communist Party of China, the Central Committee of the CPC has put public services and the protection and improvement of people's livelihood in an important position, the public service system has been gradually improved, and the supply level has achieved a qualitative leap. In the face of the new situation and new challenges, a better life puts forward new requirements for the quality and efficiency of public services. Public services in the new era should adhere to the concept of people first and ensure the bottom line of people's livelihood. In-depth insight into people's livelihood needs and improve diversified supply. Use systems thinking methods to promote co-construction and sharing. Based on the needs of a better life, promote theoretical innovation.

Keywords: Public Service; People's Livelihood; Better Life; People First

B.12   The Impact of Equalization of Basic Public Services
on the Income Gap Between Urban and Rural Areas
and Its Response   *Liu Xukuan*, *Song Jiaying* / 248

Abstract: Common prosperity is the essential requirement of socialism, and the equalization of basic public services is an important driving force for the gradual narrowing of the income gap between urban and rural areas. It is of great theoretical and practical value to study the intrinsic relationship between the equalization of basic public services and the decline of the urban-rural income gap in China, so as to narrow the gap between urban and rural areas as a whole and strategically, expand the effect of common prosperity, and realize high-quality rural development. The report shows that we need to make up for the shortcomings of rural basic public services, improve the efficiency of public services, adjust basic public service policies, implement differentiated supply, improve the quality and efficiency of basic public services, establish and improve the incentive and guarantee mechanism for the effective supply of basic public services, and form a systematic and sustainable transfer payment strategy.

Keywords: Common Prosperity; Equalization of Basic Public Services; Urban-Rural Income Gap; Public Services

Abstract: In recent years, after achieving the goal of basic and balanced development of compulsory education, Tongren has adhered to the direction of public welfare and high-quality balance of compulsory education, anchored the new goal of high-quality and balanced development of compulsory education, adhered to the people's satisfaction as the fundamental criterion for the development of compulsory education, scientifically adjusted the layout of schools, optimized the allocation of urban and rural resources, promoted the integration of urban and rural education, and made overall plans to solve the problems of "urban crowding" and "weak rural areas" of compulsory education. Focus on making up for shortcomings, strengths and weaknesses, increase degrees, strengthen the team, improve quality and characteristics, make every effort to answer the "people's livelihood volume" of high-quality and balanced development of compulsory education, promote the full implementation of the "double reduction" policy, the continuous promotion of

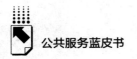

high-quality and balance, the comprehensive deepening of education reform, and the steady progress of collaborative education, so that the development of compulsory education can benefit the people of the city more and more fairly, and the foundation of people's happiness is planted with the power of education. This enlightens us that we need to give full play to the leading role of ideology and the party's leading role, increase the intensity of comprehensive governance, make good use of national support policies, establish and improve systems and mechanisms, and gather a strong joint force for the high-quality and balanced development of compulsory education, so that the high-quality and balanced development of compulsory education will move steadily.

Keywords: Compulsory Education; High-Quality and Balanced; Public Welfare; Tongren

社会科学文献出版社

皮书

智库成果出版与传播平台

❖ 皮书定义 ❖

皮书是对中国与世界发展状况和热点问题进行年度监测，以专业的角度、专家的视野和实证研究方法，针对某一领域或区域现状与发展态势展开分析和预测，具备前沿性、原创性、实证性、连续性、时效性等特点的公开出版物，由一系列权威研究报告组成。

❖ 皮书作者 ❖

皮书系列报告作者以国内外一流研究机构、知名高校等重点智库的研究人员为主，多为相关领域一流专家学者，他们的观点代表了当下学界对中国与世界的现实和未来最高水平的解读与分析。

❖ 皮书荣誉 ❖

皮书作为中国社会科学院基础理论研究与应用对策研究融合发展的代表性成果，不仅是哲学社会科学工作者服务中国特色社会主义现代化建设的重要成果，更是助力中国特色新型智库建设、构建中国特色哲学社会科学"三大体系"的重要平台。皮书系列先后被列入"十二五""十三五""十四五"时期国家重点出版物出版专项规划项目；自2013年起，重点皮书被列入中国社会科学院国家哲学社会科学创新工程项目。

权威报告・连续出版・独家资源

皮书数据库
ANNUAL REPORT(YEARBOOK)
DATABASE

分析解读当下中国发展变迁的高端智库平台

所获荣誉

● 2022年，入选技术赋能"新闻+"推荐案例
● 2020年，入选全国新闻出版深度融合发展创新案例
● 2019年，入选国家新闻出版署数字出版精品遴选推荐计划
● 2016年，入选"十三五"国家重点电子出版物出版规划骨干工程
● 2013年，荣获"中国出版政府奖・网络出版物奖"提名奖

皮书数据库

"社科数托邦"
微信公众号

成为用户

登录网址www.pishu.com.cn访问皮书数据库网站或下载皮书数据库APP，通过手机号码验证或邮箱验证即可成为皮书数据库用户。

用户福利

● 已注册用户购书后可免费获赠100元皮书数据库充值卡。刮开充值卡涂层获取充值密码，登录并进入"会员中心"—"在线充值"—"充值卡充值"，充值成功即可购买和查看数据库内容。
● 用户福利最终解释权归社会科学文献出版社所有。

社会科学文献出版社 皮书系列
SOCIAL SCIENCES ACADEMIC PRESS (CHINA)
卡号：477462726165
密码：

数据库服务热线：010-59367265
数据库服务QQ：2475522410
数据库服务邮箱：database@ssap.cn
图书销售热线：010-59367070/7028
图书服务QQ：1265056568
图书服务邮箱：duzhe@ssap.cn

法律声明

“皮书系列”（含蓝皮书、绿皮书、黄皮书）之品牌由社会科学文献出版社最早使用并持续至今，现已被中国图书行业所熟知。“皮书系列”的相关商标已在国家商标管理部门商标局注册，包括但不限于LOGO（ ）、皮书、Pishu、经济蓝皮书、社会蓝皮书等。“皮书系列”图书的注册商标专用权及封面设计、版式设计的著作权均为社会科学文献出版社所有。未经社会科学文献出版社书面授权许可，任何使用与“皮书系列”图书注册商标、封面设计、版式设计相同或者近似的文字、图形或其组合的行为均系侵权行为。

经作者授权，本书的专有出版权及信息网络传播权等为社会科学文献出版社享有。未经社会科学文献出版社书面授权许可，任何就本书内容的复制、发行或以数字形式进行网络传播的行为均系侵权行为。

社会科学文献出版社将通过法律途径追究上述侵权行为的法律责任，维护自身合法权益。

欢迎社会各界人士对侵犯社会科学文献出版社上述权利的侵权行为进行举报。电话：010-59367121，电子邮箱：fawubu@ssap.cn。

社会科学文献出版社